公務員試験
過去問攻略Vテキスト ⓫

TAC公務員講座 編

はしがき

本シリーズのねらい――「過去問」の徹底分析による効率的な学習を可能にする

合格したければ「過去問」にあたれ。

あたりまえに思えるこの言葉の、ほんとうの意味を理解している人は、じつは少ないのかもしれません。過去問は、なんとなく目を通して安心してしまうものではなく、徹底的に分析されなくてはならないのです。とにかく数多くの問題にあたり、自力で解答していくうちに、ある分野は繰り返し出題され、ある分野はほとんど出題されないことに気づくはずです。ここまできて初めて、「過去問」にあたれ、という言葉が自分のものにできたといえるのではないでしょうか。

頻出分野が把握できたなら、もう合格への道筋の半分まで到達したといっても過言ではありません。時間を効率よく使ってどの分野からマスターしていくのか、計画と戦略が立てられるはずです。

とはいえ、教養試験も含めると20以上の科目を学習する必要がある公務員試験では、過去問にあたれといっても時間が足りない、というのが実状ではないでしょうか。

そこでTAC公務員講座では、みなさんに代わり全力を挙げて、「過去問」を徹底分析し、この『過去問攻略Vテキスト』シリーズにまとめあげました。

網羅的で平板な解説を避け、不必要な分野は思いきって削り、重要な論点に絞って厳選収録しています。また、図表を使ってわかりやすく整理されていますので、初学者でも知識のインプット・アウトプットが容易にできるはずです。

『過去問攻略Vテキスト』の一冊一冊には、“無駄なく勉強してぜったい合格してほしい”という、講師・スタッフの思いが込められています。公務員試験は長く孤独な戦いではありません。本書を通して、みなさんと私たちは合格への道を一緒に歩んでいくことができるのです。そのことを忘れないでください。そして、必ずや合格できることを心から信じています。

2019年7月　TAC公務員講座

●—— 第２版（大改訂版） はしがき

長年、資格の学校 TAC の公務員対策講座で採用されてきた『過去問攻略Ｖテキスト』シリーズが、このたび大幅改訂されることになりました。

◆より、過去問攻略に特化

資格の学校 TAC の公務員講座チームが過去問を徹底分析。合格に必要な「標準的な問題」を解けるようにするための知識を過不足なく掲載しています。

『過去問攻略Ｖテキスト』に沿って学習することで、「やりすぎる」ことも「足りない」こともなく、必要かつ充分な公務員試験対策を進められます。

合格するために得点すべき問題は、このテキスト１冊で対策できます。

◆より、わかりやすく

執筆は資格の学校 TAC の公務員講座チームで、受験生指導に当たってきた講師陣が担当。受験生と接してきた講師が執筆するからこそ、どこをかみ砕いて説明すべきかがわかります。

読んでわかりやすいこと、講義で使いやすいことの両面を意識した原稿づくりにこだわりました。

◆より、使いやすく

・本文デザインを全面的に刷新しました。
・「過去問 Exercise」などのアウトプット要素も備え、知識の定着と確認を往復しながら学習できます。
・TAC 公務員講座の講義カリキュラムと連動。最適な順序でのインプットができます。

ともすれば 20 科目以上を学習しなければならない公務員試験においては、効率よく試験対策のできるインプット教材が不可欠です。『過去問攻略Ｖテキスト』は、上記のとおりそのニーズに応えるべく編まれています。

本書を活用して皆さんが公務員試験に合格することを祈念しております。

2022 年７月　TAC 公務員講座

●――〈行政学〉はしがき

本書は、地方上級·国家一般職レベルの大卒公務員試験の合格に向けて、過去問（過去に出題された問題）を徹底的に分析して作成されています。

過去問を分析すると、ある科目の学習範囲のなかでも出題の濃淡が見られることがわかります。本書はその出題傾向を踏まえて編まれた受験対策テキストですが、特に行政学という科目の性質に合わせて工夫された部分について、はじめに示しておきます。

1. 人物肖像について

政治学、行政学、社会学などの政治系科目では、多くの外国人の思想家が登場します。受験生はこれらの人物を彼らの提起した議論とセットにして頭に入れていくことになるのですが、学習が進めば進むほど数が多くなり整理に苦労しがちです。

本書では、主に初出の際に可能な限り人物の肖像を掲載していますが、これはイメージを加えることで記憶を定着させやすくするための配慮です（試験で人物の肖像を記憶することが求められるわけではありません）。単に文字情報だけで暗記しようとすると苦しいものの、肖像が加わることで覚えやすくなることもあるでしょうから、ぜひ活用してください。

2. 過去問チェック

各節末に「過去問チェック」を設け、主にその節で学習した事柄の理解を確かめられるようにしています。当該論点の掲載箇所も示していますので、正解がわからない場合は戻って確認してください。

行政学においては、問題文の記述に含まれている誤りを見つけることが問題を解く作業の中心となるため、ほとんどの問題は記述の中に誤りを含むものとしています。この誤りは、人物とキーワードが食い違っているような単純なものから、提唱した学説の内容をきちんと理解していないとわからないようなもの、場合によっては常識的な推論まで動員して判断するようなものまでさまざまです。「過去問チェック」をとおして実際の出題の「呼吸」を体感しておきましょう。

また、解説を読んで、正しい基準で誤りと判断できたかどうかも併せて確認するようにしましょう。

2022年7月　TAC公務員講座

本書の使い方

本書は、本試験の広範な出題範囲からポイントを絞り込み、理解しやすいよう構成、解説した基本テキストです。以下は、本書の効果的な使い方ガイダンスです。

本文

●アウトライン
その節のアウトラインを示しています。これから学習する内容が、全体の中でどのような位置づけになるのか、留意しておくべきことがどのようなことなのか、あらかじめ把握したうえで読み進めていきましょう。

●キーワード
その節の学習で登場する重要な用語をあらかじめ示しています。

●項目ごとの重要度
節全体の重要度とは別に、見出し項目ごとの重要度も示しています。

●図・表
抽象的な概念を理解しやすくするための図や、関連し合う事項を区別しやすくするための表を適宜設けています。

国家一般職★★★／特別区Ⅰ類★★★

3 現在の地方自治

本節では日本の地方自治の現状について説明します。まず、地方公共団体にはどのような種類があるのか、そして、どのような事務を行っているのか、組織はどのようになっているのかを確認します。その上で、地方公共団体の今後の変化や、地方財政状況についても説明します。

キーワード

普通地方公共団体と特別地方公共団体／特別区／一部事務組合／広域連合／二元代表制／機関対立主義／監査委員と外部監査／直接請求制度／条例に基づく住民投票／政令指定都市・中核市／都区制度／市町村合併／道州制／地方六団体／固定資産税／地方交付税／国庫支出金（補助金）／法定外税

1 地方公共団体の種類と役割

1.1 地方公共団体の種類 ★★★

（1）憲法上の地方公共団体と地方自治法上の地方公共団体

地方自治法では、地方公共団体を**普通地方公共団体**と**特別地方公共団体**の二つに分類している。普通地方公共団体は都道府県と市町村であり、特別地方公共団体は特別区、組合、財産区などである。

ただし、憲法93条に定められている地方公共団体の要件（議会の設置、首長と議員の直接公選）を地方自治法上のすべての地方公共団体が満たしているわけではないため、特別地方公共団体は憲法上の地方公共団体ではないと解されている。特に現在の最高裁の判例上は、**特別区は憲法上の地方公共団体ではない**とされている点を確認しよう。

［地方自治法上の性格づけ］
憲法上の地方公共団体 ｛都道府県／市町村｝ 普通地方公共団体
特別区 特別地方公共団体

270 第6章 地方自治

●受験先ごとの重要度

各種公務員試験の出題において、この節の内容がどの程度重要かを示していますので、学習にメリハリをつけるための目安として利用してください。

㊤★☆☆ ←→ ★★★㊥

重要度

Power UP 特別区は憲法上の地方公共団体ではない?

まず試験対策としては、最高裁の判例上、東京都特別区は憲法上の地方公共団体ではないと解されている点が重要である。これは憲法並びに教養試験ではたびたび問われる論点である。

しかし、特に特別区を志望する受験生にとってはこうした説明はあまり納得がいかないはずである。そもそも最高裁の当該判例は1963年のものであり、すでに本書で説明したように特別区区長が公選ではなく官選であった時代のものである。

したがって、特別区の区長と議員が直接公選である現代において特別区の地位に関する裁判が行われた場合には最高裁の判例は変化するだろうというのが大方の専門家の見方である。むしろ現在では都道府県の方が憲法上の地方公共団体にあたるかどうかという点で憲法学や地方自治の専門家の間で議論を巻き起こす存在である。

●Power UP

直接的な出題は少ないものの、学習事項の理解を深めるのに役立つ記事をまとめています。初読時は参考程度に利用してください。

第6章 地方自治

(2) 特別地方公共団体の種類

地方自治法において特別地方公共団体とされているものは、特別区、組合(一部事務組合・広域連合)、財産区などである。主な特徴は以下の表の通りである。自分の居住地ではどのような組合や財産区が存在するのか(しないのか)ということを確認してみよう。

例えば、大阪府のエリアで実際の特別地方公共団体の存在を見てみよう。まず、大阪府内には様々な一部事務組合が存在しており、水防、消防、水道などを共同処理しているところが多い。水道事業でいえば、堺市、岸和田市、豊中市、吹田市など数多くの市町村が参加する「大阪広域水道事業団」が設置されており、淀川の水防事業については大阪市、高槻市、茨木市、高槻市などが参加する「淀川右岸水防事務組合」が存在する。

そして、後期高齢者医療制度においては大阪府と大阪府内のすべての市町村が参

特別地方公共団体の種類

特別区		原則的に市と同じような役割を担っているが、首都の「行政の一体性」を確保する目的で、東京都が一部事務を処理している。
地方公共団体の組合	一部事務組合	都道府県・市町村・特別区がその事務の一部を共同処理するための組織。ゴミ処理・上下水道などの環境衛生分野で導入されている事例が多い。戦前から存在する制度である。
	広域連合	都道府県・市町村・特別区が広域的な事務処理をするために設けることができる組織で、1994年に新設された。広域連合については、国からの事務や権限の移譲の「受け皿」として活用できるところに特徴がある。
財産区		市町村や特別区が公の施設や財産を管理するために設ける組織。山林、温泉、用水路、公会堂など。山林、用水路など伝統的にその地域住民の共有財産とされてきたものに特別の「保護」を与える目的で使われている。

3 現在の地方自治 271

(※図はいずれもサンプルです)

過去問チェック

実際の試験での出題を、選択肢の記述ごとに分解して掲載したものです。本文の学習内容を正しく理解できているかを確認するのに利用してください。
問題文の末尾に、出題された試験と年度、本編中での該当箇所を示しています。わからない問題があれば、戻って確認してみましょう。

第1章 行政学の基礎概念

過去問チェック

01 官僚制という言葉は、18世紀末にフランスで生まれ、19世紀前半にはヨーロッパ諸国に普及し、定着した。当時、官僚制はイギリスでは批判的に見られたが、ドイツでは肯定的な意見が多く、K.マルクスは官僚制を歓迎していた。国家総合職2001 1.1 1.2

×「K.マルクスは官僚制を歓迎」が誤り。マルクスは官僚制を「廃棄されるべき癌」であると評するほど批判的に見ている。

02 R.ミヘルスは、行政官僚制のみならず政党や労働組合などの組織内部にも階層分化が進み、少数の指導者が多数の大衆を支配する現象を「寡頭制の鉄則」と呼んだ。彼は、M.ウェーバーが専ら行政官僚制に考察を限定したのを批判し、官僚制概念を社会全般にわたる官僚制化現象を指摘した。国家一般職2004

×「彼は…社会全般にわたる官僚制化現象を指摘した」が誤り。ミヘルスが官僚制化を政党や労働組合を題材として論じたのに対して、ウェーバーは行政官僚制から民間企業まで幅広く社会全般にわたる官僚制化を指摘したのである。

03 マックス・ウェーバーは、官僚制は近代以降の国家における政府の行政組織においてのみ見られるものであり、資本主義下の企業の組織や政党には見られないとした。特別区Ⅰ類2005 2.3

×「行政組織においてのみ」、「企業の組織や政党には見られない」が誤り。ウェーバーは官僚制を行政組織だけに限定することなく社会全般にわたるものとして論じている。

04 P.ブラウは、官僚制組織には自らの所掌事務の範囲を広げ、組織を膨張させるメカニズムが内在しているとして、その非効率性を激しく批判した。その上で、人間は組織の設計者の期待通りに行動し、組織を運営するわけではないとする「人間関係論」を最初に提示した。国家一般職2007 3.4

×「「人間関係論」を最初に提示した」が誤り。人間関係論とはインフォーマル(非公式)組織に注目する経営学の理論であり、メイヨーとレスリスバーガーによって初めて理論化されたものである。このインフォーマル組織を官僚制の逆機能に応用したのがブラウである。

05 官僚は公共の利益のために働いているものと一般にはみなされるが、A.ダウンズは、現実には、自己利益を追求しているとの前提に立って官僚の行動を分析した。彼によれば、官僚は、権力や政策との一体感などについては自己利益とはみなしておらず、不正な手段によるものを含めた収入を自己利益とみなしている。国家

2 官僚制論 31

過去問Exercise

章の終わりに、実際の過去問にチャレンジしてみましょう。
解説は選択肢(記述)ごとに詳しく掲載していますので、正解できたかどうかだけでなく、正しい基準で判断できたかどうかも意識しながら取り組むようにしましょう。

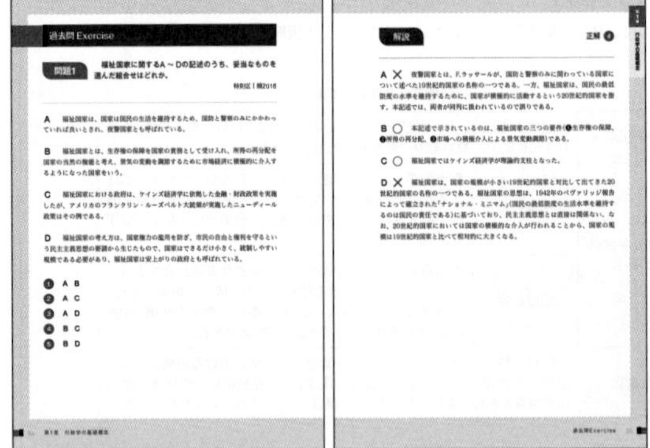
過去問 Exercise

問題1 福祉国家に関するA～Dの記述のうち、妥当なものを選んだ組合せはどれか。

特別区Ⅰ類2016

A 福祉国家は、国家は国民の生活を維持するため、国防と警察のみにかかわっていれば良いとされ、夜警国家とも呼ばれている。

B 福祉国家とは、生存権の保障を国家の責務として受け入れ、所得の再分配を国家の当然の機能と考え、景気の変動を調節するために市場経済に積極的に介入するようになった国家をいう。

C 福祉国家における政府は、ケインズ経済学に依拠した金融・財政政策を実施したが、アメリカのフランクリン・ルーズベルト大統領が実施したニューディール政策はその例である。

D 福祉国家の考え方は、国家権力の濫用を防ぎ、市民の自由と権利を守るという民主主義思想の要請から生じたもので、国家はできるだけ小さく、統制しやすい規模である必要があり、福祉国家は安上がりの政府とも呼ばれている。

1 A B
2 A C
3 A D
4 B C
5 B D

第1章 行政学の基礎概念

解説 正解 4

A × 夜警国家とは、F.ラッサールが、国防と警察のみに関わっている国家について述べた19世紀的国家の名称の一つである。一方、福祉国家は、国民の最低限度の水準を維持するために、国家が積極的に活動するという20世紀的国家を指す。本記述では、両者が同列に扱われているので誤りである。

B ○ 本記述で示されているのは、福祉国家の三つの要件(❶生存権の保障、❷所得の再分配、❸市場への積極介入による景気変動調節)である。

C ○ 福祉国家ではケインズ経済学が理論的支柱となった。

D × 福祉国家は、国家の規模が小さい19世紀的国家と対比して出てきた20世紀的国家の名称の一つである。福祉国家の思想は、1942年のベヴァリッジ報告によって確立された「ナショナル・ミニマム」(国民の最低限度の生活水準を維持するのは国民の責任である)に基づいており、民主主義思想とは直接は関係ない。なお、20世紀的国家においては国家の積極的な介入が行われることから、国家の規模は19世紀的国家と比べて相対的に大きくなる。

過去問Exercise

CONTENTS

第5章　日本の行政と行政統制

第6章　地方自治

第1章

行政学の基礎概念

第１章では行政学の基本的な概念や歴史を学びます。第１節では行政という言葉の意味、行政の歴史的な変化について学習します。第２節では行政学にとって最も中核的な分析対象である官僚制について学習します。

行政学の基礎概念

そもそも行政とは何でしょうか。行政は政治学や憲法を学習するときにもたびたび登場する言葉です。本節はこの行政の多様な意味合いについて確認します。また、行政のあり方は時代によって異なります。古代・中世に始まり現代に至る過程で行政が果たしてきた役割の歴史的な変化について学習します。

キーワード

執政府と行政府／官房学／ユスティの警察学／シュタイン行政学／自由放任主義／安価な政府／夜警国家／小さな政府と大きな政府／立法国家と行政国家／NPM

1 行政とは何か

1.1 行政の定義 ★★★

そもそも行政とは何だろうか。まず多くの読者が思い浮かべるのは司法や立法との対比での行政であろう。立法府が法律を制定し、司法府が法律を適用し、行政府が法律を執行する。憲法65条「行政権は、内閣に属する」という規定からこのように考える人が多いのではないか。本書ではこれを広義の行政としておく。

ただし、内閣総理大臣や自治体の首長など選挙によって選出された公職者たちは、実際に行政活動の実務を担う職業公務員とは様々な点で異なっており、区別して論じることが多い。このように内閣や大統領、自治体の首長など政府の意思決定を担う主体や集団を執政（執政府）という。これに対して職業公務員を中心に行われる、役所の窓口サービス、民間企業の監督や指導などといったより高度な活動を含めた政府による業務執行を、本書では狭義の行政とする。

行政の概念

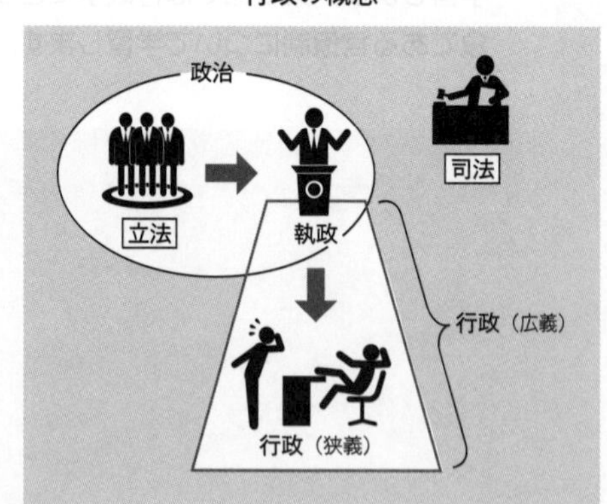

行政学という学問で主な分析対象となるのは、この狭義の行政である。

1.2 行政学の対象範囲

★★★

行政学とは、以上のような行政の制度や実態について分析する学問である。したがって、その範囲は広く様々な学問分野と密接な関係がある。

まず行政学は多くの場合政治学の一分野として考えられており、当然ではあるが政治学と密接な関係がある。そして、憲法や行政法など公法学とも深い関係がある。憲法では統治機構のあり方について学習し、行政法では行政活動がいかなる法的根拠に基づいて展開されているかを学習するので、相互に関係する論点も多い。また、経営学、社会学、経済学とも密接な関係がある。行政をどのように「経営」するか、予算はどのように確保するかという点でこれらの経済系科目で学習する内容も多く含まれている。

以上のように、行政学は行政という非常に範囲の広い世界を扱うが故に学際的な学問である。

2 国家と行政の変化

2.1 古代・中世の国家

★★★

(1) 限定された行政の役割

古代・中世においては政治支配者(行政)の果たす役割は**極めて限定**されていた。政治支配者は、領土と人民を外敵から守ること(**国防**)、犯罪を取り締まること(**警察**)、争いごとを裁くこと(**裁判**)、その他公共建築(王宮や神殿など)や治山治水といった一種の公共事業のみを行い、その対価として被支配者には徴兵や徴税などの賦役が課された。

要するに古代・中世の国家は、現代の国家と比較するとその役割が極めて限定されており、経済政策や福祉政策などは行っていなかったのである。

(2) 中世の封建制

中世ヨーロッパの封建社会は、ローマ・カトリック教会の下で普遍的な秩序が存在したものの、封建領主、国王、皇帝、司教、都市国家など多様な主体が入り乱れた**多元的な世界**であり、国家がその領土や領民を一元的に支配する仕組みは確立していなかった。

2.2 絶対主義国家と官房学

★★★

(1) 絶対主義国家の登場

しかし、宗教改革によりカトリック教会の権威が失墜すると、国王の権力が強化され、次第に国王を中心として国内を一元的に統治する体制が確立した。これが絶対王政(絶対主義国家)である。

絶対王政では**官僚制**(分業化した専門の行政官)と**常備軍**(職業軍人による常設の軍隊)が整備され、その権力は**王権神授説**によって正当化された。絶対王政は、領域、主権、国民(国家の三要素)を有している点で現代国家と同様であり、**近代主権国家の起源**でもある。

Power UP　近代主権国家と国際社会

近代主権国家の誕生とは、全体として見ると相互に独立した国家が対等な関係で外交・通商を行う世界が誕生したことを意味し、これを主権国家システム(体系)と呼ぶ。したがって、外交や通商には国際的なルール(国際法)が必要となる。つまり、主権国家の誕生は、「国際法」によって広く結びついた「国際社会」を生み出すことにもなった。

このように主権国家を中心とする国際社会の体制は三十年戦争を経てウェストファリア会議以降に成立したと考えられることから「ウェストファリア・システム」ともいう。

(2) フリードリッヒ２世の「警察国家」

特に現在のドイツ・オーストリア地域では、神聖ローマ帝国の崩壊以降、領域内の諸領邦の独立割拠が強まり、各領邦の競争が生まれるようになった。特にプロシアでは啓蒙専制君主である**フリードリッヒ2世**の治世下においてヨーロッパで初めて「**警察国家**」を確立した。

フリードリッヒ2世
[1712～86]

警察国家とは、国民の保護と国民の福祉及び社会改良の諸目的を同時に実現するために人々を動員する、高度に組織化され、管理の行き渡った国家をいう。ただし、その発想は、国家の基盤を安泰にするために**国民の福祉に配慮**するというものであり、何が国民の幸福かは君主によって決定されるというものであった。

Power UP　フランスの絶対主義国家

ドイツ・オーストリアより先に絶対主義国家が確立していたのはフランスである。フランスでは、ルイ14世の下で重商主義が進められ、内政面でも整備が進んだ。警察は市内のパトロールといった治安維持だけでなく、街灯の整備、清掃、ゴミ処理、交通整理、防火など一般行政をすべて包括する内務行政を担当した。

プロシアで誕生した警察国家や官房学はこうしたフランスの行政に大きな影響を受けたものであった。

(3) 官房学

① 概　要

以上のようにドイツ・オーストリア地域では、新たな「国家経営」に深い関心が寄せられるようになり、今日の行政学の起源の一つとされる官房学が誕生したのである。

官房学(**カメラリズム**)とは、17～18世紀の**ドイツ・オーストリア地域**の領邦国家に発達した「官房からの統治」のための学問の総称であり、国家の王室財産の拡充や経済発展のための各種施策を君主に提言することを目的とした学問である。

② ユスティの警察学

官房学を体系化したことで知られるのが**J.H.G.ユスティ**(1720～71)である。ユスティはフリードリッヒ2世統治下のプロシアにおいて、官房学を、経済政策学、財政学、**警察学**(ポリツァイ学)の諸領域に分類し、警察学を「国家の資源と国民の潜在的力を活用して、**公共の福祉**(共同の福祉)を高める一切の国家活動を扱う学問」として定義した。

もちろん、ここでいう公共の福祉は現代の意味とは異なり、その内実はあくまで国家(君主)によって決定されるものである。

③ 官房学の普及

以上のように学問として発展した官房学はドイツやオーストリア地域の官立大学でも講じられるようになり、官僚養成のための学問として普及することになった。

Power UP　カメラリズム

カメラリズムのカメラとはラテン語の「丸天井の部屋」の意。君主の部屋として、また君主の補佐をする側近たちが「執務する部屋」(官房)としても用いられた。情報公開法制のいわゆるインカメラ方式という名称もこの意味でのカメラに由来する言葉である。

Power UP　警察の概念

警察とは、国家の統治権に基づき、社会・公共の秩序を維持しその障害を除去するために、国民に命令・強制する作用をいう。その作用は「行政上の目的のためにする警察」である行政警察と「犯罪の捜査・被疑者の逮捕等を目的とする刑事司法権に従属する作用」である司法警察に分類される。具体的に行政警察とは、風俗規制、道路交通規制、建築規制、産業や衛生に関する規制の作用を指す。

ユスティの警察学の「警察」とは主にこの行政警察に相当する概念である。

2.3 近代市民社会とシュタイン行政学 ★★★

(1) 背 景

L.v.シュタイン
[1815～90]

19世紀に入り近代市民社会が成立し始めると、官房学は衰退を余儀なくされた。君主の統治権力を議会が制定した法律によって統制しようとする「法律による行政」(法治国家)の原理が徐々に定着し始めると、絶対君主を前提とした官房学は時代の潮流に適応できなくなったからである。

こうした状況において、**市民社会**に適応する新たな行政理論を提示したのがドイツの公法学者である**L.v.シュタイン**である。

官房学	学問	シュタイン行政学
絶対主義国家(18世紀)	時代背景	近代市民社会(19世紀)
君主と官僚の統治のための学問	学問の性格	市民社会を前提とした行政理論

(2) 憲政と行政

シュタインによれば、国家とは「それ自身が意思と自我を持つ人格にまで高められた共同体」である(シュタインはドイツの哲学者ヘーゲルの国家論の影響を受けている)。そして、国家は憲政と行政の二つの原理によって支えられているという。

まず憲政とは、「**国家の意思を形成する過程**」であり、この意思形成への参加が自由として個人に認められている。そして行政とは、憲政が形成した「**国家意思を実現する過程**」であり、憲政が限度と秩序を与える「**国家の労働**」とされている。これらを図式化したのが下掲の図である。

シュタイン行政学の憲政と行政

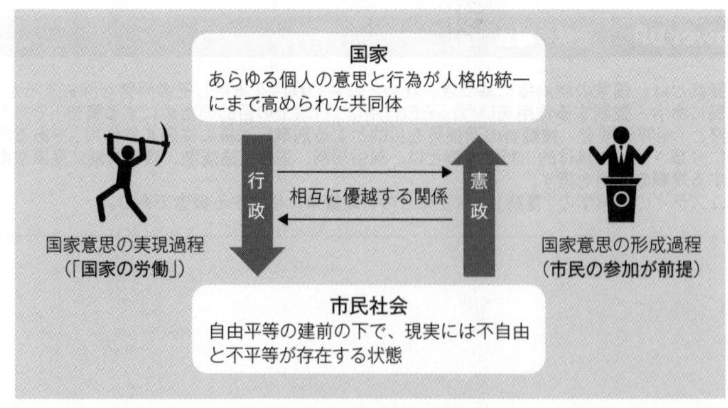

(3) 憲政と行政の相互関係

そして、前掲の図のように、シュタインは憲政と行政の関係について一方的な上下関係を想定しておらず、**相互関係**とみなしている点に注目しよう。まずシュタインは憲政が行政に優越する原理を示している。しかし、シュタインの理解によれば、市民社会は階級的に分裂し、自らその秩序を保持することはできない。そこで、国家は社会の利害対立を克服し、秩序を回復するための役割を果たすと考えた。この側面において行政は憲政に優越することになる。

このようにシュタインは、憲政と行政の関係を、「憲政の行政に対する優越」、「行政の憲政に対する優越」という**二重の相互作用関係**として捉えたのである。

(4) シュタイン行政学とその後の行政学

以上のようなシュタイン行政学の議論は、その後の欧米での行政学の発展に大きな影響を与えるものではなかったと考えられている。しかし現在では、社会に存在する不自由や不平等を克服するためには行政の介入が不可欠であるというシュタイン行政学の発想は、行政の役割を再検討しようとする現代の行政学にとっては重要な示唆を与えるものであるとも評価されている。

2.4 近代国家から現代国家へ ★★★

(1) 政府・国家の変化

① 夜警国家・立法国家・小さな政府

近代国家では自由放任主義が基本とされたため、政府の役割は国防・警察・裁判などの最低限でよいとする「小さな政府」が志向された(小さな財政規模で済むという意味で**安価な政府**(チープ・ガバメント)ともいう)。国家権力の中心は立法府(議会)にあると考えられたことから、**立法国家**とも呼ばれる。

しかし、「安価な政府」つまり「小さな政府」では、様々な社会問題(労働問題・都市問題など)に対処できないため、ドイツの社会主義者**F.ラッサール**によって**夜警国家**とも揶揄された。

② 福祉国家・行政国家・大きな政府

その後、各国では都市化や産業化が進み、そして世界大戦などを経験する中で、国家の役割は次第に拡大していった。特に国家が総力を挙げて戦う(総力戦)ためには国民の協力が必要であり、戦時経済のためには労働組合や社会主義政党の協力も不可欠であるため、国民の要望に応えて参政権を拡大し、福祉制度の充実などを進めた。こうして、福祉を国家の責務として行う**福祉国家**が誕生した。

このように現代国家はその範囲や役割を拡大させ、法律の中身を行政に委ねる**委任立法**の増大など立法府に対する行政府の優位を生み出したことから**行政国家**と呼ばれ、その規模が巨大化したことから「**大きな政府**」ともいう。

(2) 経済の変化

① 自由放任主義

近代国家では、市民は自由な経済活動のために市場に対する介入を極力避けることを要望し、**自由放任主義(レッセ・フェール**:フランス語で「為すにまかせよ」の意)が基本となった。この理論的な根拠となったのが、18世紀イギリスの経済学者**A.スミス**(1723～90)である。

市場の自動調節機能(神の「**見えざる手**」)が働くため、政府が手を加えることなく財の適切な配分が市場を通じて達成され、社会全体の福祉が増大するとした。

② ケインズ経済学

しかし、20世紀になると世界恐慌の発生など従来の経済学では対処できない問題が生じたため(**市場の失敗**)、金融・財政政策によって景気変動を調節する必要性が生じた。その理論的根拠となったのが**ケインズ経済学**である。

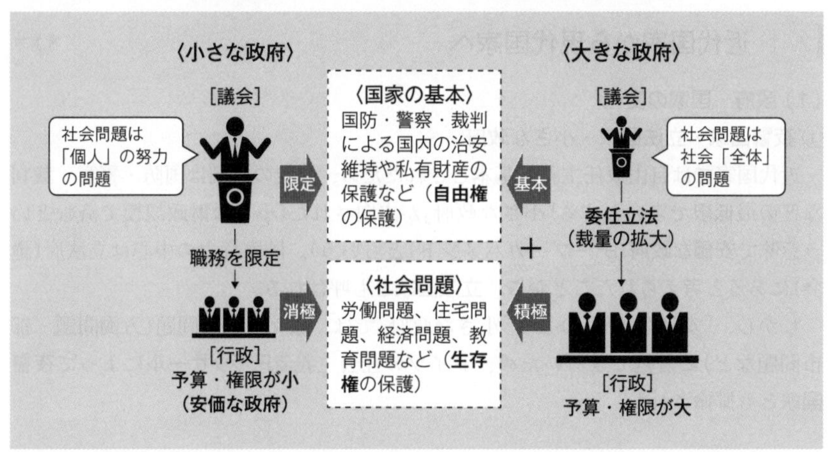

2.5 現代国家の再編と新自由主義 ★★★

(1) 政府の失敗

第二次世界大戦後の先進国は福祉国家化を進めた。しかし、福祉国家化に伴い予算や公務員が増大するため、財政上の負担も大きくなった。また、政府が社会や経済の様々な場面でその活動を増大させることがかえって民間企業の活動の障害となっているという認識も生まれた。これを「**政府の失敗**」という。

（2）新自由主義の登場

特に1970年代の**石油危機**以降、財政赤字を縮小し、再び市場メカニズムの意義を積極的に評価し、政府の規模を見直すことを求める**新自由主義**（ネオリベラリズム）が登場した。例えば、国営企業の民営化や規制緩和を推進したイギリスのサッチャー首相（サッチャリズム）、アメリカのレーガン大統領（レーガノミクス）、日本の中曽根首相などが代表的である。

これら新自由主義を理論的な根拠として進められた改革を総称して**NPM**（New Public Management：**新公共管理**）という。⇒**第4章**

近代国家と現代国家の比較

	近代国家（19世紀）	〈背景〉→	現代国家（20世紀）
社会	**市民社会** 市民が政治の担い手	普通選挙	**大衆社会** 大衆が政治の担い手
経済	**自由放任主義** 市場メカニズムに委ねる	世界恐慌 （**市場の失敗**）	**ケインズ主義** 市場メカニズムに介入
政府	**小さな政府** 政府の役割は最低限の 「**安価な政府**」 （チープ・ガバメント）	世界大戦	**大きな政府** 経済政策や社会保障などに 積極的に取り組む （予算や公務員の増大）
権力の中心	立法府優位の「**立法国家**」	行政の高度化	行政府優位の「**行政国家**」
国家の実態	**夜警国家・消極国家** （自由権の保障に限定）	産業化・都市化	**福祉国家・積極国家** （生存権の保障も重視）

過去問チェック

01 古代と中世における政治支配者の統治の職能は、国防、警察、裁判の３点にほぼ限られていた。政治支配者はそれらの職能の対価として、人民に兵役や納税の義務を課していたが、統治の職能が限られていたため、徴兵・徴税の猶予や減税を頻繁に行わざるを得なかった。**国家一般職2002** 2.1

×「徴兵・徴税の猶予や減税を頻繁に」が誤り。徴兵・徴税は古代・中世の政治支配者にとっては重要な資源であり、徴兵の猶予や減税を頻繁に行う余裕はない。古今東西庶民が重い税負担に苦しむというのがよく見られる状況である。

02 絶対君主を政治支配者とする中央集権体制の国民国家においては、富国強兵が目標とされ、重商主義に基づく殖産興業政策が推進されるようになった。統治の範囲は次第に広がり、これを担う官僚が誕生した。また、君主と官僚のための学問として夜警国家論が盛んになった。**国家一般職2002** 2.2

× まず第1文前半は「国民国家」ではなく「絶対主義国家」である。また第2文後半は「夜警国家論」ではなく「官房学」である。

03 シュタインは、官房学において警察学という学問を確立するとともに、警察学を財政学から分化させる必要を強調して財政学を警察学の手段として位置付けた。**特別区Ⅰ類2011** 2.2 2.3

× 本肢はシュタインではなく、J.H.G.ユスティの説明であれば妥当である。シュタインは官房学(警察学)が廃れた後に行政の理論を展開したのである。

04 シュタインは、行政とは国民の参加による国家の意思の形成であり、憲政とは国家の意思の反復的実施であるとした。**特別区Ⅰ類2014** 2.3

× 本肢は「行政」と「憲政」の説明を入れ替えれば妥当な説明である。憲政が「国家意思の形成」であり、行政が「国家の意思の反復的実施」(国家の労働)である。

05 福祉国家の考え方は、国家権力の濫用を防ぎ、市民の自由と権利を守るという民主主義思想の要請から生じたもので、国家はできるだけ小さく、統制しやすい規模である必要があり、福祉国家は安上がりの政府とも呼ばれている。**特別区Ⅰ類2016** 2.4

× 「国家権力の濫用を防ぎ…民主主義思想」が誤り。国家権力の濫用や市民の自由と権利を守るというのは自由主義の発想である。また「安上がりの政府」とは国防や警察など最低限のサービスしか行わない国家を意味する。それを乗り越えて社会保障などを行うのが福祉国家である。

06 20世紀に入り西欧諸国を中心に福祉国家が誕生した背景には、労働運動の活発化、普通選挙制度の実施など大衆民主制の実現という政治的要因と、経済成長に伴う市場メカニズムへの揺るぎない信頼感の確立という経済的要因があると指摘されている。**国家一般職2004** 2.4

× 「市場メカニズムへの揺るぎない信頼感」が誤り。「市場の失敗」によって世界恐慌が生じるなど、市場メカニズムに対する信頼が揺らいだことが、福祉国家が誕生した経済的要因である。

07 福祉国家では、政府は、低所得者向けの政策を実施するとともに、それに要する経費を累進税率制度を加味した所得税・法人税や財産税などの課税を通じて担税力のある納税者から徴収するなど、歳出・歳入の両面から所得再分配機能を担う。**国家一般職2004** 2.4

◯ 妥当な説明である。福祉国家は、所得によって税負担が変動する累進課税制度によって所得の再分配を行っているのである。

08 1970年代以降のスタグフレーションの下では、福祉国家の理論的支柱であった新制度派経済学に基づく経済政策は有効に機能しなくなった。行政活動の非効率性を批判する「政府の失敗」が主張されて、福祉国家の危機と呼ばれた。**国家一般職2004** 2.5

✕ 「新制度派経済学」が誤り。正しくは「ケインズ経済学」である。第二次世界大戦後の先進国ではケインズ経済学に基づく経済政策が基本となり、金融政策や財政政策を通じて市場メカニズムに介入することが当然となった。しかし、1970年代以降はそうした手法が批判されるようにもなったのである。

2 官僚制論

本節では官僚制の様々な概念について学習します。今日でも官僚制論の基本となっているのはM. ウェーバーの議論です。その後ウェーバーの議論にはアメリカの社会学者を中心として様々な批判が寄せられました。さらに現代では官僚制に関する実証的な分析も数多くあります。これらの基本的なポイントを学習するのが本節の目的です。

キーワード

家産官僚制と近代官僚制／資格任用制／官僚制の合理性／官僚制の逆機能／懲罰的官僚制・代表的官僚制・模擬的官僚制／自己利益を追求する官僚／予算極大化モデル／組織形整モデル／ストリートレベルの官僚制／「3人1組」論／パーキンソンの法則

1 官僚制の概念

1.1 官僚制の定義と歴史 ★★★

(1) 官僚制の定義

官僚制組織とは、一般に「頂点に独任の長を戴き、その下に階層を持つ、**ヒエラルキー構造**(階統制)を持つ組織」をいう。したがって、以上のような組織構造を持つものは行政機関でも民間企業でも一般的には官僚制と表現される。

官僚制のヒエラルキー構造

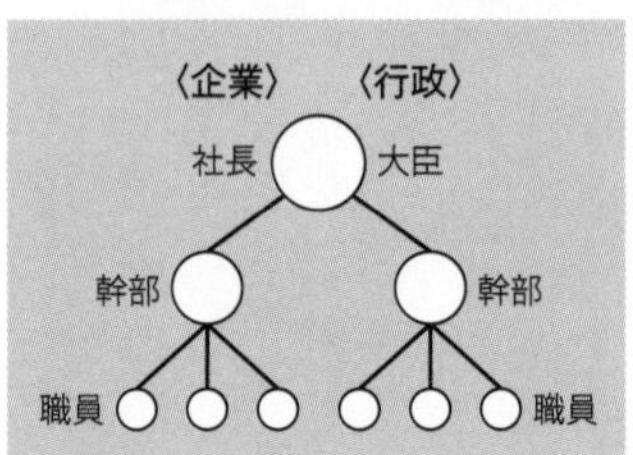

(2) 官僚制の歴史

官僚制(bureaucracy)とは、フランス語由来のbureau(事務所)とcracy(支配)の合成語である。この官僚制という概念は、18世紀後半のフランスで生まれ、19世紀初期にヨーロッパ全般に広まったといわれている。

フランス語由来の言葉が定着した理由の一つは、フランスこそ官僚制的な近代行政システムを最初に確立した国家だからである。

1.2 ウェーバー以前の官僚制論 ★★★

(1) 背　景

現代の社会科学における官僚制分析の基盤となっているのは、後述するようにドイツの社会学者M.ウェーバーによるものであるが、ここではウェーバー以前の官僚制に対する議論を整理しておく。

19世紀まで官僚制という言葉は、今日でもある意味そうであるように、否定的な文脈で用いられることが一般的であった。

(2) K. マルクスの官僚制論

まず、ドイツ出身の哲学者**K.マルクス**(1818～83)は、官僚制を「廃棄されるべき癌」に過ぎないと厳しく批判している。マルクスは国家を支配階級の道具に過ぎないと考える共産主義者であり、共産主義革命の結果、国家が廃絶されれば官僚制も消滅すると考えたのである。

(3) W. バジョットの官僚制論

また、イギリスの政治評論家**W.バジョット**(1826～77)も、官僚制は権力の強化や業務の拡大などをその任務と考えるもので、政治の質を害するものに過ぎないと批判している。バジョットにとって官僚制は否定すべき絶対主義国家の骨格であり、その拡大を警戒したのである。

(4) R. ミヘルスの官僚制論

① 寡頭制の鉄則

以上のような官僚制に対する批判とは別に官僚制を分析したのが、ドイツの社会学者**R.ミヘルス**である。彼はドイツの社会民主党に参加した経験から、民主主義と官僚制の間に矛盾があることを発見した。

R.ミヘルス
[1876～1936]

すなわち、民主主義を掲げた政党や労働組合において一般大衆の参加者が増大していくと、組織内では階層分化が進展し、少数の指導者・組織の事務局の幹部たちによる支配が進展する現象が見られるとし、これを**寡頭制の鉄則**(少数者支配の鉄則)と名付けた。

要するに民主主義を標榜する組織が拡大すればするほど、非民主的な官僚制組織化が進展するという矛盾を問題としたのである。

② ウェーバーへの影響

このようなミヘルスの官僚制論に刺激を受け、本格的な官僚制研究に着手したのがウェーバーである。

2 ウェーバーの官僚制論

M.ウェーバー
[1864～1920]

官僚制という概念を学術的な専門用語として定式化したのがドイツの社会学者M.ウェーバーであり、今日でも官僚制の概念についてはウェーバーの議論が基盤となっている。ここではウェーバーの官僚制論の概要を説明する。

2.1 官僚制の類型 ★★★

(1) 背　景

官僚制は決して近代特有の組織形態ではなく、時代を超えて存在してきた。ウェーバーは官僚制を家産官僚制と近代官僚制の二つに分類している。彼は近代社会のあり方を論じた社会学者であり、主な分析対象となるのは近代官僚制である。

(2) 家産官僚制

家産官僚制

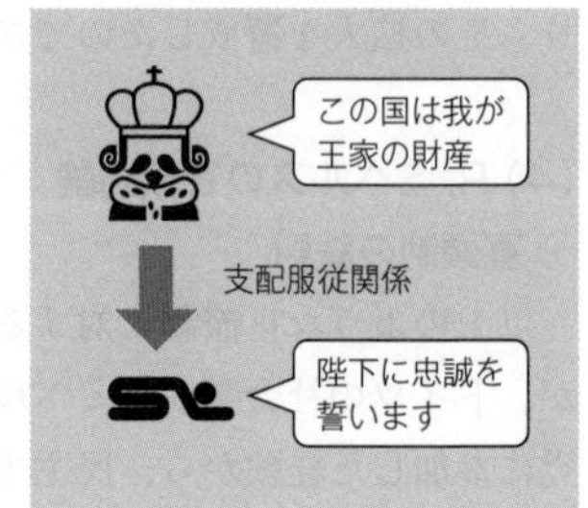
この国は我が
王家の財産
支配服従関係
陛下に忠誠を
誓います

家産官僚制とは、支配者が奴隷や従僕、家臣団など身分の不自由な人々を官僚制の担い手とする形態である。例えば、古代エジプトなどの奴隷による官僚制、中世ヨーロッパの封建家臣団による官僚制などが挙げられる。

ウェーバー自身は言及していないが、日本の江戸時代の武士も、統治機構の担い手が武士という身分に独占されている点で、一種の家産官僚制であると考えることができる。

(3) 近代官僚制

以上の家産官僚制に対して、18～19世紀において西欧諸国で新たに誕生した官僚制が**近代官僚制**である。近代官僚制とは、自由な身分によって官僚が構成されており、官僚の自由意思に基づき契約によって任命される官僚制である。

家産官僚制と近代官僚制

家産官僚制	近代官僚制
忠誠関係 身分不自由	契約関係 身分自由
古代・中世の官僚制	近現代の官僚制

2.2 近代官僚制の特徴 ★★★

ウェーバーは、近代官僚制の構成要件として、以下の12項目を挙げている[1]。以下に挙げられた原則は今日の組織では当然とされているものばかりである。

ウェーバーの意図は、これらの原則は前近代社会では存在せず、あくまで近代社会特有のものであることを明確にするところにある。

(1) 規則による規律の原則

客観的に定められた規則に従って業務を行う。要するに、支配者(上司)個人の恣意的な命令を排除し、あくまで規則(ルール)に基づいてのみ仕事を行うことが要求されている。

(2) 明確な権限の原則

業務は規則に定められた権限の範囲で行う。要するに職務や権限の内容や責任の範囲は規則によって予め定められており、越権行為は否定され、責任も決められた範囲でのみ引き受けるということである。

(3) ヒエラルキー構造の原則

組織内で上下の指揮命令系統が一元化され、官職相互間の上下関係が規定される。

(4) 公私分離の原則

必要な施設や設備はすべて職場において提供され、組織の所有物と構成員の私有物とは明確に区分される。家産官僚制では官僚は支配者に対する忠誠が要求され、職務と私生活の区別がなかったので、仕事の領域と私生活を完全に分離することが

1　近代官僚制の要件の整理の仕方は行政学の教科書によって様々であるが、ここでは西尾勝『行政学［新版］』の分類にならっている。

求められているのである。

(5) 官職専有の排除原則

家産官僚制で見られた、官職の世襲制や売官制(金銭などを納める代わりに官職を付与すること)は存在してはならない。

(6) 文書主義の原則

あらゆる種類の命令はすべて文書の形で表示され、記録・保存される。

(7) 任命制の原則

上級者(上司)が下級者(部下)を任命する方式を採用し、選挙で職員を選ばない。下級者の昇進が上級者の判断に委ねられていることにより、下級者は上級者の命令によりよく服従するからである。

(8) 契約制の原則

人格的に自由な人間が契約によって職員になり、規則に定められた職務に関してのみ上級者の命令に服する。要するに職場を離れた私的生活では上下関係は存在しないということであり、職員はいつでも契約を解除し、自由に辞職する自由を持っている。

(9) 資格任用制の原則

職員採用は一定の学歴と専門知識を持つ有資格者からこれを行う。つまり、縁故採用や猟官制(⇒**第2章第1節** 1.1)を認めないということである。

(10) 貨幣定額俸給制の原則

俸給はその職務や責任の軽重などによって予め定め、定額で支給する。貨幣と定めているのは現物給付を認めないという意味であり、定額と定めているのは歩合制などを認めないという意味である。これは官僚制に対する第三者からの恣意的な圧力を排除する意図である。

(11) 専業制の原則

職員はその業務を唯一の職業とし、兼職はしない。官僚の職務は専門的であり、天職として勤めなければならない。

(12) 規律ある昇任制の原則

職員の昇進は在職年数や業務成績などに基づいて行われる。この原則も官僚制に対する第三者からの恣意的な圧力を排除するためである。

2.3 ウェーバーの官僚制化論 ★★★

以上の近代官僚制の特徴を踏まえた上で、社会の様々な組織において官僚制が導入されること(官僚制化)をウェーバーはどのように論じたか。以下では主なポイントをまとめておく。

(1) 官僚制の合理性

まずウェーバーは、官僚制とは、**合法的支配**(成文化された非人格的・没主観的な秩序に対する服従)の**最も純粋な形**であり、職員の人格や主観ではなく、公平無私に、厳密な成文の規則に基づいて職務が遂行されるという意味において、**最も合理的な組織形態**であると考えた。

(2) 官僚制化現象の普遍性

したがって、官僚制は近代化の進展に伴い、**行政機関に限らず、学校、政党、企業、労働組合など社会の組織一般に適用される現象**とみなしたのである。

(3) 官僚制の永続性

官僚制の永続性

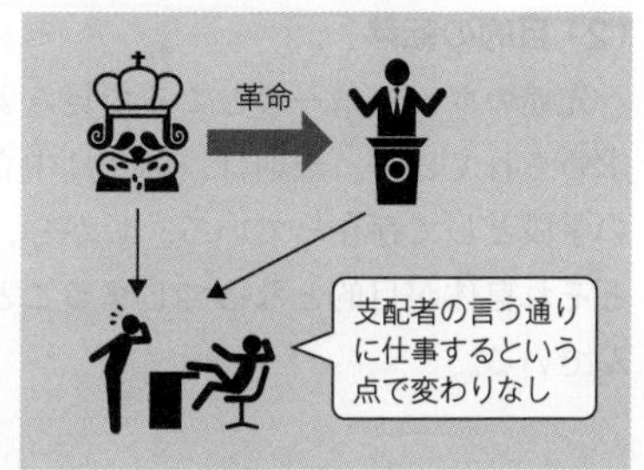

さらに、官僚制はその合理性ゆえに、一度打ち立てられると破壊困難になるとされる。例えば、日本の官僚制について第二次世界大戦前と後を比べてみるとよい。敗戦国となり政府首脳が完全に入れ替わったとしても、官僚制の構成はほんの一部が変更されただけで、大部分は存続した。

官僚制は支配者(上級機関)の言う通りに職務を行う原則であるため、どのような支配者の下でも永続するということである。

(4) 民主主義の拡大と官僚制化

そして、ウェーバーは先述のミヘルスと異なり、民主主義と官僚制が対立するものとは考えず、民主主義の拡大と官僚制化は同時進行の現象と捉え、民主主義の拡大・深化が官僚制化をより進展させると考えたのである。

今日でも例えば一般市民の政治に対する要求の多くが結果的に行政(官僚)の職務を増大することにつながりやすいことをイメージするとよい。

3 官僚制の逆機能

これまで見てきたように、官僚制は合理性を高い水準で達成する組織形態であると理解されてきた。しかし、その後、**アメリカで発達した社会学**を中心として、官僚制の効率を高めるための様々な特徴は、組織の非合理性や非能率性をもたらす可能性があることが主張されるようになった。これを**官僚制の逆機能**という。

以下では逆機能論の元祖であるマートンを出発点として、逆機能論として論じられている主なアメリカの社会学者たちの議論を確認する。

3.1 マートンの逆機能論 ★★★

(1) 背　景

そもそも逆機能とは機能(順機能)と対になる言葉である。これは社会学上の重要な専門用語であり、アメリカの社会学者**R.K.マートン**(1910～2003)によって精緻化された概念である。詳しい話は社会学において学習されたい。

ここでは機能が「意図した結果」、逆機能が「意図しない結果」として作用するものであるとだけ理解しておけばよい。

(2) 目的の転移

先述のウェーバーのところで見たように、本来官僚制は日常的に規則遵守を強く求められている。規則は、例えば中立公平に職務を行うという目的を達成するための手段として存在している。しかし、規則遵守を徹底すると、ときに規則を守ることそれ自体が目的となってしまうことがある。マートンはこれを**「目的の転移」**と呼んでいる。

(3) 訓練された無能力

以上のような「目的の転移」が生じてしまった場合には、官僚はとにかく規則遵守を最優先する。規則が想定していない事態が発生し、本来は臨機応変に対応しなければならなくなっても、杓子定規な行為を繰り返すという問題が生じてしまう。つまり、規則は本来職務の合理性を確保する**「機能」**を有しているはずであるが、環境変化に対応できない非合理的な行動が目立つ結果になるという**「逆機能」**が発生してしまう。

したがって、官僚として規則を遵守するように徹底して訓練すればするほど、逆に状況変化に対応できない無能力な存在となるというのがマートンの主張であり、これを「**訓練された無能力**」と呼んでいる。

逆機能のメカニズム

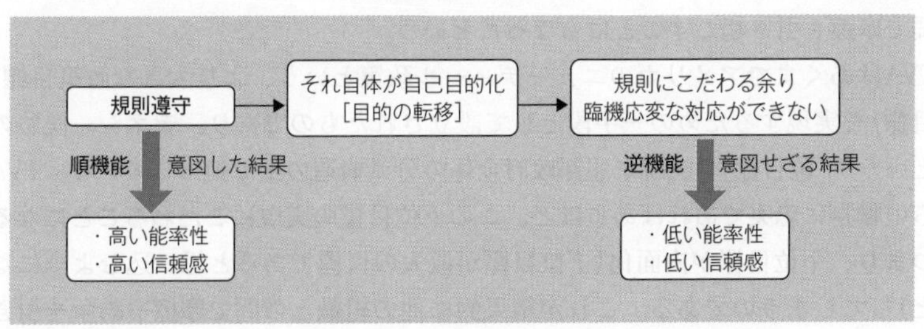

(4) 現代の官僚制批判

以上のようなマートンの指摘は、従来からよく見られる官僚制に対する批判と共通している。例えば、ウェーバーのいう「規則による規律の原則」は、それが行き過ぎれば**繁文縟礼**(はんぶんじょくれい)(**レッドテープ**)を生み出すと批判され、「明確な権限の原則」もそれが行き過ぎれば、**セクショナリズム**(縦割り行政)の原因となる。

3.2 セルズニックの逆機能論 ★★★

(1) 背 景

アメリカの社会学者**P.セルズニック**(1919～2010)もまた官僚制の逆機能について論じている。彼はアメリカのTVA(テネシー渓谷開発公社)を事例として、能率や専門性を高めるはずの官僚制の分業構造が、逆に官僚制全体の目標達成を阻害していることを明らかにしている。

(2) 包 摂

そもそもTVAはニューディール政策の一貫として、テネシー川流域の治水、電源開発など失業対策のための公共事業として設置された組織である。

TVAは農業政策を行うにあたり、地域の富裕農家を政策決定に参加させ、業務の一部の委任も行った。つまり、事業を行うにあたり当該事業の対象となる集団を取り込んだのである。これが包摂(取り込み)である。

包摂は事業を円滑かつ安定的に行うためには有益である。しかし、ある特定の集団を取り込むことは、別の集団との間で緊張を生み出してしまう場合がある。TVA

の農業政策のケースでは、富裕農家の利益は反映されたが、貧農層の利益が無視されるという問題が生じたことが指摘されている。

(3) 下位目標の内面化

さらに、TVAの進めた農業政策は、アメリカの他の行政機関(農務省や内務省)との間で摩擦を引き起こすことにもなったという。

TVAはあくまでアメリカのニューディール政策という、より大きな政策目標(上位目標)を実現するための一手段として設立されたものであり、テネシー渓谷の開発という「下位目標」の実現を連邦政府全体の分業構造の中で担当している。TVAが自らの職務に忠実であればあるほど、この下位目標の実現にこだわることになる。

つまり、下位目標が内面化(下位目標が最大の目標であると思い込むようになること)してしまうのである。これが結果的に他の組織との間で摩擦や紛争を引き起こす原因になり、様々な政策の間で矛盾や対立が生じてしまい、連邦政府全体の目標達成を阻害することになったという。

3.3 ゴウルドナーの逆機能論 ★★★

(1) 背 景

アメリカの社会学者A.ゴウルドナー(グールドナーとも表記、1920～80)は、ある民間企業(ゼネラル石膏会社)の事業所を事例として官僚制の逆機能を論じている。具体的には、官僚制における規則は本来能率の向上をもたらすはずであるが、労働者の労働意欲の低下を招くなど「意図せざる結果」を生む場合があることを指摘している。

(2) 実際の状況

さて、まずは以下のような民間企業を想像してもらいたい。

地元出身の温厚な所長の下で、規則運用は柔軟に行われ、処罰も慎重に行われていたため、労働者は仕事に満足し、労働者と管理者との間で信頼が醸成されている事業所があった。そこに地元の事情について不案内な新しい所長が赴任してきた。新所長はこれまでの労務管理は本社のルールを無視した非能率的なものであると考えてすべてを全面的に見直し、新しい規則の徹底、規則違反の労働者の解雇など労働者に厳しい改革を実行したのである。

上位者が決定した規則に服従することは官僚制の基本である。しかし、この事業所では労働者の不満が高まり、様々な紛争が生じてしまうという問題が生じた。

（3）官僚制の分類

以上の実例を踏まえて、ゴウルドナーはなぜ紛争が生じてしまったのか、それを防ぐ手段はなかったのかという点を検討し、官僚制を以下の三つのタイプに分類している。

① 懲罰的官僚制

懲罰的官僚制

まず、先述の事例のように、上位者が一方的に規則を設定し、厳格に規則を適用したケースを**懲罰的官僚制**と呼んでいる。

規則遵守はウェーバーが論じたように官僚制の基本であるはずだが、むしろ労使間で紛争が勃発し、業務が滞るという問題が生じたのである。

② 代表的官僚制

代表的官僚制

次に、事業所の従業員を規則の決定に参加させ、合意を取り付ける形で設定されたルールに基づく官僚制を**代表的官僚制**と呼んでいる。具体的には従業員の皆が守れるような規則にするため、古参の従業員などにヒアリングをし、それを踏まえた規則の設定や運用を行うことを指す。

内部の合意を調達している点で紛争が生じにくいという長所があるというわけである。

③ 模擬的官僚制

これに対して、内部の事情を知らない外部の第三者が規則を決定し、その規則が実際には全く遵守されない場合を**模擬的官僚制**と呼んでいる。

ゴウルドナーの指摘する事例は例えば以下のようなものである。あくまで保険会社の都合で「禁煙」という規則が定められてしまったとしよう。肉体労働者が多く喫煙率が高い現場としては不満が出ることを会社としてはよく理解している。このため建前としては禁煙だが、会社としては内々に喫煙を認めるということが行われたそうである。

官僚制の三つの分類

	懲罰的官僚制	代表的官僚制	模擬的官僚制
規則制定者	上から一方的	「内部」の合意	「外部」の第三者
事例	欠勤や遅刻への罰金などのペナルティ	全員が一目置いている古参が決定する	保険会社の都合上の規則(作業場での禁煙など)
効果	労使の押し付け合い(紛争が起きやすい)	合意度が高く紛争が生じにくい	面従腹背(みんなで規則違反)

Power UP　規則を敵視する官僚制?

ゴウルドナーの研究はもともと石膏鉱山での掘削を主な事業とする民間企業の事例を分析したものである。彼によれば鉱山の坑内と坑外では官僚制化の程度は異なる。坑内作業者は常に危険と隣り合わせであり臨機応変に対応したいため、階統制的統制に抵抗する傾向があるという。そして、狭い坑内で運命共同体であるため、フォーマルな規則よりもインフォーマルな関係を重視し、就業規則を重視せず、むしろそれに敵意を抱いているという。

要するに官僚制といってもそれがどのような職場かという点で規則遵守の意義は異なるということを発見したのである。

3.4 ブラウの逆機能論 ★★★

(1) 背　景

アメリカの社会学者P.M.ブラウ(1918～2002)は、職業安定所や労働基準監督署の観察から、官僚制の逆機能がいかなる局面において生じるのかを分析した。具体的には官僚制の逆機能を人間関係論の**インフォーマル組織**の視点から論じた点に特徴がある。**⇒第2章**

(2) 官僚制とインフォーマル組織

インフォーマル組織については第2章で詳しく学習するので、とりあえずここでは「職場の人間関係」とだけ押さえておけばよい。

すなわち、規則遵守が徹底されることで官僚制の逆機能が生じそうな場面であっても、例えば、その職場独自の慣行や運用が存在し、組織の柔軟で円滑な対応が可能であれば、逆機能は生じないであろう。これはインフォーマル組織が逆機能を解消する場合である。逆に、ある職員集団が自己保身を図るために協力することで、官僚制の逆機能が強化される場合もありうる。

このように、ブラウは官僚制の逆機能がインフォーマル組織のあり方と深く関わっていることを明らかにしたのである。

❹ 官僚制の演繹的モデル

本項では官僚制に関するモデルのうち演繹的なモデル、つまり官僚の行動様式について、論理的に（理屈の上では）そうなるはずだという議論について説明する。ダウンズ、ニスカネン、ダンレヴィらの議論が著名である。

4.1 ダウンズの官僚制論 ★★★

（1）背　景

アメリカの経済学者A.ダウンズ（1930 ～ 2021）は官僚を「公共の利益」ではなく、「自己利益」を最大化する行為者とみなして分析した。彼の議論は後のニスカネンやダンレヴィの官僚制論に大きな影響を与えている。

（2）官僚の行動様式

さて、官僚が**自己利益を追求**する存在であるとしても、その動機は様々である。ダウンズは、官僚の動機を、❶権力、❷収入、❸威信、❹便宜（楽をすること）、❺安定、❻個人的忠誠（組織への一体感）、❼特定の政策との同一化、❽仕事の熟練に対する自負心、❾公共の利益に奉仕したいという希望、の９種類に分類した。

❶から❺までは純然たる自己利益であり、❻から❾は利他的な側面もあるが、あくまで自己利益の追求として理解されているのが特徴である。

官僚の追求する目標（自己利益）

［自己利益］	［自己利益］と［利他的利益］	［利他的利益］
❶権力 ❷収入 ❸威信 ❹便宜 ❺安定	❻個人的忠誠 ❼特定の政策との同一化 ❽仕事の熟練に対する自負心	❾公共の利益に奉仕したいという希望

（3）官僚の類型

以上のように、ダウンズによれば官僚は多様な目標（自己利益）を追求している。これらを踏まえて、彼は官僚を五つの類型に分類している。❶立身出世的人間、❷保守的人間は純粋な自己利益の追求であるが、❸～❺は混合した動機を持つものと考えられる。

❶立身出世的人間	権力、威信、収入を最も重視する
❷保守的人間	便宜、安定を最も重視する
❸情熱的人間	比較的狭い政策との同一化、熟練に対する自負心が重視され、そのために権力を追求する
❹提唱的人間	情熱的人間よりは広い政策や考え方との同一化を求め、そのために権力を追求する
❺政治家的人間	社会全体に対して忠実であり、公共の利益に奉仕したいという利他的利益が重視される

4.2 ニスカネンの予算極大化モデル ★★★

(1) 背　景

アメリカの経済学者**W.ニスカネン**(1933～2011)は、アメリカ・レーガン政権のアドバイザー(大統領経済諮問委員会の委員)としての経験から、官僚の動機は結局のところ予算の極大化(最大化)であると主張している。

(2) 官僚の行動様式

ニスカネンによれば、官僚の動機は確かに多様である。しかし、官僚の動機は究極的には属する行政機関の予算を可能な限り最大化することにあると考え、官僚のすべての動機は「**行政機関の予算総額の正の関数**」であると定式化した。彼によれば、予算の増大は、組織の拡大、ポストの増大など「権力」や「威信」をもたらすものであり、官僚は「権力」や「威信」を追求するがゆえに、予算の極大化を志向するというのである。

そして、官僚と政治家とでは情報が非対称的であるため、政治家は官僚を十分にコントロールできず、無駄な予算が計上されることになるという。官僚がこのような動機を持つ以上、政治家(大統領)は行政改革(行政機関の縮小)が必要だというのがニスカネンの主張である。

予算極大化モデル

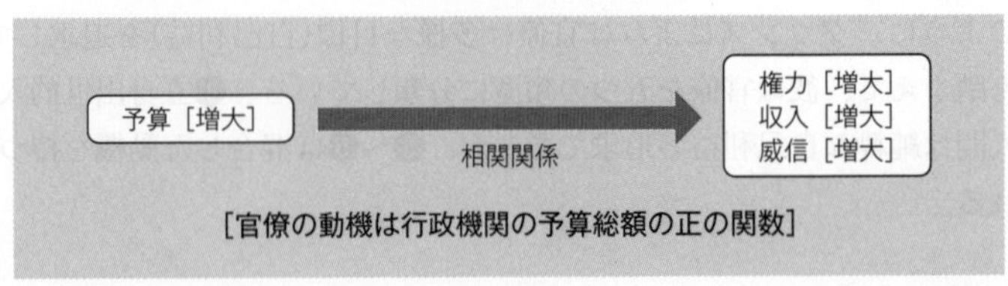

4.3 ダンレヴィの組織形整モデル

(1) 背 景

官僚は予算の極大化を追求するとは必ずしもいえないことを示し、ニスカネンの予算極大化モデルを批判したのが、イギリスの政治学者**P.ダンレヴィ**(1952～)である。

彼は、イギリス・サッチャー政権の行政改革において、なぜ、所属組織の縮小につながるような改革(**エージェンシー化**)を推進した官僚が存在したのかを説明しようとした。⇒**第4章**

(2) 官僚の行動様式

まず、ダンレヴィによれば、官僚の行動様式は組織内における地位によって異なるという。エリート官僚は、昇進の可能性が開かれているが故に権力や威信を重視する傾向にあり、非エリート官僚は昇進の可能性が閉ざされているが故に、予算増額を重視する傾向にあるという。

したがって、エリート官僚は、仕事の「面白さ」や「重要性」など金銭以外の効用を重視するので、「手足」(実施)よりも、「頭脳」(企画立案)を使う仕事が中核となるように、**組織形整**(組織の形を整えること：bureau-shaping)を好むという。例えば、実施部門と企画立案部門とを分離させることは、組織の規模縮小をもたらし予算の削減につながるが、他方でルーティンワークから解放され、魅力的な仕事の増加をもたらすことにもなる。

以上のように、官僚は予算の極大化を追求するとは必ずしもいえないこと、ときには組織の縮小にもつながるような改革を行うことがありうることを説明したのである。

組織形整モデル

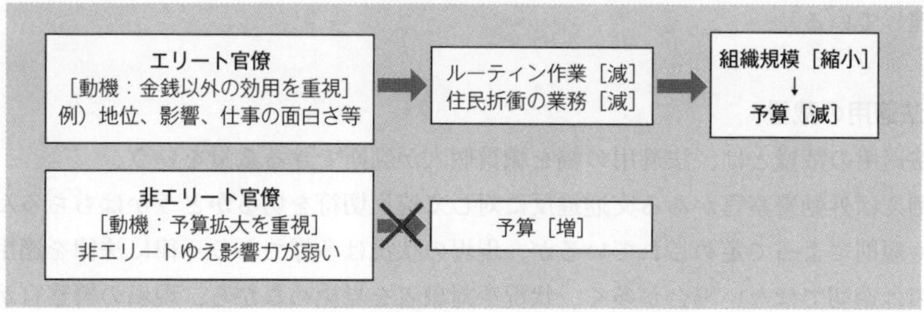

5 官僚の帰納的モデル

本項では官僚の演繹的なモデルに対する帰納的なモデルについて説明する。この場合の帰納的モデルとは、官僚の観察や実体験から引き出された議論という意味である。

5.1 ストリートレベルの官僚制 ★★★

(1) 背　景

これまで見てきたように官僚制の基本とは規則遵守であり、職員個人の裁量は認められないことが当然の前提となっていた。しかし、実際には必ずしも規則に縛られず、裁量を持って業務遂行を行う官僚も存在する。こうした官僚をアメリカの行政学者**M.リプスキー**(1940～　)は、**ストリートレベルの官僚制**として概念化している。

(2) 定義と事例

まず、ストリートレベルの官僚制とは、具体的には**ケースワーカー**、**学校教師**、**外勤警察官**(交番勤務の警察官など)などが想定されているが、検察官や裁判官なども含まれている。これらの職種は、上司の濃密な指揮監督を受けず、相当程度の裁量を有し、対象者と直に接触しながら職務執行を行っている。

ストリートレベルの官僚は**第一線公務員**、**街頭官僚**などとも訳されるが、必ずしもストリート(街頭)で職務するわけではない点に注意しよう。

(3) 裁量の種類

では、ストリートレベルの官僚は、どのような裁量を有しているのだろうか。西尾勝は彼らが持つ裁量を、①法適用の裁量と②エネルギー振り分けの裁量の二つに整理している。

① 法適用の裁量

法適用の裁量とは、法適用の幅を職員個人が判断できる裁量をいう。

例えば外勤警察官がある交通違反に対して違反切符を切るかどうかはもちろん法律や規則によって定められているが、現場の状況は多様であり一律に法律を適用するのは適切ではない場合が多く、状況や対象者を見極めながら、現場の警察官が判断することになる。ただし、法適用の裁量自体は、ストリートレベルの官僚でなくても有している場合がある。

② エネルギー振り分けの裁量

エネルギー振り分けの裁量とは、限られた勤務時間の中でどの職務に専念するか(エネルギーを振り分けるか)を職員自身が判断する裁量をいう。

例えば日本の外勤警察官は、管内のパトロール、巡回連絡、地理案内、拾得物対応、交通指導取締りなど勤務時間内に多種多様な業務を担当している。これらの職務執行にあたってはもちろん各種規則やマニュアルが存在するものの、どの職務に専念するかは多くの部分が現場の外勤警察官に委ねられているのである。

なお、先述のように法適用の裁量はストリートレベルの官僚でなくても有している場合があったが、エネルギー振り分けの裁量は、他の官僚制にはない特有の裁量であるといわれている。

エネルギー振り分けの裁量があるということは、どの仕事を優先するか自分で選択できるということであるが、何を優先するかという悩ましい状況を生み出すことにもなる。これを「**エネルギー振り分けのジレンマ**」という。

(4) ストリートレベルの官僚制の評価

ところで、現場を直接把握していない上級機関(上司)は、ストリートレベルの官僚をどのように評価したらよいだろうか。通常の職員は同じ事務所にいて、上司と日々業務をともにしながら評価されるが、ストリートレベルは上司と一緒にいないのである。

そこで、ストリートレベルの官僚制では、業務記録を検討し、そこに記された処理件数などを基準に評価するという手法がとられやすい。したがって、職員が、高評価を得られる案件にエネルギーを振り分けるという事態が生じてしまい、国民生活に有害な影響をもたらす場合もある。

(5) 新しいストリートレベルの官僚制

現代の行政は、NPM(⇒**第4章**)の潮流により、民間企業やNPOなどへの事務の委託や委任が増加している。例えば、介護保険という公的サービスを現在は民間企業やNPOが代行している。したがって、これらの職務に従事する職員はストリートレベルの官僚と同じ役割を果たしているといえる。

リプスキーはこれらを「新しいストリートレベルの官僚制」と呼んでいる。

Power UP　日本におけるストリートレベルの官僚制

本書の読者が受験する主な公務員試験でいえば、例えば国税専門官や労働基準監督官がストリートレベルの官僚といえる。それぞれ対象者と直に接触し、半ば独立的に職務執行を行うことを特徴としており、誰をどのように摘発するかという点に裁量を有している。
特に国税専門官（国税調査官）は公式には認めていないが、一種のノルマが課せられ、調査件数や課税額での「業績評価」が行われているという実態が指摘されている。

5.2 アバーバックの官僚制論 ★★★

（1）背　景

アメリカの政治学者**J.アバーバック**たちは、欧米諸国の政治家と官僚の関係を分析し、下の図のようにイメージⅠ（官僚の役割が非常に小さい）からイメージⅣ（官僚の役割が非常に大きい）へと変化していると論じている。

	イメージⅠ ⇒	イメージⅡ ⇒	イメージⅢ ⇒	イメージⅣ
❶政策の実施	官僚	官僚	官僚	官僚
❷政策の形成	政治家	共有	共有	共有
❸政策の調整	政治家	政治家	共有	共有
❹理念の提示	政治家	政治家	政治家	共有

（2）政治家と官僚の役割

まず、彼らによれば政治家と官僚が担う役割とは、**❶政策の実施**、**❷政策の形成**、**❸政策の調整**、**❹理念の提示**である。

イメージⅠは、政治家が政策の形成と決定を行い、官僚はその実施だけを担当するという意味である。すなわち政治と行政は明確に区別することができ、行政は政治的に中立であるという前提に立っている。

イメージⅡは、政治家も官僚も政策の形成に関わるが、政治家はいかなる政策を実現すべきかという「価値判断」を担当し、官僚は政治家の決定した政策が技術的に可能かどうかの専門的な判断（事実判断）を行うという意味である。

イメージⅢは、さらに官僚の役割が拡大し、いかなる政策を実現すべきかという点まで官僚が担うようになっているという意味である。ただし、国民に向けて「理念を提示」するという仕事は依然として政治家の仕事としてイメージされている。

イメージⅣは、政策の実施以外は政治家と官僚の役割は融合しており、政治家と官僚の実質的な区別は存在しないとの意味である。

アバーバックらによれば、現在の欧米諸国はイメージⅢの段階であり、いずれイメージⅣの段階に進む可能性について論じている。

(3) 日本の政官関係

以上のアバーバックらの議論はあくまで欧米諸国の分析から生まれたものであり、日本はその対象には含まれていない点に注意しよう。

後に学習するように、日本の官僚制論では、もともと日本の政策形成では官僚制が大きな影響力を持っており(官僚優位論)、それが政治主導(与党優位論)へと変化してきたと評価するのが一般的であり、アバーバックらの議論になぞらえるとむしろイメージⅣから出発し、イメージⅢへと変化しているという経路をたどっている。**⇒第5章第1節**

6 官僚制についての様々なモデル

本項では、これまで取り上げることができなかったその他の官僚制についての分析について説明する。

6.1 ダンサイアの「3人1組」論 ★★★

(1) 背　景

先述したようにウェーバーの論じた官僚制の基本形態は、上から下へと命令や指示が伝達される仕組みとして理解されている。しかし、現実はそれほど単純ではなく、官僚制組織のヒエラルキー構造は上下双方向に機能しているのが実態である。すなわち、上が一方的に決定しているとは限らず、ときには上司は部下の上申を待って決裁しているというケースもありうる。

以上のような理屈をうまく説明しているのが、イギリスの行政学者**A.ダンサイア**の「3人1組」論である。

(2)「3人1組」論

ダンサイアによれば、官僚制組織の構造は、上下関係にある3人の職員の組合せを基礎単位にして幾重にも重ねたものである。例えば、末端職員―係長―課長、課長補佐―課長―局長などというように、**3人1組**を単位として、実際の組織とはこれらが連鎖した仕組みとして理解されているのである。

ダンサイアによれば、このうち重要な役割を果たすのが、3人1組の真ん中である**中間者**であるという。中間者は、上位と下位を取り結ぶ媒体であり、上位の意向を下位に伝達するとともに、下位の意向を上位に伝達する上で重要な役割を担っているという。

ダンサイアの3人1組論（中央省庁を事例として）

[上位]（局長）与党政治家や業界幹部との接触など情報源が広いが、実務の情報には疎い

↕

[中間]（課長）上下両方向からの情報を選別・分解・翻訳し、双方に伝達する責務

↕

[下位]（課長補佐）課長以上に情報が限られているが、所掌事務については精通している

6.2 官僚制の「法則」 ★★★

（1）背　景

官僚制の作動原理それ自体の中に予算の極大化や組織膨張につながるメカニズムが存在しているという主張は、一般社会でもしばしば指摘される。中でも著名なのが以下の「法則」である。ただし、学問上の法則として立証されたものではなく、あくまで経験則やことわざ程度のものに過ぎない点に留意したい。

（2）パーキンソンの法則

まず、官僚制それ自体に組織膨張の傾向があることを指摘したのが、イギリスの政治学者**C.N.パーキンソン**であり、俗にパーキンソンの法則として知られている。

パーキンソンは「**行政機関の職員数は、その業務量にかかわりなく、ある一定の比率で増大していく**」と定式化している。合理的な組織であれば業務量に合わせて職員の数を増減させるはずであるが、役人というものは常に部下を増やすことを望んでおり、仕事量が変化していなくても、自然と職員数が増加していくという。

（3）ピーターの法則

また、カナダ出身の教育学者L.ピーターは、小学校教師としての経験から、なぜ教育長、校長といった管理職には無能な者が多いのかということを検討し、「**階層社会（ピラミッド型の組織）では、職員が昇進していく結果、往々にして自分の能力を超えた地位にまで登りつめることになる**」という法則を提唱した。

ピーターが言いたいのはこういうことである。第一線の教師として能力を認められた者は、管理職に昇進することになる。しかし、管理職には教師とは異なる能力が求められる。仮に中間管理職として能力を発揮できたとしても、さらに校長や教育長へと昇進していく中で、いずれその人間の能力を超えた地位にまで昇進してしまい、職責を果たせない無能な人間となるというのである。

過去問チェック

01 官僚制という言葉は、18世紀末にフランスで生まれ、19世紀前半にはヨーロッパ諸国に普及し、定着した。当時、官僚制はイギリスでは批判的に見られたが、ドイツでは肯定的な意見が多く、K.マルクスは官僚制を歓迎していた。国家総合職2001 1.1 1.2

×「K.マルクスは官僚制を歓迎」が誤り。マルクスは官僚制を「廃棄されるべき癌」であると評するほど批判的に見ている。

02 R.ミヘルスは、行政官僚制のみならず政党や労働組合などの組織内部にも階層分化が進み、少数の指導者が多数の大衆を支配する現象を「寡頭制の鉄則」と呼んだ。彼は、M.ウェーバーが専ら行政官僚制に考察を限定したのを批判し、官僚制概念を社会全般にわたる官僚制化現象を指摘した。国家一般職2004

×「彼は…社会全般にわたる官僚制化現象を指摘した」が誤り。ミヘルスが官僚制化を政党や労働組合を題材として論じたのに対して、ウェーバーは行政官僚制から民間企業まで幅広く社会全般にわたる官僚制化を指摘したのである。

03 マックス・ウェーバーは、官僚制は近代以降の国家における政府の行政組織においてのみ見られるものであり、資本主義下の企業の組織や政党には見られないとした。特別区Ⅰ類2005 2.3

×「行政組織においてのみ」、「企業の組織や政党には見られない」が誤り。ウェーバーは官僚制を行政組織だけに限定することなく社会全般にわたるものとして論じている。

04 P.ブラウは、官僚制組織には自らの所掌事務の範囲を広げ、組織を膨張させるメカニズムが内在しているとして、その非効率性を激しく批判した。その上で、人間は組織の設計者の期待通りに行動し、組織を運営するわけではないとする「人間関係論」を最初に提示した。国家一般職2007 3.4

×「「人間関係論」を最初に提示した」が誤り。人間関係論とはインフォーマル(非公式)組織に注目する経営学の理論であり、メイヨーとレスリスバーガーによって初めて最初に理論化されたものである。このインフォーマル組織を官僚制の逆機能に応用したのがブラウである。

05 官僚は公共の利益のために働いているものと一般にはみなされるが、A.ダウンズは、現実には、自己利益を追求しているとの前提に立って官僚の行動を分析した。彼によれば、官僚は、権力や政策との一体感などについては自己利益とはみなしておらず、不正な手段によるものを含めた収入を自己利益とみなしている。国家

一般職2005 4.1

×「権力や政策との一体感などについては自己利益とはみなしておらず」という点が誤り。権力を追求するのは典型的な自己利益であり、政策との一体感(特定の政策と同一化すること)も自己利益の一種であると考えられている。

06 A.ダウンズは、官僚は自らの効用を最大化しようとする合理的な行為者であるとし、権力や収入等の自己利益を純粋に追求する官僚と、自己利益に加えて、事業の達成や組織レベルの目標、公益の実現等の利他的忠誠とを結び付けた混合的な動機付けを持つ官僚に分類した。**国家一般職2018** 4.1

○ 妥当な説明である。補足をすると、利他的な利益も含めて「自己利益」を追求するという前提でダウンズは官僚の動機を説明している。

07 W.ニスカネンは予算極大化(最大化)モデルを提唱し、官僚は自らの所属する行政機関を可能な限り最大化させようとするのに対し、政治家は予算に関する情報を十分持たないことから官僚の統制不足が生じ、最適なサービス量以上の予算が決定されるとした。**国家一般職2015** 4.2

○ ニスカネンの説明として妥当である。

08 P.ダンリーヴィーは、行政機関の中枢を担うエリート官僚の行動様式に注目し、行政機関は予算極大化よりも、非エリート官僚を含めた行政職員の雇用や地位の確保を目的とした規模極大化に強い関心を示すという組織形整(bureau-shaping)説を唱えた。**国家総合職2015** 4.3

×「予算極大化よりも…規模極大化」が誤り。組織形整モデルは「形を整える」ものであり、規模の縮小を念頭においている。非エリート官僚は予算極大化を目指すが、エリート官僚はそうではないというのがこのモデルの特徴である。

09 ストリート・レベルの行政職員には、警察官や福祉事務所のケースワーカーなど、現場で住民と直接対応する職員は含まれるが、市役所の窓口職員や公立学校の教員など、施設で住民と直接対応する職員は含まれない。**特別区Ⅰ類2012** 5.1

×「市役所の窓口職員や公立学校の教員…は含まれない」が誤り。教員はストリートレベルの官僚(行政職員)の典型である。窓口職員については「法適用の裁量」を有していることがあるが、「エネルギー振り分けの裁量」があるかどうかはケースによる。

10 M.リプスキーは、人事、財政担当部局などの職員のように、行政サービスの対象者と直に接し、職務を遂行している行政職員のことを「ストリート・レベルの

官僚」と呼び、「エネルギー振り分け」などの裁量が狭いことが職務上の特徴であるとした。**国家一般職2020** 5.1

× まず「人事、財政担当部局…行政サービスの対象者」が誤り。そもそも人事や財政担当部局の職員は「行政サービスの対象者」と直に接しない職務を担当している。また「裁量が狭いことが職務上の特徴」が誤り。ストリートレベルは「エネルギー振り分け」や「法適用」の裁量が広いことを特徴としている。

11 リプスキーは、対象者と直に接触しながら日々の職務を遂行している行政職員を「ストリート・レベルの行政職員（第一線公務員）」と呼び、この種の行政職員は、上級機関や上司が詳細に定めたマニュアルに従って職務を遂行するため、業務上の裁量の余地が限られているのが特徴であるとした。日本の税務行政は詳細な法令や通達に基づいて実施されているため、現場の税務職員の裁量の余地がほとんどないと指摘されていることは、リプスキーの議論と整合的である。**国家一般職2011** 5.1

× まず「業務上の裁量の余地が限られているのが特徴」が誤り。ストリートレベルの官僚（行政職員）は裁量が大きいことを特徴とする。また「日本の税務行政は～裁量の余地がほとんどない」も誤り。日本の税務職員は対象者と直に接触し裁量が広いという点でストリートレベルの官僚といえる。

12 J.アバーバックらは、欧米や我が国の政治家と官僚の役割について、政策の実施、政策の形成、利害の調整、理念の提示の四つに整理した上で、その役割の変化を分析した。彼らは、西欧諸国では利害の調整、アメリカ合衆国では理念の提示、我が国では政策の形成まで政治家の役割が及び、これらの国では政治家優位の方向に進んでいると主張した。**国家総合職2004** 5.2

× まず「我が国の政治家と官僚の役割」が誤り。アバーバックらは欧米のみで日本を分析対象に含めていない。また「これらの国では政治家優位の方向に進んでいる」が誤り。アバーバックらの議論は簡単にいえば欧米において政治家優位から官僚優位への転換を論じたものである。

13 官僚制組織は、自らの権限拡大を追求する結果、職員の増加以上に業務量が拡大する傾向があるとしたのがパーキンソンの第１法則である。この法則は、行政組織における慢性的な人員・予算不足現象を理論的に説明している。**国家総合職2005** 6.2

× まず「職員の増加以上に業務量が拡大する」が誤り。業務量が不変でも職員が増加するというのがパーキンソンの法則である。したがって「慢性的な人員・予算不足現象」も誤り。無駄な人員や予算の拡大が生じていることに警鐘を鳴らしているのがパーキンソンの法則である。

過去問 Exercise

問題1 福祉国家に関するA～Dの記述のうち、妥当なものを選んだ組合せはどれか。

特別区Ⅰ類2016

A　福祉国家は、国家は国民の生活を維持するため、国防と警察のみにかかわっていれば良いとされ、夜警国家とも呼ばれている。

B　福祉国家とは、生存権の保障を国家の責務として受け入れ、所得の再分配を国家の当然の権能と考え、景気の変動を調節するために市場経済に積極的に介入するようになった国家をいう。

C　福祉国家における政府は、ケインズ経済学に依拠した金融・財政政策を実施したが、アメリカのフランクリン・ルーズベルト大統領が実施したニューディール政策はその例である。

D　福祉国家の考え方は、国家権力の濫用を防ぎ、市民の自由と権利を守るという民主主義思想の要請から生じたもので、国家はできるだけ小さく、統制しやすい規模である必要があり、福祉国家は安上がりの政府とも呼ばれている。

1. A B
2. A C
3. A D
4. B C
5. B D

解説

正解 ④

A × 夜警国家とは、F.ラッサールが、国防と警察のみに関わっている国家について述べた19世紀的国家の名称の一つである。一方、福祉国家は、国民の最低限度の水準を維持するために、国家が積極的に活動するという20世紀的国家を指す。本記述では、両者が同列に扱われているので誤りである。

B ○ 本記述で示されているのは、福祉国家の三つの要件(❶生存権の保障、❷所得の再分配、❸市場への積極介入による景気変動調節)である。

C ○ 福祉国家ではケインズ経済学が理論的支柱となった。

D × 福祉国家は、国家の規模が小さい19世紀的国家と対比して出てきた20世紀的国家の名称の一つである。福祉国家の思想は、1942年のベヴァリッジ報告によって確立された「ナショナル・ミニマム」(国民の最低限度の生活水準を維持するのは国民の責任である)に基づいており、民主主義思想とは直接は関係ない。なお、20世紀的国家においては国家の積極的な介入が行われることから、国家の規模は19世紀的国家と比べて相対的に大きくなる。

問題2 官僚制に関する記述として、妥当なのはどれか。

特別区Ⅰ類2017

❶ M.ウェーバーは、家産官僚制と近代官僚制とを区別し、近代官僚制は合法的支配の最も純粋な型であると位置づけ、近代官僚制の主な構成要件として、規則による規律の原則、契約制の原則、貨幣定額俸給制の原則を挙げた。

❷ P.M.ブラウは、TVAの事例研究により、官僚制における熟練と専門化が、官僚の視野を狭くし、自分の所属する集団への愛着を強め、組織全体の目的に反する価値を発展させるプロセスがあるとして、官僚制の逆機能を指摘した。

❸ M.クロジェは、「社会理論と社会構造」を著し、もともと規則は、一定の目的を達成するための手段として制定されるものであるが、規則それ自体の遵守が自己目的化する現象を目的の転移と呼んだ。

❹ A.グールドナーは、ある石膏事業所の官僚制化という事例研究を通して、代表的官僚制とは、一方的な上からの強制によって制定された規則に基づく官僚制の形態であるとした。

❺ P.セルズニックは、「官僚制現象」を著し、フランスの官僚現象を分析し、官僚制とは、自らの誤りを容易に正すことのできないシステムであり、フィードバックの困難なシステムであるとした。

解説

正解 ❶

❶ ○　M.ウェーバーの官僚制論として妥当である。ウェーバーは近代官僚制を合法的支配の最も純粋な形であるとし、近代官僚制の要件として規則による規律などを挙げている。

❷ ×　本肢はP.セルズニックの説明であれば妥当である。P.M.ブラウは職業安定所や労働基準監督署の観察から官僚制の逆機能を論じた社会学者であり、逆機能をインフォーマル組織との関連から論じたところに特徴がある。

❸ ×　本肢はR.K.マートンの説明であれば妥当である。M.クロジェは❺の説明にもあるように、官僚制を「自らの誤りを容易に正すことのできないシステム」と否定的に定義した論者である。

❹ ×　本肢はA.ゴウルドナー（グールドナー）のいう「代表的官僚制」ではなく、「懲罰的官僚制」の説明である。代表的官僚制とは、上からの一方的な強制ではなく、労働者の内部の合意によってルールが制定されているため、紛争が起きにくいタイプをいう。

❺ ×　本肢はクロジェの説明であれば妥当である。セルズニックは❷の説明にあるように、TVAの研究を通じて官僚制の逆機能を論じている。

第2章

アメリカ行政学と組織論

本章ではアメリカの行政学の理論と経営学における組織論について学習します。まず第１節ではアメリカの行政学がどのような事情で発達したのか、どのような発展を遂げたのかを説明します。戦後日本の行政学は特にアメリカの行政学の影響を強く受けています。そして第2節ではアメリカの行政学が強く影響を受けた経営学の組織論について学習します。学習する内容のほとんどは経営学の入門編という形にもなっています。

1 アメリカ行政学史

本節ではアメリカの行政学の歴史について学習します。アメリカの行政学は19世紀末に登場し、民間の組織論と合流しながら発展しました。ただし、第二次世界大戦後になると行政学のあり方にも様々な批判が寄せられるようになり、新しい行政学のあり方が模索されるようになりました。具体的には、アメリカの行政学が当初は政治と行政の分離を志向しながら、第二次世界大戦後には政治と行政の関係性を強く意識するようになった経緯について学習していきます。

キーワード

猟官制／資格任用制／ノースコート・トレヴェリアン報告／ペンドルトン法／政治行政二分論／技術的行政学／行政管理論／政治行政融合論／機能的行政学／プロフェッショナル・アプローチ／民主的行政論

1 アメリカ行政学前史

アメリカ行政学は、第１章で学習したシュタイン行政学を始めそれ以前の行政理論とは断絶した、アメリカ特有の歴史的背景の下で独自の行政理論として形成された。以下ではアメリカのどのような事情がアメリカの行政学の形成に影響を与えたのか確認する。

1.1 アメリカの猟官制 ★★★

（1）猟官制

政治学でも学習するように、三権分立の制度は大統領と議会が対立する可能性を潜在的に秘めている。こうした事情から、アメリカでは議会に対抗しうる信任できる部下を確保するために、同一の政治的信条を共有することを基準とした官職任命が定着した。これを**猟官制**（りょうかん）**（スポイルズ・システム）**という。

(2) ジェファソニアン・デモクラシーにおける猟官制の導入

この猟官制をアメリカで初めて導入したのが第3代大統領**T.ジェファーソン**(1743～1826)であるといわれている。ジェファーソンはアンチ・フェデラリスト(反連邦主義)として当選した初の大統領であり、その政治的立場を公務員の人事にも反映させることが民主主義であると考え、フェデラリスト(連邦主義)の公務員を更迭し、自分と同じアンチ・フェデラリストを新たに登用したのである。

(3) ジャクソニアン・デモクラシーにおける猟官制の確立

A.ジャクソン
[1767～1845]

その後、この猟官制は1830年代のジャクソニアン・デモクラシーの時代において確固たる原則として確立した。1829年に第7代大統領に就任した**A.ジャクソン**は急進的な民主主義者であり、特権的官僚集団の形成を阻止すべきとの政治信条に支えられていた。

彼は、❶行政は読み書き能力のある人なら誰でも運営しうるほど単純なものである、❷官職を交代させることによって特定の人が官職を保有することの弊害や特権を排除しうる、という認識を前提に、公務員の更迭・任用を実行したことで知られている。

(4) 猟官制の問題点

以上のように猟官制は本来民主主義の理念に基づいたものであり、永続的な官僚制の出現を防止する目的として導入されたものであった。しかし、ジャクソニアン・デモクラシー以降は、次第に党利党略の道具として活用されるようになり、政治的腐敗や行政の非効率化の原因にもなっていったのである。

猟官制と資格任用制の比較

猟官制・情実任用	資格任用制
自己の政治的支持者であるという理由や、選挙で勝利した政党がその政党支持者に官職を分配するなど、党派的な情実で公務員を任用する政治慣行。	公務員への任用や昇進を本人の能力の実証に基づいて決定する制度。行政の専門性と中立性を確保することを目的とする。

1.2 英米の資格任用制 ★★★

(1) イギリスの資格任用制

イギリスの立憲君主制下の官僚制は、君主に忠誠を誓う「国王の従僕」であった。議院内閣制を確立するためには、この官僚を内閣に忠実な官僚制に変えることが必要である。すなわち官僚とは、「市民の従僕(シビル・サーヴァント)」であり、民意を受けた時の内閣が自由に官僚を任用する制度が確立した。これを**情実任用(パトロネージ)**という。

この情実任用は、内閣中心の政治(民主制)を確立することに貢献したが、政党政治の発展に伴い、時の政権が官界にその支持勢力を扶植するための方策に変化してしまった。そこで、**ノースコート·トレヴェリアン報告(1853)**により資格任用制が徐々に導入されるようになったのである。

(2) アメリカの資格任用制

G.ペンドルトン
[1825～89]

アメリカでも1870年代になると、先述のイギリスの公務員制度改革の影響を受けて、猟官制の改革が議論されるようになった。この結果、**1883年の連邦公務員法(通称・ペンドルトン法)**により資格任用制が導入されるようになった。

(3) アメリカの現在の状況

以上のようにペンドルトン法の制定以来、資格任用制を適用する官職の範囲は徐々に広げられてきた。しかし、現在でも大統領交代のたびに、各省の幹部を中心として**3,000人程度**が政治任用されており、アメリカは依然として猟官制(政治任用)の伝統が根強いといわれる。

猟官制と資格任用制のまとめ

猟官制(スポイルズ・システム)
■概要：党派的な情実で公務員を任用
■背景：信任できる部下を身近に置くため

↓
[背景](猟官制の問題点)
❶ 党利党略の道具として利用
❷ 行政の専門化・効率化の妨げ

資格任用制(メリット・システム)
■概要：本人の能力の実証に基づいて公務員を任用
■背景：専門性や政治的中立性を確保するため

2 政治行政二分論（技術的行政学）

ペンドルトン法の成立後、政治学から独立した学問としてアメリカ行政学が誕生した。その建学の父祖といわれるのがウィルソンとグッドナウである。彼らはともに、能率的な行政を実現するためには、何よりもまず政治と行政の役割の違いを明確にし、政治の介入から自由な行政の領域を確立すべきだとの主張を展開した。

このように政治と行政を明確に区分けすることが初期アメリカ行政学の共通認識であり、こうした立場を政治行政二分論（分離論・分断論）と呼ぶ。

2.1 ウィルソン：行政と政治の分離 ★★★

（1）背 景

W.ウィルソン
［1856～1924］

先述したように19世紀後半のアメリカでは猟官制が党利党略の道具として用いられるなど、政党政治は腐敗や混乱を極めていた。こうした状況を憂い、政治と行政のあるべき姿を検討したのがアメリカの政治学者で、後に第28代大統領にも就任したW.ウィルソンである。

（2）政治と行政の分離

ウィルソンは1887年に「行政の研究」を著し、行政を政治から解放し、行政の自律性を追求しようとした。今日ではこの論文が行政学の礎を築いた記念碑的著作であると評価されている。

（3）行政とは「ビジネスの領域」である

では、政治から切り離された行政とはどのような世界だろうか。ウィルソンによれば、行政とは「政治の固有の領域の外」にある「ビジネスの領域」であるという。この場合のビジネスとは、事務・実務の領域であるという意味である。

(4) 技術的行政学

したがって、政治と切り離された領域である行政は、その職務において最大限の能率を確保するよう努めることが求められ、能率向上に資する「技術」を様々な分野から取り入れることが奨励されたのである。このように初期のアメリカ行政学は「能率追求の管理技術」であると理解されており、この意味で**技術的行政学**とも称される。

以上のような技術の重要性を説くにあたって、ウィルソンは「凶悪犯からその殺人の意図を借りることなくナイフを研ぐ技術を教わることができる」と喩えている。「ナイフを研ぐ技術」自体は政治的に中立であり、その技術だけは他にも応用可能であるというのである。この議論を拡大すれば、行政とは無縁と思われていた民間企業で発達した技術もまた行政に応用可能であるということになる。このようにウィルソンは政治と行政を切り離すことで、民間で発達した技術を行政に移植することに道を開いたのである。

技術的行政学

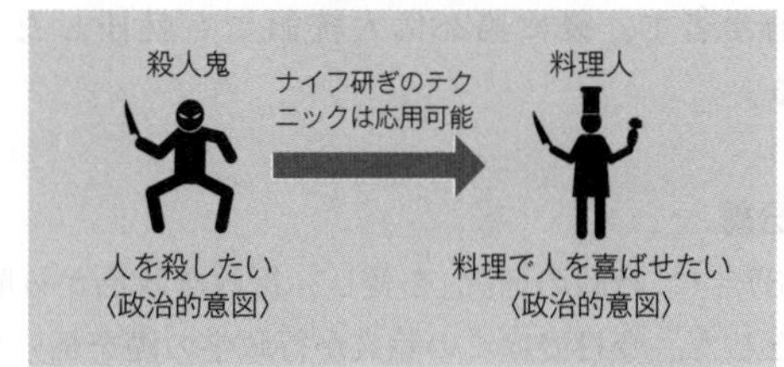

2.2 グッドナウ：政治による最小限の統制 ★★★

(1) 背　景

F.グッドナウ
[1859～1939]

ウィルソンによって提起された政治と行政の区分をより厳密に検討したのが、アメリカの政治学者**F.グッドナウ**である。彼は、『政治と行政』(1900)において政治と行政の関係をより詳細に検討し、国家の機能をより厳密に区分することを試みている。

(2) 政治と行政の機能

まずグッドナウによれば、国家とは一つの有機体に喩えられるもので、政治は「**国家意思の表明**」を、行政は「**国家意思の執行**」という機能を担うものである。そして、政治は行政が国家意思の執行を正しく行っているか統制する役割を有すると考えた。

(3) 限度を超える統制は許されない

ただしグッドナウは、現実の行政は多様な役割を担っており、その統制を過度に行ってはならないとも考えた。彼によれば、行政は厳密には以下の三つの機能があるとされる。❶法律の一般的規制の範囲内で具体的事案を審査する準司法的機能、❷単なる法律の執行に留まる執行的機能、❸複雑な行政組織の設立及び保持に関わる機能である。

このうち政治による統制が必要なのは❷のみであり、❶と❸への政治による介入は有害であるとされた。すなわち、政治は行政を統制しなければならないが、**必要な限度を超える統制は許されない**としたのである。

グッドナウによる政治と行政の区分

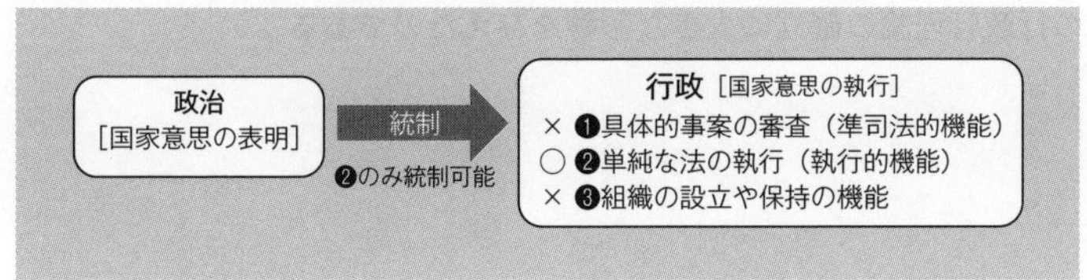

2.3 市支配人制度 ★★★

(1) 背 景

19世紀後半のアメリカの地方自治体では、ボス政治家(地元の有力政治家)とマシーン(非公式の集票組織)による支配(いわゆる利益誘導政治)が大きな課題であった。そこでアメリカの各都市ではこのような腐敗した政党政治を改革し、より合理的・能率的な市政を求める**市政改革運動**が盛んになった。

1906年に設立された**ニューヨーク市政調査会**、1910年にタフト大統領が設置した「**節約と能率に関する大統領委員会**」は民間の管理手法を行政に応用することで能率を高めるための各種提言を行ったことで有名である。

(2) 市支配人制度

市支配人制度

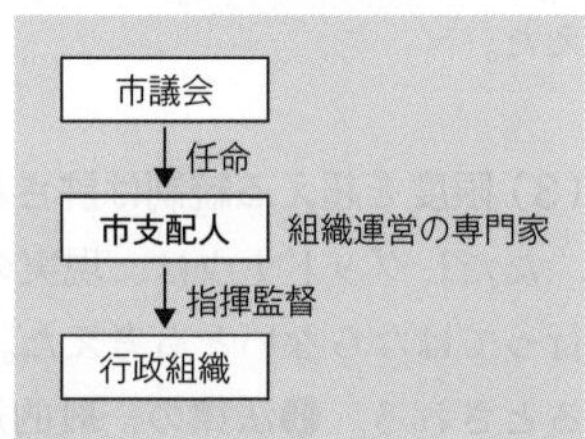

この市政改革運動の結果として20世紀以降アメリカの数多くの都市で採用されたのが、**市支配人**(シティ・マネージャー)制度である。市会(市議会)が、科学的管理法(⇒**第2節**)のような民間企業で用いられている管理技術に精通した専門家を市政を司る市支配人として任命するという制度である。

要するに公選市長ではなく、外部の専門家と契約して市政を任せる制度である。日本では馴染みのない制度であるが、現在でもアメリカの中小都市で広く採用されている。

(3) 行政大学院の誕生

以上のように市支配人への社会的需要が高まったため、市支配人をプロフェッションとして養成するために、**行政大学院**が続々と設立されるようになった。これが後述の行政管理論の確立に大きな影響を与えたのである。

2.4 行政管理論 ★★★

(1) 背　景

先述の市支配人制度のように、20世紀初頭のアメリカでは行政の効率化のために、民間の管理技術が盛んに取り入れられるようになった。この結果、行政(public administration)も民間企業の経営(business administration)も組織の効率的な「管理」(アドミニストレーション)という点では共通しており、行政学も経営学もともに組織の「管理の科学」であると主張されるようになった。

このように1920～30年代のアメリカでは経営学(組織論)と行政学との一体化が進み、行政学をより厳密で価値中立的な科学として構築することが目指された(「科学としての行政学」)。これらを担ったのがアメリカの行政学者ホワイト、ウィロビー、ギューリックらであり、政治行政二分論を前提としつつ、行政組織の能率化や効率化を目指す彼らの理論は、**行政管理論**(組織管理論)と呼ばれている。

(2) ホワイト：アメリカ行政学最初の教科書

アメリカの行政学者**L.D.ホワイト**(1891～1951)は、先述の市政改革運動に積極的に参加した学者であり、特に**アメリカ行政学における最初の体系的な教科書**である『行政学入門(行政学研究序説)』(1926)を著したことで知られている。

彼は行政を「国家の目的を達成する上での人と資材の管理」と定義し、この管理を能率的に行うのが行政の目的に他ならないと主張し、「科学としての行政学」の確立を目指した。

(3) ウィロビー：五権分立論

アメリカの行政学者**W.F.ウィロビー**(1867～1960)もまた行政の目標とは能率であり、能率を確保するための原理を発見しなければならないとする「科学としての行政学」を提唱している。

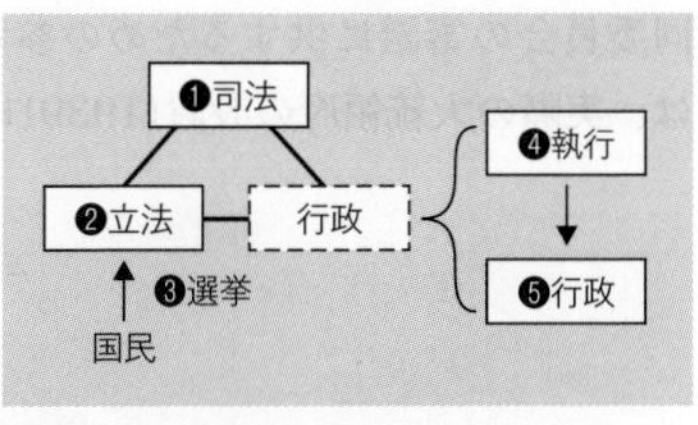

特に彼は政治と行政との分離の一層の純化を追求するためには、従来の三権分立論は適合的でないと批判し、広義の行政権を執行権と狭義の行政権とに区分した、司法・立法・執行・行政・選挙の**五権分立論**を唱えたことで知られている。

2.5 ギューリック：行政管理論の完成 ★★★

(1) 背　景

以上のような「行政の科学化」志向は、1930年代後半に頂点を迎えており、その最大の成果とされるのが**L.F.アーウィック**と**L.H.ギューリック**の２人によって編纂された『**管理科学論集**』(1937)である。ギューリックらの主張は、ウィルソン以来発達してきたアメリカ行政学の伝統に即したものであり、かつこれまで発展してきたアメリカ行政学の様々な傾向の集大成・体系化を試みたものであった。

このように、ウィロビーやホワイトに始まり、ギューリックによって完成された理論は**正統派行政学**(オーソドキシー)とも呼ばれている。

(2) アメリカの行政改革

ギューリックの理論については第２節で解説するので、本節ではギューリックらの主張が現実の行政組織にどのような影響を与えたのかという点を説明する。

1930年代のアメリカは、F.ルーズベルト大統領のニューディール政策が推進されたように、行政の執政機関の権限強化が図られた時代である。こうした状況下でギューリックは執政機関が果たす役割を**総括管理機能**として定式化し、トップを補佐しこれらの総括管理機能を分掌する総括管理機関の整備充実を主張したのである。

ギューリックは**F.ルーズベルト大統領**が1937年に設置した「**行政管理に関する大統領委員会**」(通称**ブラウンロー委員会**)に参画し、自らの行政管理論を下敷きに、大統領の権限強化のため**大統領府の設置**を提言している。先述の『管理科学論集』は同委員会の審議に供するための参考資料として作成されたものであり、彼の主張は、実際の大統領府の設置(1939)に結びつくことになった。

3 政治行政融合論（機能的行政学）

3.1 政治行政二分論への批判 ★★★

（1）背 景

1930年代以降のアメリカは、先述のニューディール政策や第二次世界大戦における戦時体制などを通じて連邦政府の役割が急速に拡大し、行政国家化が進展した。この結果、これまで当然と思われていた政治と行政の分離という政治行政二分論に対する疑問が生じるにようになった。

（2）政治行政融合論

以上のように政治行政二分論に代わる理論が必要とされるようになり、政治と行政を連続的な過程とみなし、政策過程における行政の積極的機能に注目する**政治行政融合論（連続論）**が登場した。

この理論は政策形成過程または社会全体における行政の「機能」に注目することから、技術的行政学の対概念として、**機能的行政学**とも呼ばれている。

アメリカ行政学の歴史

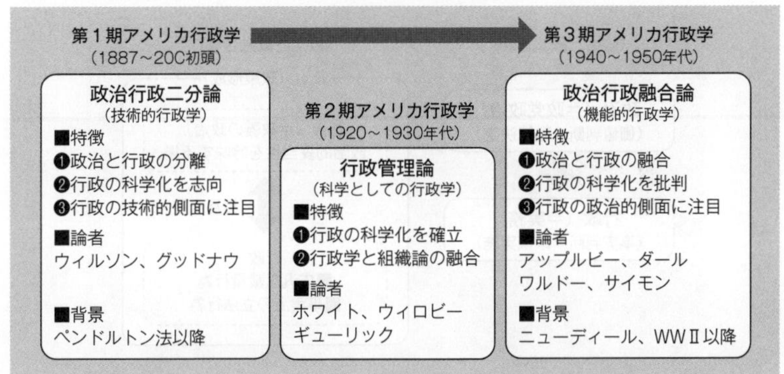

3.2 アップルビー：政策形成としての行政 ★★★

(1) 背　景

アメリカの行政学者P.アップルビー(1891 ～ 1963)は、ニューディール政策の実務に携わった経験から、政治行政二分論がもはや成り立たないと考え、行政府の持つ政策立案・形成機能に注目しつつ、新たな政治と行政の関係を検討した。

(2) 政治と行政の相互作用

まず、アップルビーはその著書『政策と行政』(1949)の中で、行政とは「**政策形成であり、多くの基本的政治過程の一つ**」であるとし、行政を広義の政治過程に位置づけている。

すなわち、行政ではあらゆるレベルにおいて裁量行為が不可避であり、行政はときに立法を凌ぐ政策を立案すると考えたのである。そして、政策形成という観点から見れば、政治と行政は常に**連続的な相互作用**の下に置かれているのであり、政治と行政の関係を議会は政策の決定、行政はその実施とすることは、意味のないものだとし、政治行政二分論を批判したのである。

二分論と融合論の比較

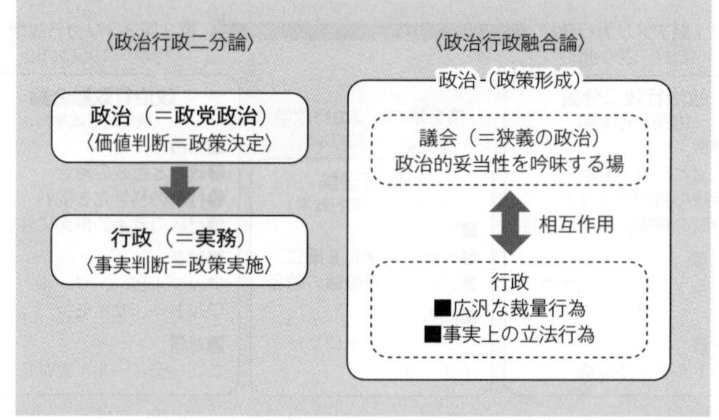

3.3 ダール・ワルドー・サイモン ★★★

(1) ダール

政治学におけるポリアーキーなどの概念を提唱したことで著名なアメリカの政治学者R.ダール(1915～2014)も政治行政二分論を批判している。

ダールによれば、従来の行政学は、❶価値中立を装い規範的価値の明確な位置づけを行っていない(能率追求が特定の価値の追求であることに無自覚である)、❷人間を形式的・技術的に理解するのみで人間行動の経験的分析を怠っている、❸行政を取り巻く社会的背景を無視している、といった問題を持っている。そこで、「科学としての行政学」は成立しないと批判したのである。

(2) ワルドー

また、アメリカの行政学者D.ワルドー(1913～2000)も「科学としての行政学」を批判したことで有名である。ワルドーは、そもそも行政の問題は科学的な処理になじまないものであり、本質的に規範的な性質のものだと主張した。

したがって、ギューリックの正統派行政学のように能率それ自体を価値とすることはできず、能率それ自体よりも「**何のための能率か**」という価値の問題が問われなければならないとしたのである。⇒**第2節** 3.3

(3) サイモン

そして、ダールやワルドーと同様に、政治行政二分論に対する批判をその方法論上の問題点から指摘したのがアメリカの経済学者H.サイモン(1916～2001)である。サイモンは、ギューリックの古典的組織論のように、実務経験に依拠して管理や組織の一般原理を引き出すことを批判した。⇒**第2節** 1.2

サイモンによれば、古典的組織論が主張する一般原理は、一つ一つを取り上げれば妥当なもののように見えるが、それぞれの原理を総合的に分析してみると相対立する原理を含んでおり、「**矛盾する諺**」(行政の諺)のようなものに過ぎないとしたのである。

3.4 戦後アメリカ行政学 ★★★

(1) 背　景

これまで見てきたように、政治行政二分論は次第に衰退し、第二次世界大戦後のアメリカでは政治行政融合論が通説的な見解となった。政治行政融合論が有力となり、政治と行政の密接な関係が主張されるようになったことで、政治学と行政学が再び接近することにもなった。

ただし、行政学が政治学の一分野であると再び位置づけられるようになる中で、では行政学とはどのような独自性や一体性を有する学問であるのかという問題が生じた。これを「**一体性の危機**」という。

(2) ワルドーのプロフェッショナル・アプローチ

以上のように行政学の独自性が疑われる中で、行政学の独自性を強調したのが**D.ワルドー**である。彼は、行政学にとって重要なことは行政に関する客観的な分析ではなく、人種問題、貧困問題、都市問題など社会が抱える問題に対して有用な解決策を提示することであるとした。そこでワルドーは行政学という学問は医学に類似した専門職であると主張した。これを**プロフェッショナル・アプローチ**(プロフェッションとしての行政学)という。

すぐに治療が必要な患者を目の前にした臨床医に対して具体的な治療方針を提示するように、現実の社会問題に直面している行政官に対して有意義な行動方針を提供することが行政学の意義であるとワルドーは考えたのである。

ワルドーに見られるように、1960年代に反戦運動や市民運動を背景として、社会的弱者に配慮し、社会問題の解決に積極的に取り組むことで行政学を刷新しようとする動きは**新行政学運動**と呼ばれている。

(3) オストロムの民主的行政論

また、行政学の刷新を別の観点から論じたのがアメリカの行政学者**V.オストロム**(1919～2012)である。オストロムは、ウィルソン以来の伝統的な行政学を「**官僚的行政論**」と名づけ、大統領権限の強化などを主張する、一元的・統合的な官僚制組織を前提とするものだと批判した。

そこで、彼は権力分立を重視するアメリカ合衆国憲法の精神に立ち返り、官僚制組織の多元的・分散的な構造を重視すべきだと主張した。官僚制組織が多元的に存在し、各組織が競争することで、むしろ多様な民意に応答し、各現場での能率性を高めることが可能になるとし、これを「**民主的行政論**」と呼んでいる。

オストロムの主張はアメリカ行政学の主流とはなることはなかったが、各組織の

競争が能率性や応答性を高めるというその発想は1980年代以降の行政改革の理論に影響を与えることになった。⇒第4章第1節

過去問チェック

01 アメリカの（ A ）は、ジェファーソン大統領の時代に端緒が開かれたといわれているが、政治的慣行として確立したのは、（ B ）大統領の時代である。東京都Ⅰ類2002 1.1

（ A ）に入るのは猟官制であり、（ B ）に入るのはジャクソンである。

02 英国では、政党内閣制の発達期に、1853年のノースコート・トレヴェリアン報告の勧告を受けて、政権交代時には政権の意図を明確に反映するために、政党色を人事に反映することが有効であるとして、内閣による民主的統制を重視する新しい公務員制度が確立された。国家一般職2016 1.2

×「ノースコート・トレヴェリアン報告…民主的統制を重視する新しい公務員制度」が誤り。公務員の人事に政党色が反映されすぎると中立公平な政策ができないとの判断から、ノースコート・トレヴェリアン報告では、資格任用制が提唱されたのである。

03 アメリカでは、ペンドルトン法によって公開任用試験による公務員制度が採用され、現在では、猟官制に基づく大統領による政治的任命職は、全面的に廃止されている。特別区Ⅰ類2006 1.2

×「政治的任命職は、全面的に廃止」が誤り。アメリカでは現在でも行政機関の幹部は基本的に政治的任用職である。

04 W.ウィルソンは、強固な官僚制を有していたドイツとの比較を通して、官房を巧みに管理する徹底した君主主義者から、アメリカの共和主義的立場をいささかも変えることなく、彼の執務方法を学びとることはできないとした。特別区Ⅰ類2017 2.1

×「彼の執務方法を学び取ることはできない」が誤り。政治と行政は切り離せるものであり、たとえ君主主義者（絶対主義国家）の技術であっても、政治と切り離して学ぶことができるというのがウィルソンの主張である。

05 グッドナウは、狭義の行政には、準司法的機能、執行的機能、複雑な行政組織の設立及び保持にかかわる機能があり、準司法的機能だけが政治の統制に服し、それ以外は服すべきでないとした。特別区Ⅰ類2017 2.2

×「準司法機能だけが政治の統制」が誤り。準司法的機能のような高度なものには政治の統制が及ぶべきではないというのがグッドナウの主張である。法律の通りに行う執行的機能だけ政治が統制できるとしている。

06 F.グッドナウは、『政治と行政』で、政治と行政の関係性を考える中で、政治を住民意思の表現、行政を住民意思の執行であるとして、民主政治の下では住民意思の執行である行政に対する政治的統制は、いかなる場合においても行われるべきではないとした。国家一般職2019 2.2

×「いかなる場合においても行われるべきではない」が誤り。グッドナウは「必要最低限度の統制」に留めるべきと主張しており、政治的統制自体を否定していない。具体的には執行的機能には政治的統制は及ぶとしている。

07 市政改革運動の一環で設立されたニューヨーク市政調査会は、公的経営に猟官制を取り入れて政治腐敗を取り除く行政調査運動を展開し、全米への広がりを見せるとともに、関係者が「節約と能率に関する大統領委員会」にも参画し、「節約と能率」を行政管理の規範として定着させた。国家一般職2015 2.3

×「市政改革運動…猟官制を取り入れて」が誤り。市政改革運動とは猟官制による政治的腐敗を取り除くことを目的としたものである。具体的には市支配人など政治から切り離された専門家が効率よく行政運営を行うことを目指した。

08 アメリカ合衆国では州ごとに地方制度が大きく異なっているが、市(city)の統治機構については「市支配人制」が画一的に採用されているのが特徴的である。この制度は、直接公選の市長が都市行政の専門家の中から適当な人物を選び、これを市支配人(シティ・マネージャー)に任命して、市の執政権を全面的にこれにゆだねるという仕組みである。国家一般職2010 2.3

×「「市支配人制」が画一的に採用」、「直接公選の市長が…」が誤り。アメリカでは自治の仕組みは各州に委ねられており、画一的ということはない。大規模な市は公選市長である。また、市支配人は通常市議会によって任命される地位である。

09 ウィルソンは、初めて体系的な行政学の教科書を著し、優れた行政とは、すべての方向において冗費をなくし、かつ公共目的を最も急速かつ完全に充足することであるとした。特別区Ⅰ類2003 2.4

× 本問はウィルソンではなくホワイトの説明であれば妥当である。アメリカで初めての体系的な教科書は行政管理論が発達することで登場したもので、ホワイトが執筆している。

10 P.アップルビーは、行政とは政策形成であり、一連の政治過程の一つとしていたが、ベトナム戦争での行政官としての職務経験から、政治と行政の断絶性を指摘するようになり、後に政治行政二分論を唱えた。**国家一般職2019** 3.2

×「ベトナム戦争」、「断絶性を指摘」、「二分論」が誤り。アップルビーはニューディール政策の経験から、政治と行政の連続性を指摘し、政治行政融合論を唱えたのである。

11 アップルビーは、「経営行動」を著し、これまでの行政学は管理や組織の一般原理を導くことに努めてきたが、そこで明らかになったものは行政の一面の原理にすぎず、相互の原理においては、諺（ことわざ）のごとく相矛盾すると批判した。**特別区Ⅰ類2019** 3.3

× 本問はアップルビーではなくサイモンの説明であれば妥当である。

2 組織論

第１節で見たように、アメリカの行政学は民間の経営学と密接な関係にあります。民間企業は能率性を高めるためにどのような理論を発達させてきたのでしょうか。本節では、工場管理の技術（テイラー）、社内の人間関係（ホーソン実験）、経営者の役割（バーナード）など経営学における主要な組織論について解説していきます。

キーワード

科学的管理法／課業管理／ POSDCoRB ／ラインとスタッフ／人間関係論／フォーマル組織とインフォーマル組織／協働体系／組織均衡論／合理モデルと満足モデル／機械的能率と社会的能率／二元的能率

1 伝統的組織論

1.1 テイラーの科学的管理法 ★★★

（1）背　景

F.W.テイラー
［1856～1915］

20世紀初頭のアメリカでは企業合併に伴う工場の大規模化が進んでおり、工場における生産能率の向上が大きな課題となっていた。従来の工場は経営者が労働者の作業については無知で、親方と呼ばれる工場長に作業の計画や実施を丸投げするような状況であった。したがって、労働者の作業量や作業工程は工場長の経験や勘に左右されていた。

こうした現状を打破するため、工場管理の新たな仕組みである**科学的管理法**を提案したのが製鉄会社のエンジニアであった**F.W.テイラー**である。

(2) 作業研究

テイラーはまず労働者の作業を緻密に研究することを行った。例えば製鉄所において労働者がショベルを使って鉱石を運搬する作業において、ショベルですくい上げて運搬するという作業はどのような要素から成り立っているのか、ショベルを差し込む適切な速度や高さはどれくらいかということを研究(動作研究)し、さらにこの作業にかかる時間もストップウォッチで計測して標準時間を設定した(時間研究)。

このような**動作・時間研究**を通じて熟練工のムリ・ムダ・ムラのない作業方法を未熟練工に伝授しようとしたのである。

作業研究

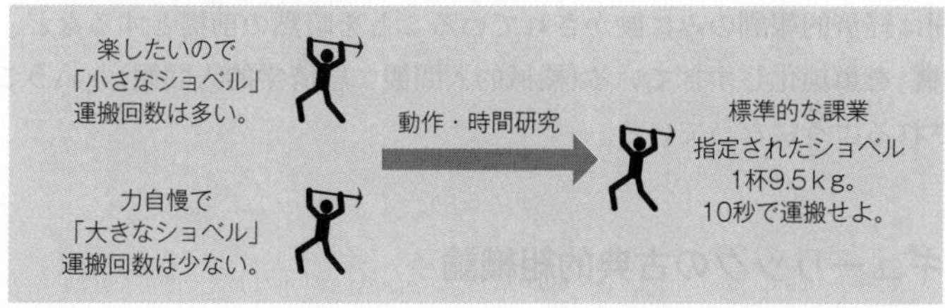

(3) 課業管理

以上のように能率的な作業方法や時間配分が現場における「**標準的な課業**」として設定されると、これらを具体的に明記した指図票が作成され、現場の管理者は指図票の通りに労働者が作業を行っているかを管理するようになった。

このように、勘や経験による管理(成行(なりゆき)管理)ではなく、科学的な分析から設定された課業を基準とした新しい管理を、テイラーは**課業管理**(task management)と呼んでいる。

(4) 機能別職長制

そして、テイラーは課業管理を適切に行うためには作業と管理を分けて、労働者は作業に、管理者は作業計画の策定や指導に専念する必要があるとした(**作業と管理の分離**)。

さらに従来の工場の職長は一人であったのに対して、時間担当、検査担当、工程担当など任務の異なる複数の専門的な職長を機能別(職能別)に配置する**機能別職長制**を導入した。

(5) 差別的出来高払い

さらに、テイラーは課業を賃金支払いの基準としても活用している。当時の工場では規定の単価と出来高(作業量や生産量)によって賃金が決定される「単純出来高払い」が普通であったが、テイラーは課業の達成に成功した者には高い賃率、達成しなかった者には低い賃率を適用するという、作業量によって単価が変動する**差別的出来高払い**(段階的出来高払い)を導入して、労働者の勤労意欲を増大しようと考えた。

(6) 科学的管理法の問題点

以上のテイラーの科学的管理法は、様々な生産現場や行政にも応用されるなど広く普及した。しかし、科学的管理法は、先の差別的出来高払いにも見られるように、人間は経済的報酬のみに動かされていることを暗黙の前提とするなど、人間の「働く動機」を単純化しすぎている(機械的人間観・経済学的人間観)ということが後に批判されるようになっている。

1.2 ギューリックの古典的組織論 ★★★

(1) 背　景

L.H.ギューリック
[1892～1993]

テイラーの科学的管理法があくまで工場現場の合理化に留まっていたのに対して、組織全体の経営管理の理論構築を目指したのが**L.H.ギューリック**である。彼は、フランスの経営者・経営学者の**H.ファヨール**(1841～1929)が提唱した経営管理論に示唆を受けながら、アメリカにおいて経営管理論の体系化を図った。

ギューリックらの議論はアメリカでは今日の組織論の基礎と目されることから**古典的組織論**と呼ばれている。

(2) 分業と統一性

分業と統一性

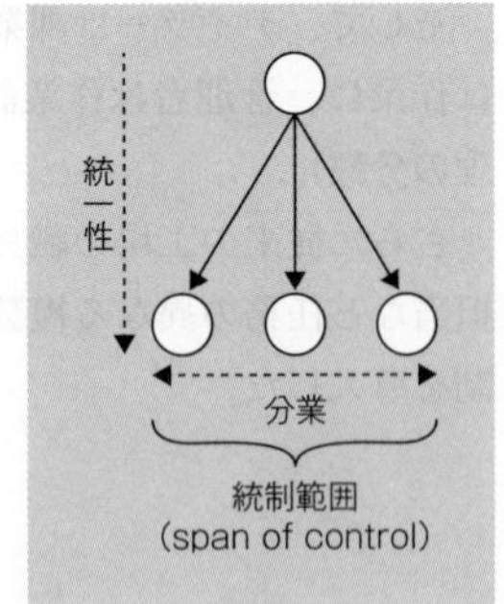

まず、ギューリックは組織論は分業を前提とした調整の構造に取り組まなければならないとした。ここで分業とは複数の人々の間で作業を分担することであり、調整とは分業された仕事の間で統一性を確保することを意味する。

(3) 同質性の原則

そして、分業については、同質的な活動はできるだけ1か所に集められることが望ましいとし、これを「**同質性の原則**」(「部省編成原則」)と呼んでいる。具体的には、組織を目的別、過程別、対象別、地域別の四つの基準に基づいて分業体制(組織の部門化)を構築すべきだと論じている。

(4) 命令の一元性

また、分業が有効に行われるには、分業の単位が相互に調整されなければならない。調整の方法には様々な方法があるが、ギューリックが組織の編成において最も重要だと考えたのが、権威の体系を確立すること、つまり1人の指揮者を頂点とする階統制(ヒエラルキー)を通して**命令の一元性**を保障することであった。

もちろん、1人の上司が管理する部下の数には限りがあるため、上司が統制する部下の範囲は限定される。この統制しうる幅のことを**統制範囲**(スパン・オブ・コントロール)と呼ぶ。

(5) POSDCoRB

では、以上のような組織において統一性を確保するために、組織の頂点に立つ長はどのような役割を果たすべきか。ギューリックは、以下にまとめたように、この組織の長が担うべき七つの機能を**POSDCoRB(総括管理機能)**という造語で表現した。このことから**POSDCoRB行政学**とも呼ばれる。

POSDCoRB (総括管理機能)

❶Planning(計画)	:目的達成のための方法についての方向性を提示する
❷Organizing(組織)	:目的達成のための組織を作り出す
❸Staffing(人事)	:職員の採用、訓練、快適な職場環境
❹Directing(指揮監督)	:命令や決定を下すリーダーとしての役割
❺Coordinating (調整)	:分業した仕事を相互に関連づける
❻Reporting(報告)	:部下に仕事に必要な情報を提供するという「情報提供」機能
❼Budgeting(予算)	:財政や会計

(6) ラインとスタッフ

以上のように組織の長は組織を管理するためにPOSDCoRBという大きな職務を担っている。これを十分に果たすためには、専門的なサポート組織が必要である。そこでギューリックは組織全体を直接的な業務を担当する**ライン**と、ラインに対する助言や支援という間接的な業務を担当する**スタッフ**とに分類している。

① 定　義

	ライン	スタッフ
概要	長を頂点とする命令系統下で組織目的を具体的に執行していく組織で、「直接」の業務を担当する	長の総括管理機能を補佐するために長に助言や勧告を行う組織で、「間接」の業務を担当する
例	[軍]指揮官(将軍)と兵士 [企業]営業、製造、販売部門など	[軍]参謀(幕僚) [企業]総務、人事、研究開発部門など

② ラインとスタッフの関係

以上のようにスタッフの役割はあくまでラインに対する助言や支援である。したがって、命令の一元性を確保する観点から、ラインとスタッフは分離すべきであり、ギューリックは、**スタッフがラインに対して命令や指示を出すことは一切認められていない**としている。

③ ラインとスタッフの起源

このようなラインとスタッフ組織の起源は軍事組織にあり、特に**プロシアの参謀本部**にあるとされる。参謀本部とは、軍隊の指揮官の作戦指揮を補佐するための組織である。

④ スタッフの分類

ギューリックの主張したような伝統的なライン・スタッフ概念においては、直接的な指揮監督はラインが行い、スタッフは助言、勧告をするのみに留まるとされてきた。ただし、現代のスタッフ組織は、ギューリックの主張と異なり、スタッフは助言や補佐に留まらず、ラインへの指示や統制など積極的機能を有すると考えられており、特に日本のスタッフは統制力が強いと考えられている。⇒**第3章** 3.2

現在では、スタッフ組織の権限の強化などに伴い、スタッフとラインの関係も多様化している。以下のようにスタッフのあり方を分類する場合がある。

スタッフの分類

分類	参謀的スタッフ	補助的スタッフ
概要	企画・助言など専門家の観点から企画・助言する部門（シンクタンク的機能）	何らかのサービスを提供するなど組織全体にとって共通の仕事を担当する部門
類似	助言スタッフ、ゼネラルスタッフ等	専門スタッフ、サービススタッフ等

Power UP　アメリカのスタッフ組織

アメリカでは、ニューディール政策以降、行政府の規模が飛躍的に拡大した。このため、拡大した行政組織を大統領が管理できるように、F.ルーズベルト大統領時代の1938年に大統領直属の組織である大統領府（大統領行政府）が設置された。設立当初の大統領府には、ギューリックの主張したPOSDCoRBの通りに、国家資源委員会（計画策定機能）、人事委員会（人事機能）、中央統計局（情報提供機能）、予算局（予算編成機能）などが設置された。

今日の大統領府にはさらに、行政管理予算局（OMB）、経済諮問委員会（CEA）、国家安全保障会議（NSC）、通商代表部（USTR）などアメリカの政策過程においてしばしば登場する重要な機関が設置されている。特に注目されるのは行政管理予算局という部門である。予算編成機能を財務省といった大統領から独立した機関に任せずに、大統領直属の部門として置いている（日本は財務省主計局が予算編成を担当している）。

アメリカ連邦政府行政機構図

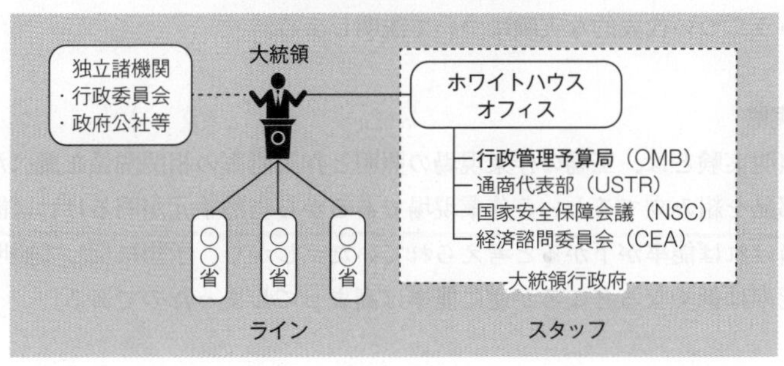

1.3 メイヨーらの「ホーソン実験」 ★★★

(1) 背 景

G.E.メイヨー
[1880～1949]

先述のテイラーの科学的管理法以降、産業界ではどのようにすれば工場の能率を改善できるかということに大きな関心が集まるようになった。そこで**G.E.メイヨー**と**F.J.レスリスバーガー**(1898～1974)などのハーバード大学の研究グループはアメリカのウェスタン・エレクトリック社のホーソン工場(電気機器の部品製造工場)において科学的管理法に関する様々な実態調査を行った。この一連の実験が今日では**ホーソン実験**(ホーソン研究)と呼ばれている。

ホーソン実験を通じて「作業能率は職場の物理的環境に左右される」という通説が覆され、労働者の人としての感情や人間関係に注目することの重要性が指摘されるようになり、**人間関係論**という新たな理論が構築されることになった。

(2) ホーソン実験の実際

ホーソン実験では様々な実験が行われたが、ここでは照明実験とバンク配線作業実験という二つの代表的な実験について説明しよう。

① 照明実験

まず照明実験とは、工場の作業現場の照明と作業能率の相関関係を調べたものである。部品を組み立てるという作業現場であるから当然手元が明るければ能率が高まり、暗ければ能率が下がると考えられていた。しかし、予想に反して照明を暗くしても能率は低くなるどころか逆に能率は高まってしまったのである。

② バンク配線作業実験

また、バンク配線作業実験とは電話交換機の端子(バンク)の組立てをグループワークとして実施したもので、賃金はグループ単位の出来高払い(個人ではなくグループの生産高に応じて支給)とした。科学的管理法の発想に従えばお金がほしい人間はグループで協力して働き、賃金をより高くするという動機を持つはずであり、生産性は上がるはずである。しかし、予想に反してどのグループも生産性は向上しないという結果になってしまった。

③ 予想外の結果となった理由

では、なぜ以上のような予想外の結果となってしまったのか。例えばバンク配線作業実験に参加した被験者に対するヒアリングで明らかとなったのは、グループにおける「空気」の問題である。作業量が多いと「スピード王」などと冷笑され、作業量が少ないと「インチキ」をしていると仲間はずれにされるなどグループ独自のルールが存在しているため、作業者はある程度の作業量までしか行わないようになったということがわかったのである。

ホーソン実験

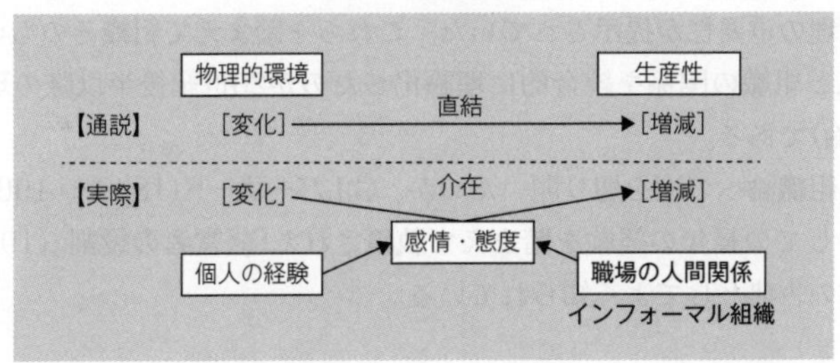

(3) フォーマル組織とインフォーマル組織

以上のような分析を踏まえて、メイヨーらは組織を検討する際には**フォーマル組織**と**インフォーマル組織**の二つに注目する必要があると考えた。フォーマル組織(公式組織)とは、共通の目標を達成するために意識的に作られた組織であり、例えば社内において能率を高めるために編成された分業や役割分担のあり方などを指す。これに対してインフォーマル組織(非公式組織)とは、職場内での個人的接触や自然に形成される小集団のことであり、例えば同僚同士の暗黙のルールや職場の雰囲気などを指す。

要するに、先述のバンク配線作業実験でいえば、いかにフォーマル組織について改善したとしても、インフォーマル組織(グループ内での雰囲気)について配慮しなければ作業能率は改善しないということがわかったのである。このようにメイヨーらは職場の人間関係が作業能率に大きな影響を与えることを発見し、人間関係もまた「組織」の一種であるとしたのである。このインフォーマル組織の発見がホーソン実験の最大の成果であり、以降**人間関係論**の研究が盛んになった。

フォーマル組織	インフォーマル組織
共通の目標を達成するために意識的に作られた組織 (例)営業部、総務部	職場内での個人的接触や自然に形成される小集団 (例)仲のよい(悪い)同僚関係、雰囲気
費用と能率の論理	感情の論理

❷ 現代組織論

2.1 バーナードの経営理論 ★★★

(1) 背　景

先述のホーソン実験を始めとする人間関係論では、人間関係や人間の感情も踏まえた組織管理の重要性が提示されていた。これらを踏まえて組織そのもののメカニズムや個人と組織の関係を統合的に理論化したのが20世紀後半以降の**現代組織論**(近代組織論)である。

この現代組織論への途を切り開いたのが、**C.I.バーナード**(1886～1961)であり、会社社長としての長年の経験を踏まえて執筆された**『経営者の役割』**(1939)は今日でも経営学の古典としてよく知られている。

(2) 協働体系

まず、バーナードは、一般に組織と称するものを「**協働体系**」(cooperative system)と呼び、システム(体系)として分析することの重要性を強調している。

職員一人でできることには限りがあり、職員一人ひとりの職務を別個に考えるのではなく、目標達成のためには他の職員と一体となって協力して職務に邁進する。これがいわゆる組織と区別された「**目的に向かって複数の人間が協働する枠組み**」としての「協働体系」である。

(3) 組　織

ただし、協働体系も実際には様々である。そこでバーナードはいかなる協働体系でも共通する中核の要素を「組織」(organization)、すなわち「**意識的に調整された人間活動や諸力の体系**」と定義し、組織は①**共通目的**、②**貢献意欲**、③**コミュニケーション**の三つから成り立つとしている。以下では子どもたちが通う学習塾を例にして解説をしよう。

① 共通目的

まず受験対策を目的とした学習塾には児童生徒が「受験に合格するため」に通い、塾の教職員は「受験に合格させるため」に指導する。つまり学習塾はその立場は違えども合格という「共通目的」を共有する人間のみによって構成されている。

受験対策の塾であればその内容は受験に特化していなければならず、その授業が指導や合格という共通目的にどこまで貢献しているかということが問題となる。このように「組織の共通目的の達成度」のことをバーナードは**有効性**(effectiveness)と呼んでいる。

しかし考えてみよう。建前としては「受験があるので塾に通っている」という生徒も、例えば「塾に行けば友達がいる」などというように、個人的な楽しみを動機とする場合もある。このように、共通目的とは区別される「個人の動機の充足度」をバーナードは**能率性**(efficiency)と呼んでいる。

② 貢献意欲

次に、**貢献意欲**(協働意志)とは、個人の努力を共通目的に寄与させる意思である。個人は何かを犠牲にして組織のために貢献するわけであるから一定の見返りが必要である。一般的な学習塾では多くの大学生のアルバイトを雇っている。時給が高ければ頑張って働くだろうが、時給が安ければ労働意欲は減退し、最悪は辞めてしまうだろう。つまり適切な誘因がなければ人は組織に貢献しようとはしないはずであり、**貢献と誘因には釣り合いが取れている必要がある**。

ただし、バーナードは人間関係論も取り入れているため、人々の貢献を引き出す誘因を金銭的なものだけに限定していない。塾講師のアルバイトの時給が安かったとしても、「教えることの楽しさ」「同年代のバイト仲間と楽しくやれる」などという理由で講師のアルバイトにやりがいを見出す学生もおり、貢献を引き出す誘因は金銭的なもの以外にも様々に存在している。

③ コミュニケーション

そして、組織の第3の要素が**コミュニケーション**(伝達)である。コミュニケーションは、共通目的を、個々人が誤解することなく、実際の活動に変換するために行われる。学習塾の経営者が来期の目標として「難関校合格者倍増」という共通目的を掲げたとしよう。しかし、経営者と現場の講師との十分なコミュニケーションがなければ、この共通目的は講師たちにほとんど浸透しなかったり、そもそも目標自体が現場の状況と乖離した非現実的なものとなってしまうことも起こりうるだろう。

要するに経営者が共通目的を明確にし、それを実現するのに構成員の貢献意欲を引き出すために現場と連絡を密にするというように、**共通目的と貢献意欲を結びつけるものがコミュニケーション**である。

(4) 組織均衡論

以上の共通目的、貢献意欲、コミュニケーションという組織の三つの要素は、いずれを欠いても組織は成り立たず、組織が成立・存続する条件について示したものとなっている。

学習塾において適切な給与や役職を提供できており講師の離職率が低ければ、講師にとっては「能率性」が満たされているということであり、「組織と個人の均衡」が取れている。そして、適切なサービスや料金設定で多くの生徒児童が入塾してくるということであれば、組織の「有効性」が満たされているということであり、「組織と外部環境の均衡」が取れている。

このようにバーナードは個人と組織、または組織と外部環境との間で均衡が取れていることが組織の存続の条件だとする**組織均衡論**を唱えている。

組織の存続の条件

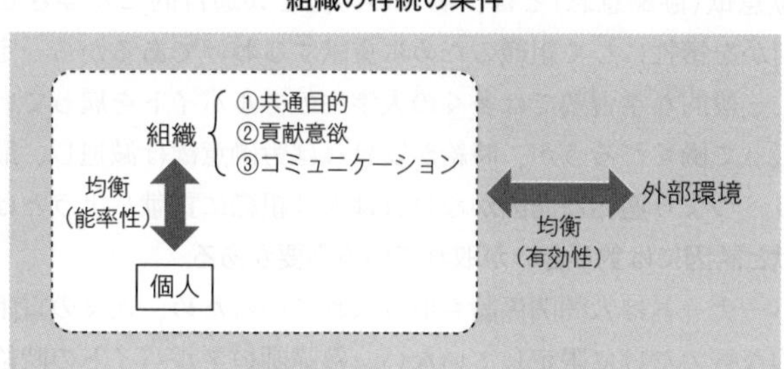

(5) 権威受容説

改めて確認しておこう。コミュニケーションとは共通目的と貢献意欲を結びつけるものであった。この組織におけるコミュニケーションの核となるのが管理者(経営者)であり、コミュニケーションは上司から部下への命令という形で現れることが多い。

一般的には上司は命令を出すだけの権威を有しているので、部下はその命令を受け入れると考える。しかしバーナードは部下が命令を受容するかどうか、すなわち上司に権威があるかどうかは受け入れる側の部下の同意に依存しているという**権威受容説**を唱えている。

① 地位の権威

引き続き学習塾の事例で説明しよう。塾講師が生徒に「来週までの宿題」を課したとしよう。通常生徒は「塾講師は当然宿題を出すもの」と考えるだろう。このように**その指示に疑問を持つことなく、当然なものとして受け入れる場合**を「**地位の権威**」(職位の権威)という。講師という「地位」にある者から出された、特に無理のない命令なので素直に従うのである。

このように特段疑問を差し挟む余地のない、無理のない命令をバーナードは「**無関心圏**」の命令とも呼んでいる。

② 機能の権威

しかし、「来週までに1000問解くように」などという宿題が課された場合はどうであろうか。その生徒はこの宿題の是非に疑問を持ち、素直に従うことはないはずである(無関心圏から外れるためである)。ただし、この塾講師が「私はこの勉強方法で君の志望校○×大学に合格した」などと説得した場合にはどうだろうか。一見すると無理な指示であっても、その塾講師を信じて頑張ってみるということもあるだろう。

このように、**上司の専門能力や経験に裏づけられたものであって、部下がそれを妥当なものと納得して受け入れる場合**を「**機能の権威**」という。

③ 権限による支配

最後に、「地位の権威」も「機能の権威」も成り立たない場合には、最終手段として「**権限による支配**」が行われる。宿題を毎回サボる生徒に業を煮やした塾講師が「宿題が終わるまで帰宅は認めない」「保護者に連絡する」などと**制裁権の発動をほのめかすことで強制的に従わせる**場合がこれにあたる。

ただし、バーナードは実際にはこのように述べている。「権限による支配」は一見すると上司の権力行使による強制に見えるが、実際には「仲間内の強制」であるという。「クラスの中でいつも宿題をサボる生徒がいて、先生はいつもご立腹。クラスの雰囲気は非常に重い」などという状況を想像してみよう。このような状況を気兼ねする友人が何とかその生徒に宿題をちゃんとやってくるようにアドバイスをしたり、プレッシャーをかけたりするだろう。このような「仲間内の強制」により最終的には命令が受容されるというのがバーナードの考えである。

2.2 サイモンの意思決定理論 ★★★

(1) 背　景

バーナードの経営理論に大きな影響を受け、さらにそれを深化させたのが、ノーベル経済学賞も受賞しているアメリカの経済学者**H.サイモン**(1916～2001)である。彼は従来の経済学が想定する人間像(経済人)がいかに現実と乖離しているかを問題とし、現実の人間の意思決定を精緻にモデル化した点で有名である。

(2) 意思決定の前提

まず、サイモンによれば、意思決定には価値前提と事実前提の二つの前提があるという。例えば「休日の過ごし方」を考えてみよう。山登り、海水浴、浦安の遊園地など無数の選択肢がある中で、いまは「静かな場所で過ごしたい」ので山登りを選択するというのが**価値前提**である。「静かな場所で過ごしたい」「賑やかな場所に行きたい」というのは人それぞれで、科学的・経験的にその適否は判断できない。つまり、意思決定において**価値前提は所与**とされる。

次に「浦安の遊園地」を選択した場合を想定しよう。どのような交通手段で行くのかということを決定しなければならない。「なるべく早く」、「なるべく安く」など個人によって重視する基準はばらばらであったとしても、何が最善であるかは科学的に判断できる。これが**事実前提**である。サイモンは、価値前提を所与とした場合の事実前提に関する合理的意思決定について検討している。

価値前提	事実前提
意思決定の前提となる目標に対する価値的・倫理的与件。「望ましさ」や「正しさ」を示す判断材料となるもの。**科学的・経験的にその適否は判断できない。**	目的実現のために取るべき手段の適否を判断するのに必要な事実に関する知識。科学的・経験的にその適否が判断できる。

(3) 合理モデル

サイモンが批判する従来の経済学は人間が合理的に意思決定することを仮定しており、具体的には以下のような手順をたどると理解されている。

すなわち、❶目的を明確化し、❷代替案を列挙し、❸すべての代替案を評価して、❹最善のものを選択する、というものである。サイモンはこれを**合理モデル**と呼んでいる。その特徴は、人間が**完全な合理性**に基づいて「すべて」の選択肢を列挙し、そのすべてについて結果を「確実に」そして「正確に」予測するという点にある。

しかし、このような意思決定は人間に「全知全能」が宿っているかのような前提があり、現実の人間についてのモデルではないというのがサイモンの批判である。

(4) 満足モデル

サイモンは、現実の人間は情報や知識に限りがあり、その能力も制約されているとし、**限定された合理性**下で意思決定をすると考えた。経済学の想定する人間像である「**経済人**」(economic man)に対して、限定された合理性の下で意思決定する現実の人間を「**経営人**」(行政人・管理人：administrative man)と名づけている。引き続き「休日の過ごし方」の事例で説明していこう。

① 選択肢の探求は逐次的に行われる

なるべく安く「浦安の遊園地」に行くための手段を検討することを考えよう。合理モデルであれば、とにかく浦安までの手段をすべて列挙することを想定している。しかし、現実の人間は、例えばまず「バスの場合には何円」と確認し、少し高いと思ったら「JRでは何円か」というように選択肢を逐次的に検討する。

② とりあえず「満足できる」できるのであればよい

合理モデルであれば、バスやJR以外にもさらに私鉄、徒歩、自転車などあらゆる手段を検討する必要がある。しかし、JRの値段を見た時点で最善の選択肢にはこだわらず「まあ、こんなものだろう」というようにほどほど選択するのが現実の人間である。このように一応満足できれば決定するので**満足モデル**(充足モデル)という。

③ 結果を評価する際の基準は可変的である

そして、結果を評価する際の基準は不変ではなく、可変的であるのが現実の人間である。まだ時間的余裕があるのであれば、時間をかけてゆっくり選択肢を吟味することもできる。しかし、出発当日に急いで決定する場合には「多少割高だが早いのでタクシーで乗り付ける」という選択も肯定されることになる。このように意思決定タイミング次第で以前は満足できなかった選択肢でも採用される場合がある。

合理モデルと満足モデルの比較

	合理モデル	満足モデル
行動基準	[最適化原理] 最小コストと最大の成果	[満足化原理] 選択範囲からの満足しうる成果
合理性	完全な合理性	限定された合理性
人間像	経済人モデル	経営人モデル

組織論のまとめ

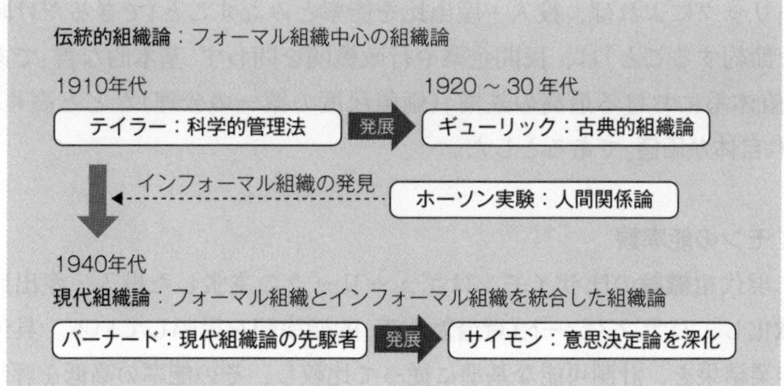

3 能　率

能率という概念は行政学の中で重要な地位を占めており、現在でも政策や行政活動の良否を判断する基準としてしばしば活用されている。ただし、何をもって能率とするかということについては、これまで様々な議論がある。アメリカ行政学の発展に伴い登場した能率概念を、行政学者の辻清明は機械的能率観、社会的能率観、二元的能率観の三つに分類している。

3.1 機械的能率観 ★★★

(1) 背　景

機械的能率とは、組織論の系譜でいえば、科学的管理法に始まり、古典的組織論で確立された能率観である。その後に古典的組織論を批判したサイモンも後述するように機械的能率に該当する。

(2) 概　要

機械的能率観とは、計測可能な客観的な基準に基づいて能率の高低が評価されるという立場である。具体的には労力・時間・経費の三つを能率の決定要因とし、**「最小の労力と資材によって最大の効果を実現すること」**が能率の基準であるとされる。

(3) ギューリックの能率観

古典的組織論のL.H.ギューリックも機械的能率観に分類される。彼は、仕事に投入(input)するエネルギーと投入して得られた産出(output)との比率、つまり**投入・産出比**が基準となるとした。

ギューリックによれば、投入・産出比を能率とみなすこと(できるだけ時間や経費などを節約すること)は、民間企業や行政機関を問わず「基本的な善」であり、行政の「価値体系における最高の鉄則」(価値尺度の第一の公理)などと高く評価し、**「能率それ自体が価値」**であるとした。

(4) サイモンの能率観

さらに現代組織論のH.サイモンはギューリックの主張した投入・産出比の能率観を精緻化し、**バランスシート(貸借対照表)的能率観**を提唱している。具体的には複数の作業結果を、計測可能な基準に従って比較し、その能率の高低を評価するものである。

例えば、A市は予算10億円で図書館を運営しており、年間の貸出件数は10万回であるとしよう。この場合の投入・産出比は10万回／10億円(＝1)である。A市だけを見ている場合には能率的かどうかは判断できない。そこで、人口規模が同程度のB市を見ると予算20億円で貸出件数は15万回であった。投入・産出比は15万回／20億円(＝0.75)である。両者を比較することでA市の方が予算当たりの産出が大きいことがわかり、より能率的と評価できる。

このように能率の高低は適切な比較対象との比較によって評価できるという見方は、現在でも最も標準的な能率概念となっている。

3.2 社会的能率観 ★★★

(1) 背　景

先の機械的能率観は、投入・産出比を基準とするように、専ら投入・産出の「量」に焦点をおいたものであった。しかし、能率を「量」に還元しすぎれば「質」の問題が軽視されることにもなる。能率を労力・時間・経費ではなく、社会的有効性を基準として評価するのが社会的能率観である。社会的能率観の代表的論者としてはホワイト、ディモック、バーナードなどが挙げられる。

(2) ディモックの能率観

アメリカの行政学者M.E.ディモック(1903～91)は、職員の満足、サービス享受者の満足、多元的な利益の調整という基準で能率を評価すべきだとしている。この観点での能率的な行政とは例えば、福祉事務所の職員も「住民のためによい仕事ができた」と感じ、福祉受給者も「親切で助かった」と感謝するなど多様な利害関係者が満足できるような社会福祉の実現である。したがって、社会的能率とは要するに社会的目的の実現と意味することは同じである。

3.3 二元的能率 ★★★

(1) 背　景

社会的能率の指摘のように、能率を広く捉え、質に焦点をあてることは重要である。しかし、機械的能率を否定し、社会的能率だけを優先すれば資源の浪費を正当化することにつながりかねない。こうした対立を統合する概念を提唱したのがワルドーである。

(2) ワルドーの能率観

アメリカの行政学者D.ワルドーは、目的を離れた能率は存在しないとし、「能率それ自体が価値」とするギューリックの議論を否定している。ある目的にとって能率的であることは必ずしも他の目的にとっても能率的であることを意味しないのであり、能率の決定は目的に依存しているのである。

例えば冷凍食品は「時間の節約」という基準からは能率的であるが、「家族の団らん」という基準からは問題が多いかもしれない。逆に手作り餃子を親子で楽しむというのは家族の団らんとしては能率的であるが、時間の節約という観点からは親としては勘弁してもらいたいものである。このように、例えば忙しい平日と時間のある休日とでは何が能率的な食事かは同じ家族の中でも異なるのである。

以上のような観点から、ワルドーは、機械的能率を能率に関して客観的に解釈したもの(**客観的能率**)、社会的能率を能率に関して規範的に解釈したもの(**規範的能率**)とし、機械的能率と社会的能率の融和を図ろうとした。これらを総称して**二元的能率**と呼んでいる。

	機械的能率	社会的能率
基準	投入・産出比 労力・時間・経費	満足度 職員やサービス享受者の満足度
着眼点	量の問題を評価 (能率それ自体が価値)	質の問題を評価 (能率の目的を問題とする)
論者	科学的管理法 ギューリック サイモン	ディモック ホワイト バーナード
ワルドーの二元的能率	客観的能率	規範的能率

過去問チェック

01 F.テイラーの創始した科学的管理法は、ヨーロッパで発展した官房学を継承したもので、行政組織の構成員は専ら合理的経済的関心に基づいて行動する存在であるとの前提に立ち、その行動を組織的に統制することを目指した。国家一般職2006 1.1

×「官房学を継承したもので」が誤り。テイラーの科学的管理法はアメリカの製鉄会社の自らの経験から理論化されたものであり、官房学とは無縁である。

02 科学的管理法は、テイラー・システムとも呼ばれ、組織の公式の目的とは反するような行動規範を持つ集団の形成に着目し、職場におけるインフォーマルな組織に基づく人間関係が作業の能率を左右する要因となっているという仮説を提示した。国家一般職2017 1.1 1.3

×「インフォーマルな組織…仮説」が誤り。インフォーマル組織の考え方は、テイラーの科学的管理法の妥当性を吟味した「ホーソン実験」によって提唱されたものである。

03 ギューリックは、行政機関の最高管理者が担うべき管理機能には、計画、組織、人事、指揮、協力、判断、調和の７つの機能があるとし、POSDCORBという造語で表現した。特別区Ｉ類2012 1.2

×「協力」、「判断」が誤り。RはReporting(報告・情報提供)であり、BはBudgeting(予算)である。

04 L.ギューリックは、W.タフト大統領による節約と能率に関する大統領委員会に参画した際、組織管理者の担うべき機能として、忠誠心、士気、意思疎通という三つが行政管理において重要であるとし、それらの頭文字によるPOSDCoRBという造語を示した。国家一般職2019 1.2

×「W.タフト大統領による節約と能率に関する大統領委員会」、「忠誠心、士気、意思疎通」が誤り。ギューリックが参画したのはF.ルーズベルト大統領のブラウンロー委員会である。また、POSDCoRBは七つの機能を表現したものである。

05 ギューリックは、指揮命令系統を一元化するため、ラインとスタッフの統合が必要であると、ブラウンロー委員会で提言した。特別区Ｉ類2012 1.2

×「ラインとスタッフの統合」が誤り。指揮命令系統を一元化するために、ラインとスタッフの「分離」つまりスタッフがラインに命令を出すことを否定したのである。

06 E.メイヨーとF.レスリスバーガーらの研究グループは、民間企業の工場で照明実験などを行い、作業環境が作業能率に影響していることを実証しようとした。しかし、調査の結果導き出された結論は、作業能率の向上に最も効果があるのは作業環境を改善することではなく、勤務成績に応じて昇給や減給を実施するなど、経済的な能率給を実施することであるというものだった。**国家一般職2008** 1.3

× 「最も効果があるのは…経済的な能率給」が誤り。テイラーの科学的管理法で経済的な能率給(差別的出来高払い)が提唱されたが、メイヨーらの実験ではそれと異なる結果、つまり職場のインフォーマル組織の重要性が確認されたのである。

07 古典的組織論の代表的論者F.J.レスリスバーガーは、組織を構成する要素は職員ではなく職務であり、組織の合理的な編成とは、全職務を合理的な体系に組み立てることであるという組織均衡の理論を提示した。一方、現代組織論の代表的論者L.ギューリックは、組織を人間行動のシステムとしてとらえ、組織の構造よりもその作動に着目するとともに、職員相互間の意思伝達(コミュニケーション)の在り方を組織分析の鍵概念とした。**国家一般職2009** 1.2 2.1

× 前半の古典的組織論は「レスリスバーガー」ではなくギューリックである。後半の現代組織論は「ギューリック」ではなくバーナードである。

08 現代組織論を代表するC.バーナードは、組織均衡理論において、組織が提供する誘因と職員がその組織にとどまるか否かには関係性がなく、誘因が職員の貢献の度合いに見合わなくても、職員は組織にとどまるとした。**国家一般職2017** 2.1

× 「誘因と…関係性がなく」、「貢献の度合いに見合わなくても」が誤り。組織が提供する誘因が足りなければ、つまり均衡が取れなければ職員は組織から離脱するというのがバーナードのいう組織均衡論である。

09 バーナードは、部下は、上司の指示又は命令が、個人的な利害にも組織の目的にも反していない場合であっても、無関心圏の範囲内のものであるときには、その指示又は命令に従わないとした。**特別区Ⅰ類2006** 2.1

× 「指示又は命令に従わない」が誤り。無関心圏の範囲にあるのなら、命令や指示に疑問を持たないため、指示や命令に従うというのがバーナードの説明である。

10 (ギューリックは、)行政の科学における基本的善は民主主義であり、民主主義こそは行政の価値尺度ナンバーワンに位置する公理であるとした。**特別区Ⅰ類2008** 3.1

× 本問は「民主主義」を「能率」に入れ替えれば妥当である。古典的組織論のギューリックが重視するのは能率であり、行政の価値尺度の中で最も重要であるとしている。

11 M.ディモックは、能率とは、ある活動への投入(input)と産出(output)の対比であるとする機械的能率観を批判し、真の能率とは、組織活動に対する職員や消費者の満足感によって決まるという社会的能率観を提唱した。後に彼は、F.テイラーらとともにニューヨーク市政調査会を設立し、市民の満足感を測定する調査手法の発展に尽くした。国家一般職2008 3.2

×「テイラーらとともにニューヨーク市政調査会」が誤り。テイラーは機械的能率観に分類され、ニューヨーク市政調査会も行政管理論の影響を受けた機械的能率の立場であるからディモックの社会的能率とは相容れない。

過去問 Exercise

問題1 アメリカ行政学に関する次の記述のうち、妥当なのはどれか。

国家一般職2017

1 W.ウィルソンは、当時の腐敗した政党政治を改革するため、新たな学問的研究としての行政学の必要性を説き、『行政国家』を著した。その後、公務員の任用に資格任用制を導入するペンドルトン法が制定されるなどその研究成果は改革の進展に貢献した。

2 F.グッドナウは、その著書である『政治と行政』において、政治とは国家意思の表現であり、行政とは国家意思の執行であるとした。そして、政治による統制が必要なのは、行政の機能のうち、法律の執行機能についてであると主張した。

3 アメリカ行政学は、政治・行政融合論を軸として19世紀末に産声をあげた。そして、20世紀に入ると経営学の影響を受けるようになり、ニューディール期に行政管理論として確立し、政治・行政二分論へと展開した。

4 行政官としてニューディール期の政策形成に参画した経験をもつP.アップルビーは、その論文である「行政の研究」において、現実の政治と行政の関係は、非整合的、非連続的であると主張した。その上で、行政を政治過程の一つであるとする立場を批判した。

5 D.ワルドーは、それまでの行政学を批判し、『政策と行政』を著した。彼は、能率それ自体よりも何のための能率であるのかということを重視する考え方を否定し、能率の客観的側面と規範的側面に注目する二元的能率観に基づく議論を提起した。

解説

正解 2

❶ × W.ウィルソンが行政学を確立するために書いた論文は「行政の研究」である。また、ペンドルトン法の制定は1883年で、ウィルソンが「行政の研究」を発表した1887年よりも前なので、ウィルソンの研究の後にペンドルトン法が制定されたという後半の説明も誤っている。

❷ ○ F.グッドナウの課題は、政治と行政を分離するだけでなく、民主政治に必要な政治的統制の範囲と限度を見出すことにあった。

❸ × アメリカ行政学は、政党政治による介入から自由な行政固有の領域を確立(分離の規範)する目的でウィルソンの研究によって産声をあげており、融合関係ではなく政治・行政二分論からスタートしている。

❹ × 「行政の研究」はウィルソンの論文である。P.アップルビーは、ニューディール期の政策形成に参加した経験から、現実の政治と行政の関係は連続的・循環的であると指摘している。

❺ × 『政策と行政』の著者はアップルビーである。D.ワルドーは、目的により能率も異なるという立場から、規範的能率と客観的能率の二元的能率観を唱えている。したがって、「何のための能率であるのかということを重視する考え方を否定し」の部分が誤りとなる。

問題2　バーナードの組織論に関する記述として、妥当なのはどれか。

特別区Ⅰ類2013

❶　バーナードは、上司の指示・命令が部下にとって、理解可能で、それに従うことが、精神的肉体的苦痛を伴わず、個人的な利害にも組織の目的にも反していないように思われるとき、この指示・命令は部下の「無関心圏」に属するとした。

❷　バーナードは、人が組織に参加しようとする場合は、動機や貢献が誘因を上回る場合であるとし、逆に人が組織から離脱しようとする場合は、誘因が動機や貢献を上回る場合であるとした。

❸　バーナードは、地位の権威とは、組織内で上司がその職務について部下以上に経験豊富で専門能力を持ち、すぐれた識見を持っているがゆえに、部下はこの上司の判断・指示の正しさを信頼して従う指導力による支配であるとした。

❹　バーナードは、時間研究や動作研究によって、工場での作業を単位動作に分解し、それを最も能率的に組み合わせることによって、最大の生産性を実現することをめざして、作業環境を標準化し作業の合理的な管理手法を提示し、効率的でより優れた組織管理の方法を開発した。

❺　バーナードは、直属上司は一人でなければならないという「命令系統一元化の原理」、管理者が統制する部下の数には一定の限界があるという「統制範囲の原理」、類似した性質の仕事を統合するべきであるという「同質性の原理」という３つの原理によって、組織は編成されるべきであると初めて提唱した。

解説

正解 1

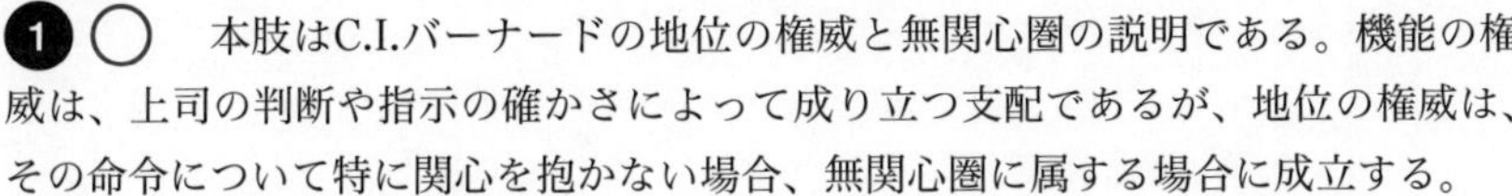

1 ○ 本肢はC.I.バーナードの地位の権威と無関心圏の説明である。機能の権威は、上司の判断や指示の確かさによって成り立つ支配であるが、地位の権威は、その命令について特に関心を抱かない場合、無関心圏に属する場合に成立する。

2 × 誘因とは、例えば地位や賃金などである。動機や貢献に見合う賃金という誘因が提供されないとき、人はよりよい労働環境を求めて転職する。すなわち、動機や貢献が誘因を「上回る」場合、人は「組織から離脱」しようとする。

3 × 本肢は機能の権威についての説明である。地位の権威とは、上司という地位にいる者から発せられたものであり、個人的な利害にも組織の目的にも反していないため、受容される命令をいう。

4 × 本肢はF.W.テイラーの科学的管理法に関する説明である。

5 × 本肢はL.H.ギューリックの古典的組織論に関する説明である。

第3章

行政組織と公務員制度

本章では日本の中央省庁の組織のあり方、公務員制度について学習していきます。第１節では、いわゆる「霞が関」はどのような編制となっているのか、その仕組みや特徴について解説していきます。第２節では、日本の公務員制度の歴史や特徴を諸外国とも比較しながら解説していきます。

1 日本の行政組織

本節では内閣を中心とする中央省庁の仕組みについて学習します。内閣にはそのリーダーシップを支える内閣官房や内閣府といった機関があります。そして内閣の構成員である大臣が各行政機関をコントロールしています。他方で行政機関から一定の独立性を有する行政委員会という組織、行政機関ではないものの行政と協働する様々な民間団体の存在も重要です。

キーワード

独任制と合議制／内閣官房長官／内閣危機管理監／内閣総理大臣補佐官／特命担当大臣／重要政策に関する会議／会計検査院と人事院／内部部局／官房三課／内局と外局／行政委員会と審議会／スクラップ・アンド・ビルド／大部屋主義／最大動員

1 基本原理と歴史

1.1 独任制と合議制 ★★★

(1) 定　義

行政組織のあり方は、意思決定の仕組みの違いによって独任制と合議制に分類される。

独任制と合議制

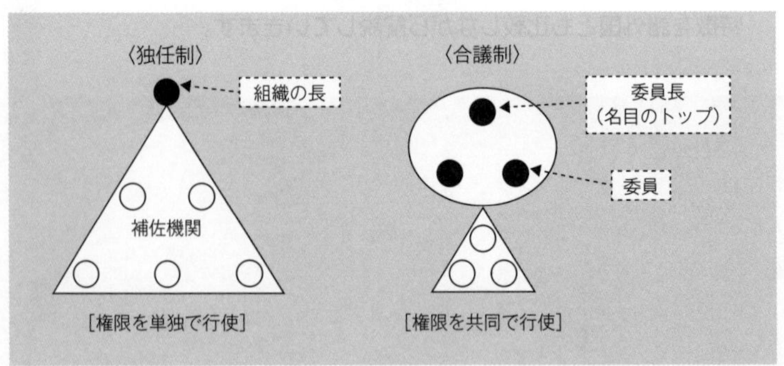

独任制とは、最終的な意思決定が１人の長に委ねられている組織であり、長が単独で権限を行使できるタイプである。これに対して**合議制**とは、最終的な意思決定が複数の人間の合議に委ねられている組織であり、権限を共同で行使するタイプである。

(2) 特　徴

長が権限を単独で行使できる独任制は迅速な決定、統一的な決定ができるなどの長所があり、権限を共同で行使できる合議制は慎重な決定が可能で、多様な意見を反映しやすいなどの長所を有している。その他主だった特徴は下の表で確認しよう。独任制と合議制は対照的な関係になっていることが確認できればよい。

独任制と合議制の特徴

	独任制	合議制
迅速な決定	可能	困難なおそれ
統一的決定	可能	困難なおそれ
責任の所在	明確	不明確なおそれ
慎重な決定	独断のおそれ	可能
多様な意見	反映しない可能性	反映しやすい

(3) 主な組織

以上のような特徴を有することから、実際の行政機関は以下の表のように、慎重な決定を必要とする場合には合議制、迅速で統一的な決定が必要とされる場合には独任制というように必要に応じて組織編制を使い分けている。

主な独任制と合議制の組織

		独任制	合議制
国	執政府	アメリカの大統領	日本の内閣
国	行政府	各府省庁	行政委員会 会計検査院、人事院
地方		知事・市町村長・監査委員	行政委員会

1.2 内　閣

★★★

(1) 要　点

日本の行政権は内閣に属している(憲法65条)。すなわち内閣は行政権の中枢であり、外交から内政まで幅広く国の行政活動についての最終的な責任を有している。そして内閣の首長にあたるのが内閣総理大臣である。

このように現行憲法では内閣と内閣総理大臣は国政に関して大きな権限を与えられているが、戦前の明治憲法では実はその権限は大きく制約されていた。

(2) 戦前の内閣

日本で内閣及び内閣総理大臣が創設されたのは1885(明治18)年のことであり、初代内閣総理大臣が伊藤博文である。当初の内閣制度では、内閣総理大臣には明確な職責が与えられており、強いリーダーシップを行使することが可能であった。

しかし、1889(明治22)年に公布された明治憲法(大日本帝国憲法)では、内閣について特段の規定も設けられず、内閣総理大臣はあくまで「**同輩中の首席**(第一人者)」に過ぎず、各大臣が個別に天皇を輔弼(ほひつ)するものとされ、その権限は著しく弱められた。

また、戦前の内閣は軍部に対して非常に弱い存在であり、陸海軍の**統帥権**(とうすい)(最高指揮権)は天皇に属し、内閣から独立していた。さらに、後に**軍部大臣現役武官制**(軍部大臣は現役の武官でなければならない)が定着するようになると、軍部の政治介入をもたらすようにもなった。

そして、明治憲法において天皇の最高の諮問機関と位置づけられた**枢密院**は、内閣から独立しており、ときには内閣の意思を覆すような決定もするなど、内閣のリーダーシップを損なう可能性を常に秘めていた。

以上のように、明治憲法下の総理大臣は権限が弱く、総理大臣のリーダーシップを脅かす存在が複数存在するなど、現在の内閣制度と比較すると割拠的な政治体制であった。これは戦前の軍部の暴走を食い止められなかった大きな原因の一つと考えられている。

(3) 戦後の内閣

以上のような明治憲法の反省から、現在の憲法は「行政権は、内閣に属する」(憲法65条)と明確に規定し、行政機関を内閣の下に置き、内閣総理大臣は内閣の首長であること(他の大臣よりも上位)が憲法上明記されたのである(憲法66条1項)。

そして、戦後の新たな議院内閣制が確立したことで、内閣は「**内閣制の三原則**」の下で運営されるようになった。すなわち、内閣の職権は閣議に諮り、全会一致で決定するという「合議制の原則」、各省の所掌事務は、各大臣が分担管理するという「分担管理の原則」、内閣総理大臣は内閣の首長であり、大臣を任命し任意に罷免できる権力を有するという「首相指導の原則」の三つである。

ただし、以上の三つの原則は厳密に検討してみると相互に矛盾する可能性を秘めている。首相指導とされながらも、合議制で決定をし、行政機関を各大臣によって分担管理するというのはときには相反する決定を行う場合があるということである。

(4) 日本の中央省庁体制

内閣を中心として、日本の中央省庁(国の行政機関)は以下の図のように編制されている。詳しくはこのあと順に説明するが、全体としては内閣を補佐するために、上位の立場から調整を行うことを主な任務とする内閣官房や内閣府などの機関と、主任の大臣を長として分担管理されている行政機関の2系統に分かれていることを確認しよう。

日本の中央省庁体制（2022年現在）

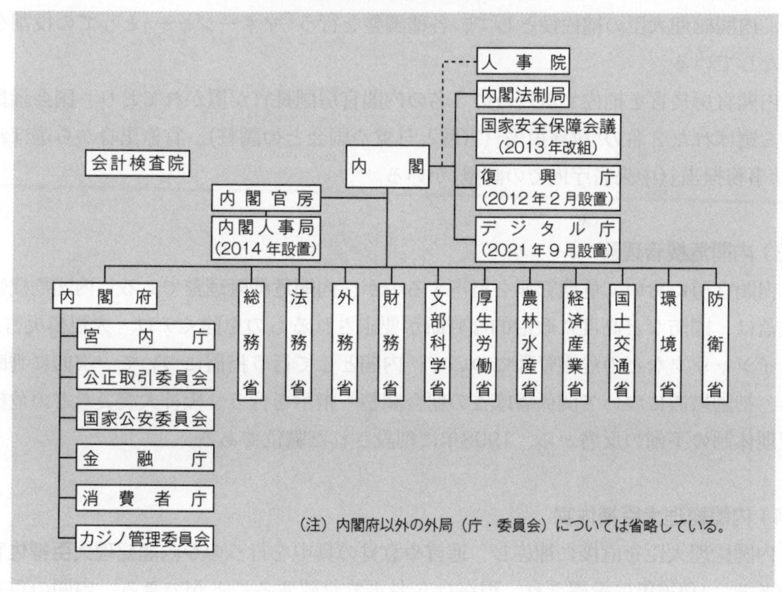

2 内閣の補佐機関

2.1 内閣官房 ★★★

(1) 概 要

内閣官房は、内閣と内閣総理大臣の職務全般を補佐するため、行政各部のすべての施策にわたる企画立案や総合調整を担当する組織である。かつては内閣官房の役割は限定されていたが、1990年代の改革を通じて組織が拡充され、その役割も拡大している。⇒第4章第2節

以下では内閣官房に置かれている重要な役職と組織について説明する。

(2) 内閣官房長官

内閣官房の主任の大臣は内閣総理大臣であるが、実際に内閣官房の事務を統轄するのが**内閣官房長官**である。内閣官房長官には国務大臣を充てることになっており、内閣の一員でもある。内閣官房長官の職務は幅広く、閣議の内容や内閣の方針を定例記者会見で国民に向けて発表するという内閣の「スポークスマン」としての役割、内閣総理大臣の補佐役として、各種調整を行う「マネージャー」としての役割を果たしている。

内閣官房長官を補佐するために３名の内閣官房副長官が置かれており、国会議員から選ばれた２名の「政務担当」(官邸と与党や国会との調整)、官僚出身から選ばれた「事務担当」(中央省庁内での調整)がいる。

(3) 内閣危機管理監

内閣官房において危機管理を担当するのが、**内閣危機管理監**である。内閣危機管理監は、国防など高度に政治的な判断が要求されるものを除くテロ・大規模災害・ハイジャックなどの危機管理について、内閣として行う措置について一次的に判断し、初動措置について関係省庁との総合調整・指示を行う。阪神大震災などの危機管理体制の不備の反省から、1998年に創設された職位である。

(4) 内閣総理大臣補佐官

内閣総理大臣を直接に補佐し、進言や意見の具申を行うのが**内閣総理大臣補佐官**である。1996年に設置され、現在は５名まで設置することができる。内閣の重視する政策に合わせて担当する分野を自由に設定することができるが、１名は必ず**国家安全保障担当**の補佐官を置くこととされている。

(5) 内閣人事局

① 背　景

国家公務員の人事は本来内閣の権限によって行われるものであるが、制度上は各省大臣が任命権者として、各省の人事を管理するとものとされている。ただし、大臣の任命権は形式的なものに過ぎず、各行政機関による自律的な人事管理が続いてきた。

以上のような問題関心から、縦割りの人事管理を改め、内閣が全政府的な観点から国家公務員人事行政を行うために、2014年より内閣官房に**内閣人事局**が設置されている。

② 役　割

内閣人事局の最大の役割は、**幹部職員の一元管理**を行うことである。ここでいう幹部職員とは本府省の事務次官級、局長級、部長級などである。具体的には、幹部人事については、内閣官房長官が幹部職員の候補者名簿を作成し、首相・内閣官房長官・任命権者(大臣や外局の長)による協議を経た上で、任命権者によって任命される手続となっている。要するに任命権者は従来と変わらず当該行政機関の長であるものの、首相や官房長官が明確に関与できる仕組みとなったのである。

また、内閣人事局の設置に伴い、人事院や総務省が所管してきた事務の一部が移管されている。具体的には、これまで人事院が所管してきた国家公務員制度の企画立案など、総務省が所管してきた、行政機関の機構の新設などに関する審査、行政機関の定員に関する審査などが内閣人事局に移管されている。

2.2 内閣府 ★★★

（1）概 要

内閣府は、❶内閣総理大臣が担当する行政事務を分担管理するとともに、❷内閣の職務を補佐するという二つの役割を持つ行政機関である。

もともと内閣総理大臣が直接担当する行政事務については総理府が置かれていたが、2001年の中央省庁再編によって廃止され、内閣府が新設されている。⇒**第4章第2節**

（2）特 徴

内閣府は内閣総理大臣を長とし、政府の重要政策について横断的な企画・調整機能を担うという役割がある、つまり、関係行政機関の連携を確保し、**縦割り行政の是正**を行う目的から設置されているのである。したがって、内閣府は他の省よりも一段上の上位組織と位置づけられており、**国家行政組織法の適用を受けない**という特徴がある。

（3）特命担当大臣

内閣総理大臣は、内閣の重要政策に関して行政各部の施策の統一を図るために特に必要がある場合には、内閣府に**特命担当大臣**を置くことができる。特命担当大臣は、行政各部の施策の統一を図るために必要となる企画立案及び総合調整を実施する。

2022年現在、科学技術担当、規制改革担当など様々な特命担当大臣が置かれているが、法律上、沖縄及び北方対策担当、金融担当、消費者及び食品安全担当、少子化対策担当、防災担当大臣が必置となっている。

(4) 重要政策に関する会議

重要政策に関する会議(重要政策会議)とは、国家運営の基本に関わる重要政策について調査審議するための、関係する大臣と有識者から構成された会議である(議長は内閣総理大臣または内閣官房長官)。政府の公式説明では、内閣及び内閣総理大臣を助けるための「知恵の場」であるとされている。2022年現在、経済財政諮問会議、総合科学技術・イノベーション会議、中央防災会議、男女共同参画会議、国家戦略特別区域諮問会議の五つが設置されている。

このうち、**経済財政諮問会議**は日本の経済政策に関して重要な役割を担ってきた。同会議は、内閣総理大臣の諮問に応じて、経済全般の運営の基本方針、財政運営の基本方針、**予算編成の基本方針**、その他経済財政政策に関する重要事項についての調査審議を行っている。例年6月には「経済財政運営と改革の基本方針」(通称**骨太の方針**)が同会議の答申を経て、閣議決定される。この会議は要するに経済財政運営における内閣主導を実現する目的で運用されており、特に**小泉純一郎**(こいずみじゅんいちろう)内閣の時代に大きな役割を果たした。**⇒第4章**

(5) 大臣委員会

内閣府には外局として、公正取引委員会、国家公安委員会、金融庁、消費者庁、個人情報保護委員会、カジノ管理委員会が設置されている。このうち国家公安委員会委員長は国務大臣の充当職となっており、長に国務大臣を充てることができるのは内閣府の外局である国家公安委員会のみとなっている。国務大臣を長に充てる行政委員会を**大臣委員会**という。

2.3 会計検査院と人事院 ★★★

(1) 概　要

国の財政監督を担当する**会計検査院**、国家公務員の人事行政を担当する**人事院**はともに、内閣の指揮監督権から独立した行政組織である。

会計検査院の具体的な業務については第５章第１節で、人事院の具体的な業務については次節で扱うので、本節では会計検査院と人事院の行政組織としての特徴のみを解説する。

(2) 地　位

会計検査院は憲法90条に設置根拠を有し、「**内閣に対し独立した地位**」にある行政機関である(会計検査院法１条)。

他方で、人事院は「**内閣の所轄の下**」にあるとされ(国家公務員法３条)、その法的な地位は一見すると大きく異なる。ただし、「所轄の下」とは内閣に属するものの、内閣の直接の指揮監督を受けず、独立して職権を行使できるものと解されている。

(3) 組　織

会計検査院は３人の検査官、人事院は３名の人事官から構成された行政委員会の一種であると実務上は解されている。会計検査院院長(検査官の中から互選)、人事院総裁(人事官の中から互選)というそれぞれの機関を代表する役職が置かれているが、これらは独任の長ではなく、それぞれの意思決定は合議制によって行われている。検査官、人事官ともに国会の同意を得て内閣が任命する。

会計検査院と人事院の比較

<table>
<tr><th></th><th>会計検査院</th><th>人事院</th><th>行政委員会</th><th>各省</th></tr>
<tr><td rowspan="2">設置根拠</td><td rowspan="2">憲法・会計検査院法</td><td rowspan="2">国家公務員法</td><td colspan="2">国家行政組織法</td></tr>
<tr><td>〇〇委員会設置法</td><td>××省設置法</td></tr>
<tr><td>内閣との関係</td><td>内閣から独立</td><td>内閣の所轄の下</td><td>大臣の「所轄下」</td><td>内閣の「統括下」</td></tr>
<tr><td>内閣の指揮監督</td><td colspan="3">及ばない</td><td>及ぶ</td></tr>
<tr><td>特徴</td><td colspan="3">合議制</td><td>独任制</td></tr>
</table>

2.4 その他の機関

（1）内閣法制局

内閣法制局は、法制的な面から内閣を直接補佐する機関である。内閣法制局の第一の役割が「**意見事務**」である。法律問題に関し内閣、内閣総理大臣、各省大臣に対し意見を述べることで、法令の解釈を行政内部で統一するために行われる。

第二の役割が「**審査事務**」である。内閣法制局は、閣議に付される前に、法律案、政令案及び条約案を審査し、憲法や既存の法律と整合性があるかどうかを吟味する。

以上のように、重要争点に関する大臣答弁を作成する場面や新規法案の作成などにおいて各省庁は内閣法制局の承認を取り付ける必要があり、立法過程にとっての重要な関門となっている。

（2）国家安全保障会議

国家安全保障会議は日本の安全保障の重要事項を審議する機関であり、アメリカの国家安全保障会議をモデルとしている。

同会議は、**総理大臣**、**官房長官**、**外務大臣**、**防衛大臣**の４大臣会合を定期的に開催し、安全保障に関する重要事項を審議する。ただし、「防衛政策の基本方針」といった重要事項は、首相を含めた９大臣（官房長官、外務大臣、防衛大臣、総務大臣、財務大臣、経済産業大臣、国土交通大臣、国家公安委員長）で構成された９大臣会合での協議を経て決定される。要するに国家安全保障会議は、内閣の中でも安全保障に関わる大臣のみが参加する「内閣の中の内閣」（**インナーキャビネット**）である。

また、内閣官房には、国家安全保障会議の事務局となる国家安全保障局が設置されている。国家安全保障局は、各省が収集した情報の集約・分析を行うものとされており、情報の一元化を担当する。

❸ 中央省庁の仕組み

3.1 省・外局・内部部局・附属機関 ★★★

(1) 省

省は「内閣の統括の下に行政事務をつかさどる機関」(国家行政組織法３条３項)として置かれ、各省の長が「主任の大臣」として行政事務を分担管理している。

(2) 外　局

省及び内閣府には**外局**として委員会と庁が設置されている。外局は府や省の一部であるが、府や省の他の部局とは分離され、一定の独立性を有している。

内閣府とその外局を除き、省・委員会・庁はいずれも国家行政組織法３条により、法律による設置改廃が求められている。このことから、省・委員会・庁は実務の上では「３条機関」と呼ばれている。

(3) 内部部局

内部部局とは、内部組織として行政機関の任務の遂行を分担するために設置されている組織の総称である。具体的には各行政機関において、官房、局、部、課、室などという名称で設置されているものをいう。

かつては内部部局の設置改廃については法律事項(法律に基づくもの)とされていたが、現在では**政令事項**(政令に基づくもの)となっており、行政需要の変化に合わせて柔軟に対応できるようになっている。

(4) 地方支分部局

地方支分部局とは、地方に置かれるいわゆる国の出先機関をいう。例えば法務省の法務局、財務省の財務局・税関、国土交通省の地方運輸局・地方整備局、厚生労働省の地方厚生局・都道府県労働局などである。

これらの地方支分部局の設置改廃は、地方自治尊重の観点から、法律事項とされている。

(5) 附属機関

附属機関とは、内部部局とは別に設けられている附属の組織の総称であり、❶「審議会等」、❷「施設等機関」、❸「特別の機関」の三つがある。

内閣府に設置されているもの以外は国家行政組織法８条に基づき設置されているので、行政実務上は「８条機関」とも呼ばれる。

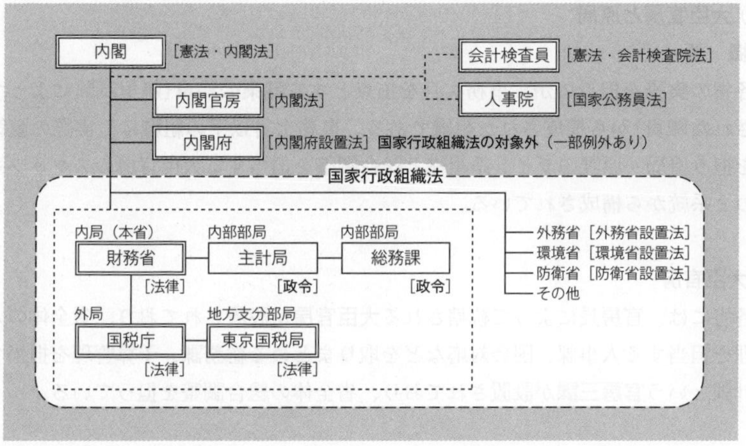

3.2 省の内部組織 ★★★

(1) 政治任用の役職

① 大臣・副大臣・大臣政務官・大臣補佐官

各省の長が各省大臣であり、主任の大臣として行政事務の分担管理をする。大臣を補佐するために各省には、副大臣、大臣政務官、大臣補佐官が設置されている(設置数は省によって異なる)。

まず、副大臣は大臣の命を受けて職務を執行し、大臣が不在の場合にはその職務を代行するライン職である。大臣政務官は特定の政策・企画について、大臣の指示を受けて行動・助言を行うスタッフ職である。大臣補佐官は大臣の命を受け、大臣の企画立案や政務を補佐する大臣直属のスタッフ職である。

以上の副大臣、大臣政務官、大臣補佐官は、任命権者である内閣総理大臣や大臣と進退をともにする**政治任用職**である。

② 歴　史

かつては政治任用職としては政務次官という役職のみが設置されていたが、その役割が形骸化していた。そこで平成時代には大臣のリーダーシップを強化することを目的として、2001年より副大臣及び大臣政務官、2014年より大臣補佐官が設置されている。

このように各行政機関に配属される与党政治家の数を増やすことで、内閣のリーダーシップを強化するのが目的であり、多くの与党政治家が行政機関に配属されている**イギリスの議院内閣制をモデル**としている。

(2) 大臣官房と原局

① 概　要

各省の実務を担うのが、事務次官を頂点とする職業公務員(競争試験によって採用された職員)から構成された組織である。事務次官以下の組織は、実際の政策立案を担う原局—原課のライン系組織と総合調整を担当する大臣官房のスタッフ系組織の２系統から構成されている。

② 大臣官房

各省には、官房長によって統轄される**大臣官房**が設置されており、省全体の人事管理を担当する人事課、国会対応などを取りまとめる総務課、予算管理を担当する会計課という**官房三課**が設置されており、省全体の総合調整を担っている。

③ 原　局

実際の政策立案を担うのは**原局**と原課のライン組織である。厚生労働省年金局を事例に説明しよう。年金制度を所管する年金局には厚生年金や国民年金を担当する年金課、外国との協定に関わることを担当する国際年金課、資金運用を担当する資金運用課、確定拠出年金や確定給付年金を担当する企業年金・個人年金課などが置かれている。

こうした多様な業務を担当する年金局長を補佐するのが年金局総務課である。このように原局には総合的な企画立案や調整を担当する通称**筆頭課**(総務課・庶務課という名称が多い)と呼ばれるスタッフ組織が置かれており、局内の総括管理機能を担っている。筆頭課はスタッフ組織であるものの局内の各課に対して強い統制力を持っていると考えられている。

省庁の組織図

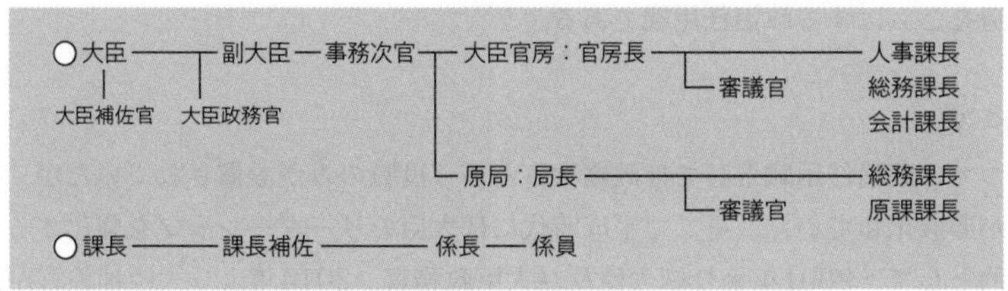

Power UP　国家公務員のキャリアパス

公務員の出世のパターンは行政機関によって異なるが、ここでは平均的なキャリアパスを紹介しよう。幹部候補生として採用された者（旧国家公務員Ⅰ種試験採用のキャリア。現在の国家総合職試験の前身）は入省20年程度（40代前半）で初めての課長職に就き、複数の課長職を経験した後、順調に出世できれば原局の筆頭課長、官房三課長、50歳代で局長へとキャリアを積み上げていく。

局長や事務次官といった最高レベルの役職に就く者は多くの場合筆頭課長や官房三課長などの重要なスタッフ職を経験するなど、多くの官庁ではキャリアパスがある程度構造化されている。

他方で幹部候補生採用ではない者（旧国家公務員Ⅱ種試験採用のノンキャリア。現在の国家一般職試験の前身）の場合には順調に出世できて課長補佐止まりだと言われている。

3.3 行政委員会と審議会　★★★

（1）背　景

これまで見てきたとおり、通常の行政機関は大臣などを長とする独任制の組織である。しかし、政治的中立性や複雑な利害調整が必要な場合には、属する行政機関から一定の独立性を有する合議制組織を置く必要がある。このような組織が行政委員会と審議会である。

（2）設置目的

行政委員会と審議会が設置される目的は組織ごとに様々であるが、総じて以下のような理由で設置されている。❶行政の民主化の実現（行政の外部人材の確保）、❷政治的な中立性や公平性の確保、❸技術的な専門性の確保、❹代表性の確保（各界の利害関係者の参加）である。

（3）行政委員会

① 権　限

行政委員会は、属する行政機関の指揮監督から独立した合議制の機関である。職務の独立性を持ち、所属機関の「所轄」の下にあるとはいえ、その権限行使については指揮監督には服さない。行政委員会の有する権限は組織によって様々であるが、全体として見ると**行政権・準立法権・準司法権を有している**点に特徴がある。

例えば、人事院は行政委員会の一種であるが、国家公務員の人事行政を担当し（行政権）、人事院規則を制定でき（準立法権）、公務員の懲戒処分や不利益処分に対する不服申立てを審査している（準司法権）。

②組　織

以上のような重要な権限を有しているため、**行政委員会の設置改廃は法律**によってのみ行われる。行政委員会には固有の事務局が置かれ、専門の職員が業務を担当する。行政委員会の委員については任期や罷免の理由が法定されるなど**身分保障が厳格**であり、委員は国会の同意で内閣が任命する。

③沿　革

日本の行政委員会は戦後にアメリカの独立規制委員会(行政委員会)をモデルとして設立されている。合議制の行政委員会は官僚制の強いヨーロッパ諸国ではあまり用いられておらず、官僚制の弱いアメリカで発達してきた歴史があり、日本では戦後の占領改革の一環として導入された。

国の行政委員会

名称	設置機関	主な職務	設置年
中央労働委員会	厚生労働省	企業等の労働争議の調整(斡旋・調停・仲裁)	1946
公正取引委員会	内閣府	独占禁止法等の違反事件の審査、違反行為の排除	1947
国家公安委員会	内閣府	警察制度の企画立案や予算、その他警察行政に関する調整などの事務について、警察庁を管理する 委員長が大臣の唯一の機関	1948
公安審査委員会	法務省	暴力主義的破壊活動を行った団体に対する活動制限・解散の指定などの処分	1952
公害等調整委員会	総務省	公害紛争の調整(斡旋・調停・仲裁・裁定など)	1972
運輸安全委員会	国土交通省	鉄道・船舶・航空事故について公平中立な立場から原因究明を行う	2008
原子力規制委員会	環境省	原子力利用における安全の確保、原子力規制行政の一元化を目的として設置	2012
個人情報保護委員会	内閣府	個人情報保護制度の運用状況、マイナンバーの監視	2016
カジノ管理委員会	内閣府	統合型リゾート(IR)の整備に伴うカジノ施設の事業免許の審査、カジノ事業者の監督	2020

(4) 審議会

① 権 限

審議会は、専門性や代表性を確保するために設けられた合議制の**諮問機関**である。審議会は所属機関から諮問を受けて調査審議し、答申を行う組織であり、行政委員会と異なり**原則として決定権を有していない**(決定権を有する審議会もあるが例外である)。つまり、答申には法的拘束力はないのが普通である。

Power UP 私的諮問機関

行政機関が行う意思決定に際して、専門的な立場から各種の調査や審議を行う合議制の機関を「諮問機関」という。諮問機関は法令に基づいて設置される審議会と法令に基づかない私的諮問機関の二つに分類される。私的諮問機関は「研究会」「検討会」「懇談会」などの名称で様々に設置されており、審議会類似の役割を果たしている。

② 組 織

審議会の形態は様々であり、設置改廃は法律または政令によって行われる。一般に固有の事務局を有しておらず、その事務は属する行政機関の職員が兼担するのが普通である。委員の任命要件なども審議会ごとに大きく異なり、名称も「審査会」「委員会」「調査会」など多様であり、審議会であっても委員会という名称であることは稀ではない。

Power UP 審議会の類型

審議会はその役割により、政策提言型(政策・法案等の提言)、不服審査型(行政処分に対する不服審査)、事案処理型(紛争処理の斡旋、調停等)の三つに分類できる。不服審査型、事案処理型の審議会には行政庁として意思決定できるものが存在する。

③ 沿革と課題

諮問機関としての審議会は戦前から存在し、様々な機関に数多く設置されてきた。ただし、審議会の答申は行政機関がすでに決定した方針を確認しているだけで、行政の「**隠れ蓑**(みの)」に過ぎないと批判されることも多かった(行政機関と同じ考えを有する有識者が多く任命され、審議も官僚の「お膳立て」の下で行われることが多いからである)。

1990年代の行政改革では審議会の数も見直しが進められ、2001年の中央省庁再編では数が約半減し、いったんは100以下にまで再編されたが、その後は微増している。⇒**第4章第2節**

行政委員会と審議会の比較

	行政委員会	審議会
設置改廃	法律	法律または政令
権限	行政権・準立法権・準司法権	原則として決定権を有しない諮問機関
組織	合議制	合議制
	❶ 固有の事務局を設置 ❷ 委員の身分保障を厳格に法定 ❸ 委員は両院の同意で内閣が任命	❶ 一般に固有の事務局を有さない ❷ 審議会ごとに様々な任命要件がある
その他の特徴	戦後にアメリカの独立規制委員会をモデルに設立	行政機関がすでに決定した方針を確認するだけで、官僚の「**隠れ蓑**」に過ぎないとの批判
設置数	内閣府及び各省に計9委員会	134(2021年現在)

3.4 行政のグレーゾーン組織 ★★★

(1) 背　景

法律上は行政主体とは位置づけられていないが、行政と密接な関係を持ち、行政事務を補助・代行する組織を**グレーゾーン組織**(真渕勝)という。グレーゾーン組織は、特殊法人のような公的なもの、業界団体のような私的なものまで様々である。

(2) 特殊法人

特殊法人は、実務上は、「法律により直接に設立される法人または特別の法律により特別の設立行為をもって設立すべきものとされる法人(独立行政法人は除く)」を指す。特殊法人は、労働法制、人事制度などの点で私企業と同様であるが、予算や事業計画等の認可権、長の任命権を所管の大臣が有している場合が多い。

特殊法人の数は1980年代から減少傾向にあり、中央省庁再編に合わせて「特殊法人整理合理化計画」が策定され、多くの特殊法人が、事業廃止、統廃合、独立行政法人化、民営化され、数が激減した。2022年現在、NTT、NHK、日本郵政、日本たばこ、日本年金機構、JR北海道、JR四国、NEXCOなどが特殊法人である。

(3) 認可法人

認可法人とは、私人が設立する法人であるが、その業務の公共性ゆえに特別の法律によって設立され、その設立に関して主務大臣の認可が必要とされているものをいう。形式的には私人が設立の申請をするが、実質的には政府主導で設立されたものが少なくなく、「隠れ特殊法人」として設立されたものが稀ではないと指摘される。日本銀行、預金保険機構、日本赤十字社などが認可法人である。

(4) 業界団体

民間の事業者は業界利益の実現のために多くの場合**業界団体**を設置している。その目的や設置方法は様々であり、単に会員同士の親睦を深めるといったものから、行政事務の一端を担う組織もある。例えば、農協(JA)は農家の相互扶助を目的とする業界団体であるが、他方で農林水産業行政の下請け的役割を果たしており、重要なパートナーとなっている。

Power UP　アイスクリームの基準は誰が決めているのか？

本文では業界団体は行政の重要なパートナーであると述べたが、この点をもう少し詳しく説明しよう。

まず、一般消費者の利益を守るためには商品やサービスの選択に必要な情報が正しく提供される必要がある。しかし、食品や飲料など非常に種類が多い商品の食品表示について国がすべてを直接的に規制することは行政機関の限られた資源の中で難しいという現実もある。このような場合には民間事業者に自主的なルールを設定・運用させ、これを公正取引委員会や消費者庁が認定するという公正競争規約というものがある。

例えばアイスクリームの場合、厚生労働省の「乳及び乳製品の成分規格等に関する省令」では「乳固形分を３%以上含むもの」がアイスクリーム類と定義されているだけで、牛乳がたっぷり使われた高価なものも植物油脂が使用された安価なものもアイスクリームと一括にされてしまうという問題がある。そこでアイスクリーム製造企業の業界団体である「日本アイスクリーム協会」はアイスクリームの定義などについてまとめた公正競争規約を制定しており、公正取引委員会に認定されている。この規約では、「乳固形分15%以上、うち乳脂肪分８%以上」がアイスクリーム、乳固形分10%以上、うち乳脂肪分３%以上」をアイスミルクなどと定義している。

例えば「自分へのご褒美」のハーゲンダッツはアイスクリーム、子どもに人気の雪見だいふくはアイスミルクと表記されている。アイスクリームの事実上の基準は国が公認する形で業界団体が決定しているのであり、行政の「下請け」あるいはパートナーとしての役割の好例である。

4 日本の行政システム

本節ではこれまで日本の行政機関がどのような組織編制となっているかを説明してきた。以上を踏まえて以下では、日本の行政機関がどのような特徴を有しているのかを確認する。

4.1 スクラップ・アンド・ビルド ★★★

(1) 定　義

日本の行政機関は行政部局の肥大化を防ぐための自律的なメカニズムを有している。これが**スクラップ・アンド・ビルド**である。具体的には、局・部・課などの新増設(ビルド)を要求する省庁はその前提として、同格の組織・職を同数統廃合(スクラップ)する案を提示しなければならないとするものである。

スクラップ・アンド・ビルド

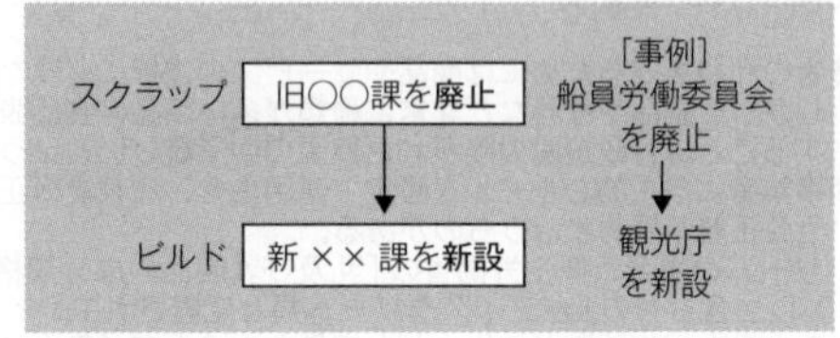

(2) 沿　革

スクラップ・アンド・ビルドの源流は、1968(昭和43)年に行われた1省庁1局削減である。当時の佐藤栄作内閣は行政改革の一環として、各省庁に局を一つずつ減らすことを義務づけたのである。これが後にスクラップ・アンド・ビルドとして定着した。

スクラップ・アンド・ビルドの運用については、かつては総務省行政管理局の機構審査(組織の新増設や廃止の審査)を通じて行われてきたが、現在は2014年に新設された内閣人事局に移管されている。

4.2 大部屋主義 ★★★

(1) 背　景

大部屋主義とは、職場のレイアウトに注目し、日本の行政組織の職務形態の特徴を描き出したものである。行政学者の大森彌（わたる）によって提唱された概念である。

(2) 大部屋主義の特徴

後述するようにアメリカの行政機関は、各職位の職務内容が精細に定められ、それに適した人材を採用する仕組みが採用されており、低位の職員でも個室で業務を行うのが一般的である(個室主義)。

これに対して日本の行政機関は、職員全員が大部屋で机を並べて集団で職務をするのが一般的である。一所にいることで、職場の様子を全員が知ることができ、必要に応じて、相互に支援することができるというメリットがある。つまり、担当者が仮に不在であっても、他の誰かが代わりとなることも可能である。

また、大部屋主義は、個室と比べて組織の適正規模が曖昧になりやすく、員数の点で一定の伸縮性がある。したがって、実務的には不要な職員でも何らかの事情で抱え込むことができるし、逆に人員が削減されても、若干の無理をすれば仕事を再分配して、組織を維持することも可能である。

組織のタイプ	大部屋主義	個室主義
該当国	日本	アメリカ
職務分担	職務は局や課などの基礎単位に分掌。複数の人員を配置し、全員で組織の職務を担わせる。	できるだけ職務の内容を精細に定め、それに適した人材を採用する。つまり、職員単位にまで事務分掌が貫徹している。
職場レイアウト	一所での集団執務	原則として個室での執務
特徴	所掌事務に係員全体が連帯して責任を負い、現場レベルで知識が共有・習得される。	適材適所で専門的技能が最大限活用され、当該技能は洗練されるが、職務の幅は狭くなる。
任用	閉鎖型任用 (職階制になじまない)	開放型任用 (職階制と適合的)

大部屋主義

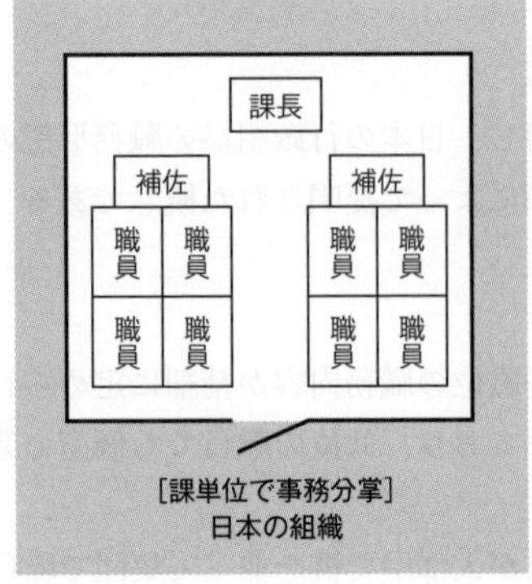

個室主義

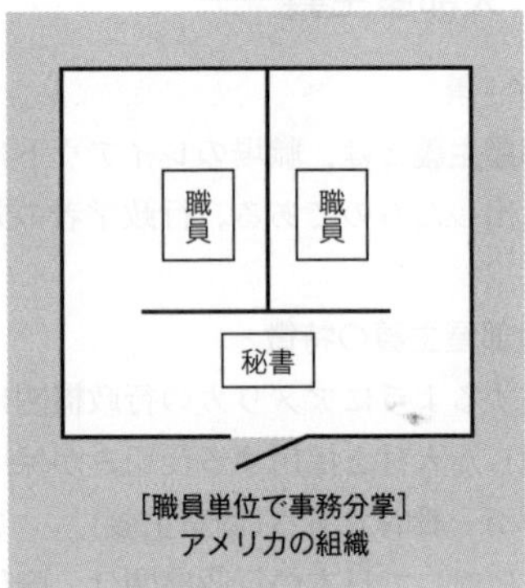

4.3 最大動員 ★★★

(1) 背　景

最大動員とは、大部屋主義の概念をさらに拡大して日本の行政組織全体に適用したもので、日本の行政の実態を総合的に把握しようとする際に有用なモデルである。行政学者の村松岐夫(みちお)によって概念化されたものである。

(2) 定　義

村松によれば、日本の行政組織は、組織の内外にある資源を、その本来の役割や機能を無視してでも、使えるものは何でも使うことで、目的を最大限に達成しようとしている。この様を村松は最大動員のシステムと表現している。

最大動員のシステムが生まれたのは、第一に資源の希少性による。日本の行政は、欧米諸国と比して、人員や資金といった資源が少なく、法的な権限も弱いため、目的達成のために、使える資源は何でも使う必要があった。

また、戦後日本にとっての最大の課題は、欧米へのキャッチアップであった。このため、行政は資源が希少でありながらも、所掌する範囲を狭めることができず、広範な行政範囲をカバーするために最大動員が必要となったと考えられている。

(3) 最大動員の実際

では、最大動員は実際にはどのように行われているのか。まずは**地方自治体の活用**である。国は自ら出先機関を作るよりも、地方に仕事を委任する。そのため国は小規模であり続けることが可能となる。

次に**官民ネットワーク**の活用である。例えば地方レベルでいえば、町内会や防犯協会の存在は行政組織を拡大することなく、行政の「手足」を活用して仕事量を確保することに貢献しているし、国レベルでは、行政のパートナーとして各種業界団体が行政の事務負担を軽くするための業務を行っている。

そして、**ボトムアップ型の意思決定**(⇒**第5章第1節**)である。日本の行政組織では決定権は下方に分権化されている。例えば中央省庁の場合、多くのルーティン的決定は課長補佐レベルで起案され、それが次第に上位者に回って決裁を受けるという仕組みになっている。すなわち組織の中堅は、自分たちこそが政策決定の要であるという自負心ゆえに、あるいはそれが昇進に繋がるがゆえに、膨大な業務量をこなすことを厭わないという状況が生まれる。ボトムアップ型の意思決定は組織の中堅のエネルギーを動員できるのである。

最大動員のイメージ

過去問チェック

(01) 行政委員会は、行政的規制を行う権限をもち、一般行政機構から独立した独任制機関である。特別区Ⅰ類2014 1.1 3.3

×「独任制機関」が誤り。行政委員会は一般に合議制機関である。

(02) 内閣総理大臣が行政各部に対して指揮監督する場合、閣議による決定方針に基づく必要があり、また、内閣総理大臣が各大臣を罷免する場合も閣議による承認を必要とするなど、「合議制の原則」を貫徹することで内閣総理大臣への過度の権力集中や独裁化を未然に防ぐ制度設計となっている。国家一般職2003 1.2

×「各大臣を罷免する場合も閣議による承認を必要」が誤り。内閣総理大臣は各大臣を任意に罷免することができ、閣議による承認を必要としない。

(03) 一般に、内閣は「合議制の原則」「分担管理の原則」「首相指導の原則」という相互に矛盾する可能性のある三原則の均衡関係の下に運営されているが、近年、我が国では首相指導の原則を強化する方向での制度改革が進められている。すなわち、閣議における首相の発議権を明確にしたこと、首相に国務大臣の罷免権を付与したこと、閣議は全会一致ではなく多数決によることを内閣法に明記したことなどである。国家一般職2014 1.2

×「近年…首相に国務大臣の罷免権を付与」が誤り。内閣総理大臣の国務大臣の罷免権は日本国憲法に規定されたものであり、「近年」の制度改革によるものではない。また「閣議は全会一致ではなく多数決によることを内閣法に明記」が誤り。閣議は全会一致である。そして閣議の運営方法は憲法や内閣法などに規定は存在しておらず、全会一致も慣行に委ねられたものである。

(04) 日本国憲法は「行政権は内閣に属する」と定め、全ての行政機関、すなわち立法府と司法府に属しない政府機関を内閣の所管の下に置いている。ただし、その例外的な扱いを受ける機関として国家公安委員会、検察庁、公正取引委員会があり、これらは政治的中立性が強く求められる組織であるとして、特定の政党によって構成され、党派性を帯びることになる内閣には属しないこととされている。国家一般職2012 1.2

×「例外的な扱いを受ける機関として…検察庁」が誤り。検察庁は法務省の下に設けられた「特別の機関」であり、法務大臣の指揮監督を受ける。また「国家公安委員会…内閣には属しない」も誤り。国家公安委員会委員長は国務大臣であり、内閣の一員である。

(05) 内閣総理大臣補佐官は、当初は首相の私的な補佐役としての位置付けであったが、内閣機能の強化を目的として、平成8(1996)年の内閣法の一部改正により法制化され、内閣官房に設置された。定数は平成13(2001)年以降5名以内とされ、経済財政と教育の二分野については、設置が義務付けられている。**国家一般職2007** 2.1

×「経済財政と教育の二分野については、設置が義務付け」が誤り。2022年現在内閣総理大臣補佐官として設置が義務づけられているのは国家安全保障担当のみである。

06 国家公務員の採用については、府省別採用や採用後の人事管理がセクショナリズムの原因となっているとの指摘があった。このため、国家公務員採用試験は、平成28(2016)年度試験より、総合職試験、一般職試験、各種専門職試験に再編された。また、内閣人事局が一括して採用を行い、配属先を決定する仕組みとなった。**国家一般職2020** 2.1

×「内閣人事局が一括して採用を行い、配属先を決定」が誤り。内閣人事局が所管しているのは幹部公務員の人事のみである。新規職員の採用は各府省庁によって行われている。

07 人事院は、中央人事行政機関として広範な準立法権と準司法権を持ち、国会の両院の同意を経て内閣が任命する人事官3名によって組織される。会計検査院とともに内閣に対し独立の地位を有すると憲法に定められており、人事院には国家行政組織法は適用されない。**国家一般職2003** 2.3

×「会計検査院とともに内閣に対し独立の地位」、「憲法に定められており」が誤り。憲法によって内閣から独立の地位が保障されているのは会計検査院のみである。人事院はその独立性は高いものの、内閣の「所轄の下」という位置づけとなっている。

08 憲法との整合性が求められる法律案については、内閣法制局がその内容や形式を審査し、一方で、憲法との整合性が問題とならない法律案については、内閣法制局ではなく、各府省の文書審査の担当課が審査し、迅速に閣議決定と国会への法案提出が行われる仕組みとなっている。**国家一般職2018** 2.4

×「憲法との整合性が問題とならない法律案については…各府省の文書審査の担当課が審査」が誤り。そもそも憲法との整合性が問題となるかどうかを判断しなければならず、内閣法制局の審査は必須である。閣議に付される法案はすべて内閣法制局が審査している。この審査は非常に厳密に行われるためそれなりの時間を要するものであり、「迅速に閣議決定と国会への法案提出が行われる」という点も誤りである。

09 昭和59年(1984年)の国家行政組織法の改正によって、それまで法律事項であった行政組織の編制は、すべて政令事項へと改められた。これにより、省庁の統合や新設にも国会の承認が不要となったため、弾力的に省庁の再編を行うことができるようになった。**国家一般職2005** 3.1

×「行政組織の編制は、すべて政令事項」が誤り。政令事項となっているのは官房、局、部、課などの内部部局である。すなわち府省庁や行政委員会などの設置改廃は法律事項であり、「省庁の統合や新設にも国会の承認が不要」という点も誤りとなる。

10 平成13年(2001年)の中央省庁再編以降、政治主導の確立という観点から、国の行政機関において政治任用の対象となる特別職が事務次官、官房長、局長などにも拡大された。これにより、事務次官等の幹部職員に与党議員や民間人が登用される例が増えている。**国家一般職2005** 3.2

×「特別職が事務次官、官房長、局長などにも拡大」、「事務次官等の幹部職員に与党議員や民間人が登用される例が増えている」が誤り。事務次官、官房長などは一般職であり、政治任用の対象ではない。2001年の中央省庁再編に際して政治任用職として設置されたのは副大臣や大臣政務官である。したがって、事務次官等に与党議員や民間人が登用されている事例はほとんどない。

11 古典的組織論のライン・スタッフ理論におけるスタッフは、軍隊における参謀にならい、管理者を補佐してこれに対する助言・勧告を行うものの、命令を発し、決裁するなどの統制権は持つべきでないとされる。我が国の各府省における大臣官房の組織は、大臣に対して助言と勧告を行うことを任務とし、他の部局に対する各種の統制権を行使していないので、古典的組織論におけるスタッフの典型例といえる。**国家一般職2012** 3.2

×「大臣官房の組織は…各種の統制権を行使していない」が誤り。文書課・人事課・会計課などの組織はスタッフではあるが他の部局に対する各種の統制権を事実上行使している。したがって統制権を有しないとされる古典的組織論における「スタッフの典型例」とはいえないのである。

12 審議会は、行政機関が識者や諸団体の意見を聞くための私的諮問機関であり、法律に基づき設置されることが一切ない。**特別区Ⅰ類2002** 3.3

×「私的諮問機関」が誤り。私的諮問機関とは外部の有識者などを招いて意見交換などを行う場所で様々に設置されているが法令に基づいて設置される審議会とは区別される。また「法律に基づき設置されることが一切ない」が誤り。審議会の中には法律により設置されるものもある。

13 行政委員会は、フランス、ドイツなど高度に行政官僚制が発達した国でしばしば見られる合議制機関であり、我が国でも、公正取引委員会や公害等調整委員会など広範に設置されているが、三権分立を厳格に維持する必要から、準立法、準司法的権限は与えられていない。**国家一般職2007** 3.3

× 「フランス、ドイツなど高度に行政官僚制が発達した国」が誤り。行政委員会は官僚制が脆弱であったアメリカで発達したもので、行政官僚制が強い国ではもともと発達してこなかった。また「準立法、準司法的権限は与えられていない」が誤り。日本の行政委員会は一般に準立法権や準司法権が与えられている。

14 予算において既往の施策の拡充・転換又は施策の新設を要求する場合にあっては、これらの施策を所管する行政機関の組織の統廃合・新増設とこれらの行政機関の組織の定員増を必要とすることが多いため、予算査定とともに、組織変更と定員改定の要否の査定についても、財務省主計局によって行われることになる。**国家一般職2009** 4.1

× 「組織変更と定員改定の要否の査定についても…財務省主計局」が誤り。組織変更と定員改定の要否(機構と定員の管理)は2009年当時は総務省行政管理局が担当しており、現在は内閣人事局が担当している。

15 国の行政組織においては、課や係の単位ではなく個々の職員単位に所掌事務が定められ、個々人の責任範囲が明確であるのに対して、地方自治体の行政組織では、課や係の単位に所掌事務が定められ、課員、係員が連帯して責任を負う体制になっているところが多い。**国家一般職2005** 4.2

× 「国の行政組織においては…個々の職員単位に所掌事務」、「地方自治体の行政組織では…課や係の単位に所掌事務」が誤り。国も地方も日本の行政組織は課や係の単位に所掌事務が定められた「大部屋主義」を特徴としている。個々の職員単位で所掌事務を定めるのはアメリカの特徴である。

16 大森彌は、日本の行政組織の特徴として、それぞれの組織の職務分掌が明確であり、それゆえに個人の役割も明確になっていることや、外形的に個々人が独立して、区切られた空間で執務する形態などを指摘し、これを「大部屋主義」と呼んだ。**国家一般職2020** 4.2

× 本肢はアメリカの「個室主義」の説明であれば妥当である。大部屋主義とは個人の役割が曖昧であり、職員が集団で大部屋での職務を行っている日本の状況を指す概念である。

2 公務員制度

本節では公務員の採用・管理の仕組みについて学習していきます。日本とアメリカは公務員の採用の仕組みに大きな違いがあります。まず、戦前の日本ではどのような仕組みであったのか、戦後はどのように変化したのかといった歴史的変化が重要です。また、公務員にはどのような種類があり、その待遇はどのように規定されているのか。そしてこれらは諸外国と比較した場合にどのような特徴があるのかという点も解説していきます。

キーワード

開放型任用と閉鎖型任用／職階制／スペシャリストとジェネラリスト／官吏と非官吏／天皇の官吏／フーバー人事行政顧問団／総定員法と定員削減計画／特別職と一般職／人事院の給与勧告／キャリアとノンキャリア／天下り／アファーマティブ・アクション

1 開放型任用と閉鎖型任用

現代国家においては、公務員への任用や昇進を本人の能力の実証に基づいて決定する資格任用制(メリット・システム)が採用されている。しかし、何をもって「能力」とするかは一様ではなく、同じ資格任用制をとる国でも、その構成原理は異なっている。

1.1 開放型任用 ★★★

アメリカでは、組織は職務・職責の体系と考えられており、**職階制**と呼ばれる組織の業務を職務や職責に基づいて分類した体系が確立されている。組織におけるそれぞれの職位に欠員が生じると、その職位を遂行するのに必要な資格や能力を有する人材(**スペシャリスト**)を欠員補充という形式で任用する仕組みである。

官民においてはそれぞれ類似の業務が存在することを前提としているため、官民間の転職が広く行われており、中途採用が当たり前となっている。このように、官職内外に広く開かれているため**開放型任用**(open career system)と呼ばれている。

職階制

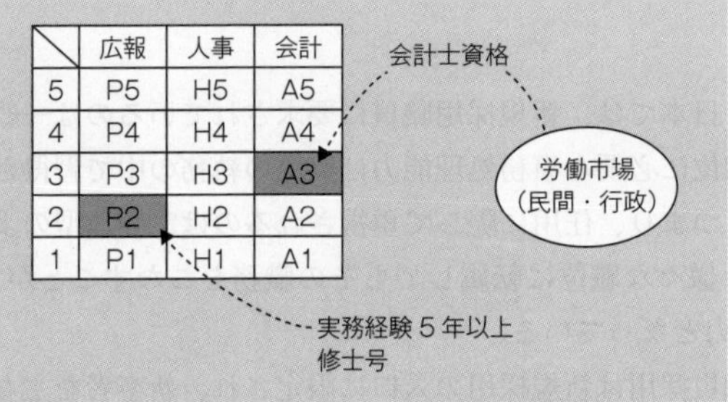

広報
人事
会計
5
P5
H5
A5
4
P4
H4
A4
3
P3
H3
A3
2
P2
H2
A2
1
P1
H1
A1
会計士資格
労働市場
(民間・行政)
実務経験５年以上
修士号

Power UP　アメリカの公務員向けの転職サイト

本文で述べたようにアメリカの公務員は開放型であるため、常に空位のポストについて公募が行われている。アメリカ連邦政府が公式に運営する転職サイト（https://www.usajobs.gov/）もあり、年俸、勤務地、職務などの条件で自分の要求に合う仕事が検索できるようになっている。

例えばFBIで検索すると「法執行機関、軍務経験」の要件を満たす特別捜査官などを募集していたり、サイバー犯罪と検索すると、各省庁でサイバーセキュリティの知識がある者を多く募集していることがわかったりするのである。なおCIAはこんなところでは募集はしないのが特徴でもある。

1.2 閉鎖型任用 ★★★

（1）概　要

これに対して日本では、新規採用職員に要求されているのは一般的な潜在能力であり、個々の職位に必要な事務処理能力は実際の執務の中で習得されるべきだと考えられている。つまり、任用に際して重視されるのは、開放型のような専門能力や経験ではなく、様々な職位に転属してもその職務をこなすことができる**ジェネラリスト**としての能力となっている。

このため、職員採用は新規採用の入口に限定され、新卒者を主な対象とした試験が実施される。職員の昇任に関しても、採用後の経験年数（年功）と勤務成績の評定が重視される。また、雇用形態も**終身雇用制**を基本とし、実務上の能力は、組織内における職業訓練（**OJT**：オンザジョブトレーニング）を通じて形成され、人事異動を繰り返しながら、キャリアを形成していくものとされている。このように基本的に官民間の労働力移動が想定されていないため、**閉鎖型任用**（closed career system）と呼ばれる。

	開放型	閉鎖型
必要な人材	スペシャリスト	ジェネラリスト
採用	中途採用が例外でない	新卒採用・終身雇用が基本
官民移動	日常的	例外
事例	アメリカ	日本

（2）近年の変化

以上のように、日本は閉鎖型任用を基本としてきたが、近年では変化も見られる。1990年代以降労働市場の流動化に伴い、日本の公務員任用でも中途採用、任期付き採用が拡充されている。特に、地方自治体では経験者採用試験が重要な人材獲得手段となっており、開放型任用の導入が一部進んでいる。しかし、外部からの大量の新規採用は想定されていないため、全体としては依然として閉鎖型任用が継続していると考えられている。

2 戦前日本の官吏制

2.1 官吏の地位 ★★★

（1）概　要

戦前日本において官公庁に勤める職員は、官吏と非官吏とに大別される。官吏とは天皇によって任命される職員（**天皇の官吏**）であり、非官吏は天皇の任命権には属さない民法上の雇用関係として区別されていた。

（2）官吏の任用

下の図に見られるように、官吏はすべて天皇からの距離に応じて分類されており、戦前の行政職員は、一種の身分制（階級制）が形成されていた。

戦前日本の官吏

<table>
<tr><td></td><td></td><td></td><td></td><td>文官</td></tr>
<tr><td rowspan="6">官公庁の職員</td><td rowspan="4">官吏</td><td rowspan="3">高等官</td><td>親任官</td><td>大臣・大使等</td></tr>
<tr><td>勅任官</td><td>次官・局長・知事等</td></tr>
<tr><td>奏任官</td><td>課長以下の管理職や幹部候補生</td></tr>
<tr><td colspan="2">判任官</td><td>一般職員</td></tr>
<tr><td colspan="2" rowspan="2">非官吏</td><td>雇員</td><td>補助的業務</td></tr>
<tr><td>傭人</td><td>肉体労働</td></tr>
</table>

2.2 任用制度の変化

★★★

(1) 明治初期

明治維新直後から政府は能力のある人材の確保に努めた。しかし、当初は試験登用制度もなく、実際には維新の原動力であった薩長等の藩閥勢力による**情実任用**が行われていた。

(2) 文官試験試補及見習規則

そこで、能力のある人材を登用するため、1887(明治20)年**文官試験試補及見習規則**を制定して、近代国家としての初めての試験任用制度が一応確立した。しかし、帝国大学出身者には事実上の無試験登用の特典が与えられるなど不平等な制度であり、多くの批判が集まった。

(3) 文官任用令及び文官試験規則

そこで、政府は1893(明治26)年に文官任用令及び文官試験規則を制定し、帝国大学出身者に対する無試験登用の特典を廃止するなどの改革を行った。この結果、大卒者を対象とした奏任官任用のための「文官任用高等試験」(いわゆる高文)が実施され、その後旧制中学卒業者を対象とした判任官任用のための「普通文官試験」も制度化することで、明治時代には**資格任用制**が定着することとなった。

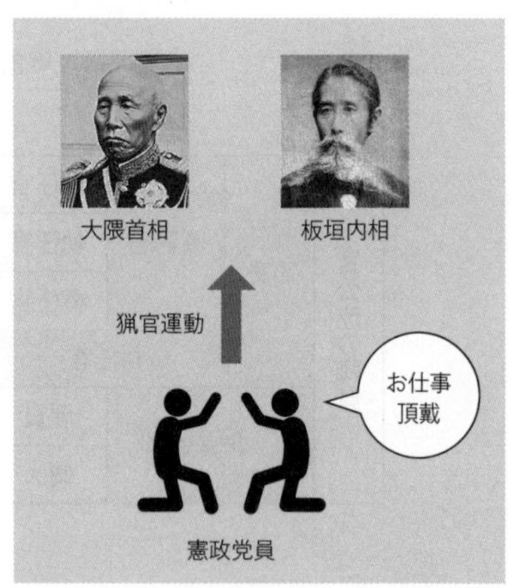

(4) 大隈内閣による情実任用

しかし、以上のような資格任用制は中堅以下の試験登用を規定するのみで、次官や局長といった高級幹部の任用については適用されていなかった。

このため、1898(明治31)年に誕生した我が国最初の政党内閣である**大隈重信**内閣(憲政党を与党とするいわゆる「隈板内閣」)は、次官や局長などの勅任官に多数の政党員を任用したのである。

(5) 山県内閣による文官任用令の改正

「官僚は不偏不党
であるべき」
(建前はね)

山県有朋

これに対して次の**山県有朋**(やまがたありとも)内閣は、こうした政党員の猟官運動を抑えるために、1899(明治32)年に文官任用令を改正し、原則として勅任官の任用を一定の有資格者に限定した(奏任官の資格のない者は直ちに勅任官に任用できない制度)。この結果、次官以下行政機関の職員は原則試験登用を経た職員によって構成される制度となり、**閉鎖型任用制**が確立したのである。

Power UP　帝国大学と戦前の官吏制

文官試験試補及見習規則(1887)の前年、1886(明治19)年には帝国大学が設立されている。当初は無試験登用の特典があったように、帝国大学は官吏の主な供給源として設置されたのである。

このように、官吏養成機関をまず設置し、その後で試験採用制度を整備する方式は18世紀のプロシアと同じスタイルであり、日本の官吏制度はドイツ(プロシア)をモデルとしていた。ドイツの公務員試験は伝統的に法律中心の試験であり、日本の公務員試験もこの影響を受けている。

戦前官吏制度の歴史

明治初期	主要行政部・陸軍・海軍は薩摩・長州中心であり、藩閥的な情実人事
1887	**文官試験試補及見習規則**:近代国家として初めて資格任用制を導入 [問題点]帝国大学出身者は無試験任用
1893	**文官任用令**:無試験任用の特例を撤廃し、高等文官試験を実施 [問題点]勅任官に関する規定なし
1899	**文官任用令改正** [背景]**大隈内閣**は、勅任官に政党員を多く採用、官僚の不評を買った [改革]**山県内閣**は、勅任官への登用を奏任官のみに限定(**閉鎖型の確立**)

3 戦後日本の公務員制

3.1 国家公務員法の制定 ★★★

(1) 背　景

第二次世界大戦の敗北によって、日本は統治制度の大きな見直しを迫られた。明治憲法下では「**天皇の官吏**」として特権的な地位を占めた官吏も、日本国憲法で国民主権が規定されたことに伴い、公務員の任免は「国民固有の権利」であり、公務員は「**全体の奉仕者**」であるとされ、その地位は大きく変化した(憲法15条)。

そこで、公務員一般を規定した共通法が必要となり、人事行政を一元的に管理する行政機関も必要とされるようになったことから国家公務員法が制定されたのである。

(2) フーバー人事行政顧問団

吉田茂内閣に要請されたGHQは、1946(昭和21)年に人事管理の専門家である**B.フーバー**(1893～1950)を団長とする「対日合衆国人事行政顧問団」(通称**フーバー人事行政顧問団**)を招聘し、日本の公務員の人事行政の法制度や実態を調査させた。

顧問団は、職階制の導入、強力な権限を持つ中央人事行政機関の設置、公務員の政治的行為の制限や争議行為の禁止などを柱とする法律案の要綱を作成し、これを当時の社会党政権である**片山哲**(かたやまてつ)内閣に対して提出して、国家公務員法の制定を勧告した。

(3) 片山哲内閣による最初の国家公務員法

しかし、片山内閣は、フーバーが一時帰国している間に、フーバー案に大きな修正を加えた法律案を作成して国会に提出して成立させてしまい、1947(昭和22)年に最初の国家公務員法が誕生したのである。

最初の国家公務員法は、中央人事行政機関の権限を弱め、争議権を認めるなど公務員の労働基本権を原則保障し、各省の事務次官を政治任用の対象となる特別職として規定するなど現在の国家公務員法とはその内容が大きく異なるものであった。

(4) 吉田茂内閣による国家公務員法改正

以上のように最初の国家公務員法では公務員の争議権も認められていたことから、公務員の労働組合(官公労組)は活発に活動し、全国ストライキなども企画していた。活発な労働運動を抑え込む必要に迫られたGHQのD.マッカーサー最高司令官と再来日したフーバーはGHQの公務員担当課長に就任し、国家公務員法の改正を企画した。フーバーの作成した改正案が当時の**吉田茂**(よしだしげる)内閣によって国会に提出され、1948年に成立した。

具体的には、独立性の強い中央人事行政機関である**人事院**が設置され、各省事務官は政治任用の対象外である一般職へと変更され、公務員は争議権を一切認められないなど**労働基本権を大幅に制限**したのである。

1946	[概要]フーバー人事行政顧問団が来日 各省の人事権も掌握した強力な人事行政機関の設置、職階制の導入等を含む法案を提示
1947	[概要]片山哲内閣の下で国家公務員法が制定 ❶人事委員会の設立(独立性の弱い中央人事行政機関) ❷公務員の労働基本権保障(ストライキ禁止規定を見送り) ❸事務次官を政治任用の対象に
1948	[概要]吉田茂内閣が国家公務員法を改正 ❶人事院の設立:独立性・権能の強い中央人事行政機関 ❷労働基本権の大幅制限(労働三法などの適用除外) ❸事務次官を政治任用の対象外に

(5) 職階制の導入と挫折

また、人事行政の専門家であったフーバーが法案を作成したことから、アメリカの科学的人事行政の仕組みが導入され、国家公務員法には**職階制**の規定が設けられた。さらに職階制を実施するために「**職階法**」(国家公務員の職階制に関する法律)も制定された。

しかし、職階制は日本の**大部屋主義**(集団執務体制)とは相性が悪く、その導入が試みられたものの、結局は本格的に実施されることはなかった。

その後、国家公務員法における**職階制**の規定は運用されることなく残り続けてきたが、2007年の国家公務員法改正により**職階制の規定は削除**されるとともに、**職階法も廃止**されるに至っている(2009年の施行により廃止)。

3.2 公務員の定員管理 ★★★

(1) 背 景

もともと国の行政機関の定員は省庁ごとに決定されていた。しかし、現在では1969(昭和44)年に制定された**総定員法**(行政機関の職員の定員に関する法律)に基づき、国家公務員総数の**最高限度だけが規定**されるようになっている。

(2) 総定員法

具体的に総定員法の中身を見てみよう。2022年現在、「国の行政機関」の最高限度は「33万1,984人」と規定されている。この上限には自衛官などは含められておらず、非現業職員を中心とする各府省庁の常勤職員の定員の上限を定めたものとなっている。そして、この上限の中で各府省庁の定員は政令で定められている。

(3) 定員削減計画

そして、総定員法の制定と同時に、各府省庁に一定の定員削減を課す「**定員削減計画**」も開始されている。同計画は、5年を目安として各府省に定員削減の目標を示したものである。例えば2019～2024年の最新の定員削減計画では、総務省は503名、経済産業省は837名の定員合理化目標が示されている。

公務員の最高限度に変更がないのであれば、このような各府省庁の定員の微減分を国はプールしておくことができ、それを新規組織の定員に充てることができる。つまり、総定員法と定員削減計画を組み合わせることで、公務員定数の純増を抑制しつつ、新規組織の定員を確保することが可能となっているのである。

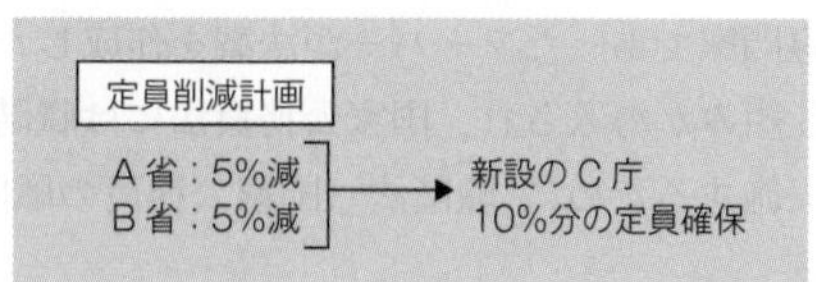

(4) 公務員の定数の推移

以上のような定員抑制の仕組みがあることから、日本の国家公務員の数は厳しく抑制されてきた。下のグラフにも見られるように、総定員法と定員削減計画の導入以来、定員数は長らく横ばいであることがわかるだろう。したがって、**日本の公務員数は国際比較で見た場合には非常に少ない**という特徴がある。

例えば公的部門の職員数(国家公務員、地方公務員、独立行政法人などを含めた数)は、人口1,000人あたりで見た場合、日本が36.9人に対し、アメリカは64.1人、フランスは90.1人となっている(2018年時点)。

国の行政機関の定員の推移

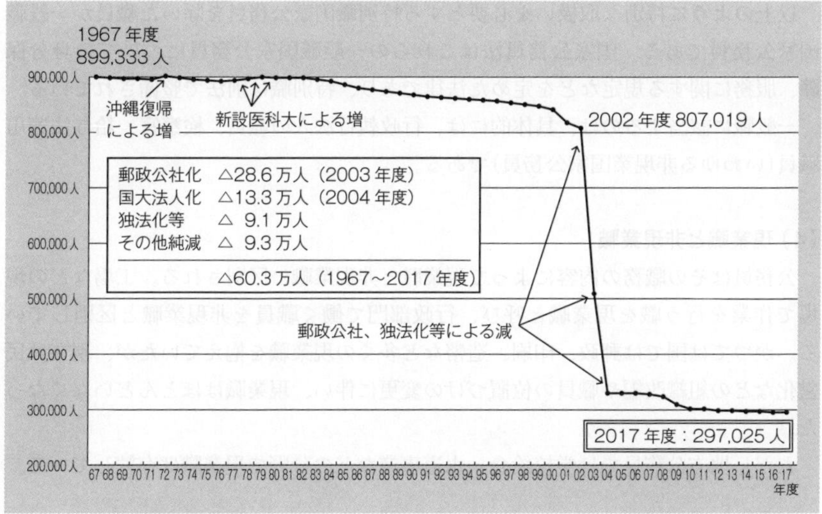

3.3 公務員の種類 ★★★

（1）国家公務員と地方公務員

公務員は国の公務に従事する国家公務員と地方の公務に従事する地方公務員に大別される。国家公務員が約59万人なのに対して、地方自治体は警察、消防、学校、福祉など職員を多く必要とする現場を有しているため、地方公務員の数は約274万人にのぼる。

国も地方も公務員はさらに特別職と一般職とに分類されるが、以下では国家公務員のみを説明する。

（2）特別職

特別職国家公務員は、国家公務員法２条に列挙されており、大まかに分類すれば、政務を担当するもの(内閣総理大臣、国務大臣等)、人事制度の設計を立法府や司法府に委ねるもの(裁判官及び裁判所職員、国会職員等)、職務の性質上、別個の身分取扱の基準によるもの(防衛省職員)などに分けられる。

（3）一般職

以上のように特別な取扱いを必要とする特別職国家公務員を除いた職員が一般職国家公務員である。国家公務員法はこれらの一般職国家公務員についての身分保障、服務に関する規定などを定めた法律であり、特別職は別法で整備されている。

一般職に該当するのは、具体的には、行政執行法人の職員、検察官、給与法適用職員(いわゆる非現業国家公務員)である。

（4）現業職と非現業職

公務員はその職務の内容によって現業職と非現業職に区別される。工場などの現場で作業を行う職を現業職と呼び、行政部門で働く職員を非現業職と区別している。かつては国では郵政、印刷、造幣など多くの現業職を抱えていたが、現在は民営化などの組織改編や職員の位置づけの変更に伴い、現業職はほとんどいなくなった。

ただし地方公務員では学校給食、水道事業などの分野で現業職は存続している。

公務員の種類と数

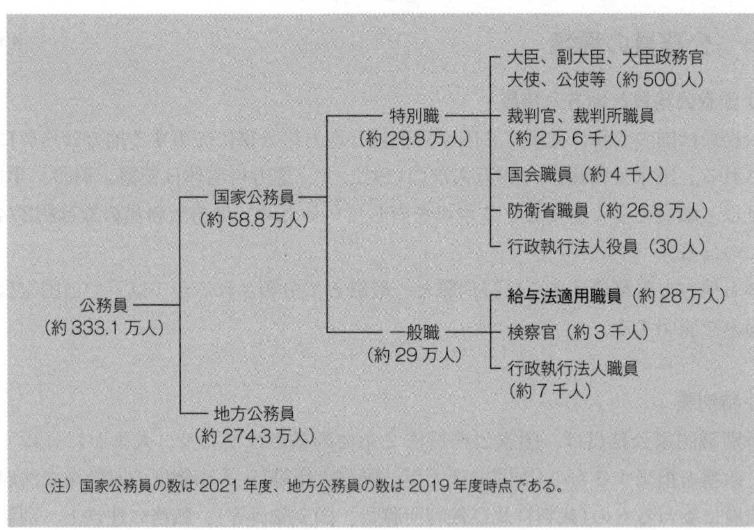

（注）国家公務員の数は 2021 年度、地方公務員の数は 2019 年度時点である。

3.4 公務員の労働基本権と人事院の給与勧告 ★★★

(1) 公務員の労働基本権

公務員には原則として労働三法等は適用されておらず、下の表に見られるように、その**労働基本権は大きく制約**されている。このための代償措置として、人事院の給与勧告制度が存在している。

公務員の労働基本権

	職員の区分	団結権	団体交渉権	争議権
公務員	非現業職員	○	△	×
公務員	警察職員・消防職員・監獄職員など	×	×	×
公務員	現業職・公営企業職員など	○	○	×
民間企業		○	○	○

(注)△は、交渉は可能だが、団体協約は締結できないという意味

Power UP　諸外国の公務員の労働基本権

公務員に争議権を認めないというのは日本では長らく定着してきた規制であるが、公務員も労働者である以上、広く公務員の労働基本権を保障しようとするのが先進国では基本である。

欧州では警察官や消防士も労働組合を結成するのは普通である。警察官や消防士には認められていないが、その他の公務員がストライキを実施するというのは欧米ではしばしば見られる風景である。

(2) 人事院の給与勧告

① 概　要

人事院は、国家公務員の給与等勤務条件の決定について、法定すべき基本的事項を国会及び内閣に対して勧告する役割を担っている。人事院の給与勧告は以下のような手順で行われている。

② 給与勧告の仕組み

まず、国家公務員の給与水準は民間企業の給与水準と均衡することが目指されている(民間準拠)。そこで人事院は毎年、国家公務員と民間企業の給与等についての実態調査を通じて官民の給与比較を行っている。

この官民比較に基づき、人事院は公務員の給与が適切であるかどうかについて毎年少なくとも1回、国会及び内閣に報告することが義務づけられており、給与等の改定が必要だと判断されると、俸給表や手当の改定内容を示した給与勧告を国会及

び内閣に対して行う。

③ 給与勧告の対象

ただし、人事院の給与勧告の対象となるのは、**すべての国家公務員ではなく一般職の給与法適用職員のみ**(いわゆる非現業職員に限定)である。給与法適用職員とは一般行政職員、外交官、税務署職員など給与法(一般職の職員の給与に関する法律)の適用を受ける職員をいう。要するに特別職や行政執行法人の職員は対象とはなっていないということである。

④ 給与勧告の取扱い

また、人事院の給与勧告はあくまで勧告であるから、その最終的な取扱いは内閣の判断に委ねられている。ほとんどの場合内閣は給与勧告の内容に従って、給与法等の改正案を国会に提出しているが、政治・社会情勢などを考慮して**内閣が人事院給与勧告を凍結する場合もある**。

給与勧告の仕組み

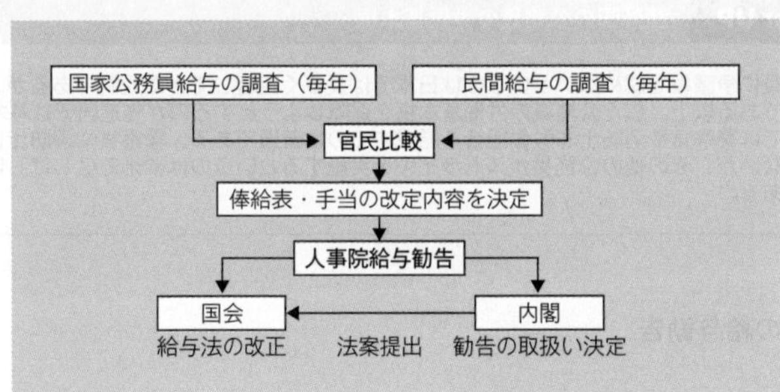

3.5 公務員の採用・昇進・再就職 ★★★

(1) 採 用

先述のように日本は閉鎖型任用であり、国も地方も新卒一括採用を原則としている。国家公務員は府省別での採用であり、採用時点で幹部候補生(キャリア)とその他(ノンキャリア)という区別を行う「**入口選抜方式**」が存在しているのに対して、地方公務員はこうした入口での区別はなく、一括採用・昇進の一括管理を行っている。

(2) 試験と昇進

かつての国家公務員Ⅰ種試験の合格者がキャリア、国家Ⅱ種試験などその他の試験がノンキャリアと一般的に区別されてきた。キャリアは、幹部候補生として短期間でポストを移動しながら昇進を重ね、最終的には局長や事務次官という高位のポストに昇任する。他方でノンキャリアは課長未満のポストで定年を迎えるのが一般的で、入省後の昇進はキャリアとノンキャリアで大きな区別が存在してきた。

このような人事は制度化されたものでなく単なる慣行に過ぎないものであったが、日本では長年行われてきた。しかし、入口によって決まる固定的な人事慣行はノンキャリアのモチベーションを削いでおり、より能力本位の人事に改めるべきとの判断から、キャリアとノンキャリアの区別を廃止する目的で、2007年に国家公務員法が改正され、試験制度は国家公務員総合職試験及び一般職試験などに再編された。

しかし、現在の総合職試験は「政策の企画及び立案又は調査及び研究に関する事務をその職務とする係員の採用試験」、一般職試験は「定型的な事務をその職務とする係員の採用試験」と位置づけられており、これまでのところキャリアとノンキャリアの区別の実態に大きな変化はあまり見られていないのが現状である。

ただし、2007年に改正された国家公務員法では「**職員の採用試験の種類や年次にとらわれず、人事評価に基づいて人事を適切に行う**」という基本原則が示されており、ノンキャリアの高位の役職への昇進が否定されているわけではもちろんない。近年はノンキャリア出身で本省の局長に昇進する者も登場している。

(3) 公務員の再就職

かつてのキャリア官僚は課長級など一定の役職までの昇進がある程度保障されてきた。ただし、それより高位の役職については数に限りがあるため、全員が昇進することはできない。そこで出世できなかった者は自主的に退職するという慣行があり、所属機関が特殊法人や関連団体などに再就職を斡旋することが行われてきた。このように早期退職と再就職の斡旋が組織的に行われていることは**「天下り」**と呼ばれる。「天下り」は官民癒着の温床になっているなど長年批判の対象となっており、様々に規制が強化されてきた。

まず、公務員の再就職一般が禁止されているわけではない点に注意したい。公務員としての経験を他の場所で活かすことは人材活用という点ではむしろ好ましい。現行の国家公務員法では、在職中に管理職であった者が利害関係のあった企業等へ再就職することを規制し、行政機関の職員や職員OBが**再就職の斡旋を行うことを禁止**している。

これらの国家公務員の再就職の情報を内閣が一元的に管理するため、内閣府には再就職等監視委員会という監視機関が設置されており、また国家公務員の再就職を支援するために内閣府には官民人材交流センターが設置されている。要するに再就職の支援を各行政機関に委ねずに、内閣総理大臣の直接の責任の下に行うというのが現在の仕組みである。

4 各国の公務員制度

4.1 アファーマティブ・アクション ★★★

(1) 背　景

近代的な公務員制度は資格任用制が基本であり、公務員試験の受験生を平等に取り扱い、能力によってのみ優劣をつけることを原則としている。

ただし、このような仕組みだけでは本当の平等を実現することはできず、試験の合格者(採用者)の性別や人種などの社会的構成は一般国民の社会的構成を反映(代表)することが必要だという考えも有力である。これを代表的官僚制という。

(2) 代表的官僚制

代表的官僚制(representative bureaucracy)は、もともとはイギリスの**J.D.キングスレー**(1908～1972)が提案した概念である。キングスレーはイギリスの公務員の出自を調査し、労働者階級出身者が非常に少なく、上・中流階級に偏向していることを明らかにした。そこで、『代表的官僚制』(1944)において、人口比としては多数派である労働者階級の利害を公務員制度に反映させるために、公務員における労働者階級出身者の割合を増大すべきだと主張したのである。

(3) アファーマティブ・アクション

以上のように代表的官僚制の概念はもともと階級構成を念頭においたものであったが、今日では人種や性別という観点からのその意義が高まっており、**アファーマティブ・アクション(ポジティブ・アクション：積極的差別是正措置)**という名称で広く定着している。

アファーマティブ・アクションの代表的な制度が**クオータ制**(割当制)であり、**性別や人種などを基準として一定の人数や比率での採用や登用を義務づけるもの**である。

(4) 日本のアファーマティブ・アクション

諸外国ではアファーマティブ・アクションの手段としてクオータ制を導入している例が多く見られる。例えば、フランスでは憲法のパリテ(男女同数)条項に基づき、政治分野では政党に対して選挙の候補者を男女同数とすること、行政分野では管理職の40%を女性とすることなどが義務づけられている。

現在の日本ではこのような強力なクオータ制という手段は導入されておらず、より緩やかな手段であるゴール・アンド・タイムテーブル方式(目標と達成までの期間の目安を提示する方式)が主に採用されている。

政治分野では「**政治分野における男女共同参画の推進に関する法律**」(2018年制定)において、国政選挙及び地方選挙において「男女の候補者の数ができる限り均等」となることを目標として掲げている。

行政分野では、第5次**男女共同参画基本計画**(2020年策定)において、国の審議会等の女性委員の比率を40%以上、国家公務員採用試験及び国家公務員総合職試験からの採用者に占める女性割合として毎年度35%以上という目標が掲げられている。

4.2 主要国の公務員制度と政官関係 ★★★

(1) 資格任用と政治任用

日本を含めた主要先進国の行政機関は主に資格任用で採用された職員によって構成されている。ただし、組織の中核となる幹部や管理職を内外から自由に任命する場合もある。このように任命に際して一定の資格要件が設けられている**資格任用**に対して、任命権者が内外から自由に任命できるのが**自由任用**であり、自由任用の中でも被任用者が任命権者と進退をともにするものを特に**政治任用**という。

(2) アメリカ

すでに学習したようにアメリカでは、ペンドルトン法制定以降も政治任用が活発に行われている(⇒**第2章**)。アメリカでは各省の長官は当然として、副長官、次官、次官補といった主要幹部の約3,000人が政権交代に伴い入れ替わる。そしてこれらの職に就く者は主に外部の民間人材である。

こうした幹部層は行政機関での経験を買われて民間企業に就職し、再び行政機関に戻ってくるというキャリアを形成することが多いため、「回転ドア」ともいわれる。

(3) イギリス

イギリスの公務員は、政権交代を前提として、政治に中立な立場から時の政権を支える存在として位置づけられている。したがって公務員は基本的には与党に忠実であり、アメリカのように政権交代に伴う大規模な人事の入替えを行う必要がない。

そして公務員の自律性を確保するために政治家と官僚制の関係を厳格に規律しており、大臣や副大臣といった行政機関の幹部以外は与党政治家といえども公務員に直接接触することが禁止されている。この点は政治家と官僚の接触が日常的である日本と大きな対照をなしている。

(4) フランスとドイツ

フランスとドイツは政治家と官僚の関係が近いことに特徴がある。すなわち、行政機関の幹部は職業公務員の中からその能力や党派性(支持政党)に基づいて登用されることが多い。特にフランスではこの傾向が顕著であり、国立行政学院(ENA)などの高級官僚養成機関を卒業した者が早い段階から政治任用され、要職を経験し、政治家へと転身していく事例が多く見られる。

またドイツでは官僚がその職務においては政治的に中立であることが求められるものの、官僚の政治参加には極めて寛容であり、公務員と議員の兼職が様々な形で認められており、勤務遂行中以外での政治的発言も許容されている。

Power UP　フランスの政官関係

フランスでは様々な高等教育機関が設置されており、特に官僚育成など職業訓練を主とする機関をグランゼコール(高等専門大学校)という。フランスの行政機関の幹部はそのほとんどがグランゼコール出身であり、行政系の国立行政学院(ENA)、理工系の理工科大学校(エコール・ポリテクニック)が著名である。

特にENA出身者は公務員から政治家へと転身し、首相や大統領などに出世する者も多く、フランスはENAによって支配されている(エナルシー)といわれるほどである。それゆえエリート支配の象徴として批判の対象になりやすく、2022年現在ENAは廃止される予定となっている。

米・英・仏・独の政官関係のイメージ

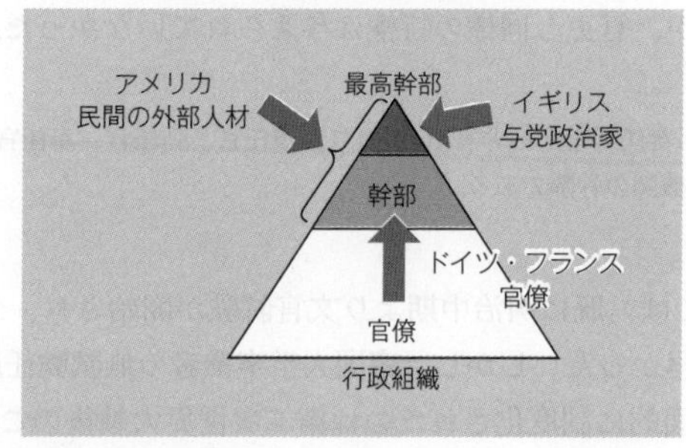

過去問チェック

01 日本では、採用時に公開競争試験で潜在的能力を判断し、内部研修によりスペシャリストとする、終身雇用を保障した開放型任用制が採用されてきた。特別区Ⅰ類2008 1.2

×「内部研修によりスペシャリスト」、「開放型任用制」が誤り。日本の行政組織ではジェネラリストとしていかなる職位に配属を命じられても適応することが期待されており、終身雇用の下で中途採用が例外である閉鎖型任用制である。

02 戦前において、行政職員は官吏、雇員、傭人という身分的な区別があり、いずれの任用権も天皇の大権に属していた。特別区Ⅰ類2004 2.1

×「いずれの任用権も天皇の大権」が誤り。天皇の任用権が適用されたのは官吏のみであり、雇員や傭人には適用されなかった。

03 明治憲法下においては、国の事務に携わる者は官吏とそれ以外の非官吏とに区別されており、官吏は天皇の任官大権に基づいて天皇の官吏として任命され、特別の義務を課せられると同時に厚い身分保障や恩給の支給などの特権を与えられていた。これに対し、親任官、勅任官、奏任官などの非官吏は、天皇の任官大権に基づいて任命されるが、官吏と同様の特権は与えられていなかった。国家一般職2014 2.1

×「親任官、勅任官、奏任官などの非官吏」が誤り。親任官、勅任官、奏任官は「天皇の官吏」であり、明治憲法下の行政機関の幹部である。

04 日本においては、既に明治中期より文官試験が開始され、公務員の資格任用制の導入は比較的早かった。しかし、帝国大学卒業者の無試験任用が長く続き、試験による採用が全面的に制度化されたのは第二次世界大戦後のことである。国家一般職1998 2.2

×「帝国大学卒業者の無試験任用が長く続き」、「試験による採用が全面的に制度化されたのは第二次世界大戦後」が誤り。帝国大学卒業者の無試験任用は1893年の文官任用令で廃止されており、明治中期には試験登用が全面的に制度化されている。

05 敗戦後、GHQ占領下での改革により、中央人事機関として独立性と中立性の高い人事院が設置されたが、その後、占領政策の見直しで、人事院は民主的憲法に反するとの批判から、準立法権限を失った。特別区Ⅰ類2010 3.1

×「独立性と中立性の高い人事院が設置…占領政策の見直しで…準立法権限を失った」が誤り。当初の国家公務委員法(1947)では人事委員会という権限の弱い機関であったが、1948年の国家公務員法で権限が強化され、現在の人事院が誕生したのである。人事院は規則制定権があり、準立法権限を有している。

06 フーバーを団長とする合衆国対日人事行政顧問団の報告書に基づき、国家公務員法は、独立性の強い人事院の設置、事務次官の政治任用、公務員の労働基本権の保障の拡大という形で改正された。特別区Ⅰ類2013 3.1

╳ 本肢は「独立性の強い人事院の設置」というところを除けばフーバーの報告書を無視した形で成立した1947年制定の最初の国家公務員法の説明としては妥当である。しかし1948年に改正された現行の国家公務員法は本来のフーバー案に基づいたもので、事務次官は政治任用の対象でない一般職とされ、公務員の労働基本権も大きく制限された。

07 国家公務員制度は、職階制を基礎にした資格任用制を基本としている。すなわち、職務の種類を「職種」として、職務の複雑と責任の程度を「職級」として位置付け、これらを基礎に人を配置する方法を採用してきたが、この職階制を拡充するため、平成24年度から、国家公務員採用試験の方法が変更された。国家一般職2012 3.1

╳「職階制を拡充するため…国家公務員採用試験の方法が変更」が誤り。職階制は国家公務員法に規定が存在しながらも現実には運用されることはなく、2009年には職階制の規定自体が廃止されている。したがって「職階制を基礎にした資格任用制」という点も誤りである。

08 我が国の公務員は、国家公務員と地方公務員に分類され、現在、両者の数は拮抗している。また、国家公務員は一般職と特別職に分類されるが、一般職国家公務員の数は、平成12(2000)年以降、国立大学法人化や郵政民営化等を経て、現在は平成12年の時の７割程度まで減っている。国家一般職2018 3.2 3.3

╳「両者の数は拮抗」が誤り。現在国家公務員は約59万人、地方公務員は約274万人と４倍以上の開きがある。また「平成12年の時の７割程度」も誤り。平成12年の時点で約80万人であった一般職国家公務員の数は現在約30万人と半数以下になっている。

09 非現業の一般職の国家公務員は、争議権、団体交渉権及び団結権のすべてが否定されており、その代償措置として、人事院による勤務条件についての勧告制度がある。特別区Ⅰ類2004 3.4

╳「すべてが否定」が誤り。非現業の一般職の国家公務員には団結権が認められ、団体交渉権は部分的に認められている。

(10) 人事院は、地方公務員と国家公務員の給与水準を比較検討して、給与の改定を内閣と国会に、毎年、少なくとも1回、勧告しなければならない。**特別区Ⅰ類2013** 3.4

×「地方公務員と国家公務員の給与水準を比較検討」が誤り。比較されるのは国家公務員と民間企業の給与水準である。

(11) 能力・実績主義の人事管理を徹底するため、平成19年の国家公務員法の改正により、新たな人事評価システムが導入された。改正法においては、職員の採用試験の種類や年次にとらわれず、人事評価に基づいて人事を適切に行うという人事管理の基本原則が定められたが、実際には、恒常的に国家公務員採用Ⅰ種試験の合格者が就いていた官職に、国家公務員採用Ⅰ種試験の合格者以外の職員が登用される例は一切ないのが現状である。**国家一般職2012** 3.5

×「国家公務員採用Ⅰ種試験の合格者以外の職員が登用される例は一切ない」が誤り。少数ではあるが、国家公務員Ⅱ種(一般職)試験で採用された者が局長などに登用されている事例がある。

(12) 女性国家公務員の採用については、平成27(2015)年に策定された第4次男女共同参画基本計画において、総合職試験の採用者の30%以上を女性とすることを義務付けるクォータ制を導入した。これにより、総合職試験の女性の採用者は、平成29(2017)年度から3年連続で40%を超えている。**国家一般職2020** 4.1

×「30%以上を女性とすることを義務付けるクォータ制を導入」が誤り。クオータ制は性別などを基準に一定の数や比率の採用を義務づける制度であるが、現在の日本では義務づけではなく30%以上という「目標」を掲げたものに過ぎない。この目標は概ね達成されており、平成29年以降総合職の女性の採用者は30%を超えているものの、記述にある40%超の水準には届いていない。したがって「3年連続40%以上」も誤り。

(13) 二大政党制が確立しているイギリスにあっては、同じく二大政党制のアメリカと同様、政権政党の交替に伴い、新政権による行政統制を実効あるものとするために、我が国の事務次官、局長に当たるような行政機関の重要な官職に就く者の大幅な入れ替えが行われる。**国家一般職1998** 4.2

× 本肢はアメリカの説明であれば妥当であるが、イギリスの説明としては誤り。すなわちイギリスでは公務員は与党に仕えるという伝統があり、行政機関の幹部は与党に忠誠を尽くすので、人事の大幅な入替えは行われない。

(14) 英国では、議院内閣制の下、二大政党による政権交代を基調としており、多数の与党議員が大臣や政務次官等として行政府内に入り、党のマニフェストに基づいて政権運営が行われている。各省の課長級以上の上級公務員は政治任用であり、政権交代に伴って大幅な交代がなされ、また、政治主導の観点から大臣や政務次官等以外の与党議員が公務員に接触することも広く行われている。**国家総合職2020** 4.2

× 「課長級以上の上級公務員は政治任用」、「政権交代に伴って大幅な交代」が誤り。イギリスで政治任用となるのは大臣や副大臣などごく一部の最高幹部だけであり、政権交代があっても大幅な交代はない。また「与党議員が公務員に接触することも広く行われている」も誤り。公務員の自律性を確保するため与党議員といえども公務員への接触は禁止されている。

15 ドイツでは行政の政治的中立が求められており、個々の公務員が政党に所属することも禁じられているなど徹底したものとなっているため、政党が幹部職員の人事に影響を及ぼすことはない。**国家一般職1998** 4.2

× ドイツの実態とは全く逆の説明になっているので誤り。ドイツでは公務員が政党に所属することは一般的であり、一時休職して選挙活動を手伝うということが多く見られる。また大臣と党派の異なる幹部職員が更迭されるなど政党は職員の人事にも影響を与える。

過去問 Exercise

問題1 我が国の内閣制度に関する記述として、妥当なのはどれか。

特別区Ⅰ類2020

---

1 内閣総理大臣は、日本国憲法の下では、国務大臣単独輔弼（ほひつ）制によりその地位が「同輩中の首席」とされており、各大臣の任免権を持たない。

2 内閣官房長官は、閣議を主宰し、内閣の重要政策に関する基本的な方針その他の案件を発議するが、国務大臣をもって充てることを要しない。

3 内閣官房は、閣議事項の整理や行政各部の施策の統一を図るために必要な総合調整等を行い、ここに経済財政諮問会議等の重要政策会議が設置されている。

4 内閣府には、内閣総理大臣を直接的に補佐するための「知恵の場」としての役割があり、内閣法により新設された組織である。

5 内閣法制局には、閣議に付される法律案、政令案及び条約案を審査し、これに意見を付し、及び所要の修正を加えて、内閣に上申する事務がある。

解説

正解 5

❶ ✕ これは、大日本帝国憲法(明治憲法)下における内閣制度に関する記述である。日本国憲法では、内閣総理大臣は各大臣の任免権を有する(憲法68条)。

❷ ✕ 「閣議を主宰し、内閣の重要政策に関する基本的な方針その他の案件を発議する」のは、内閣官房長官ではなく内閣総理大臣である。また、「内閣官房長官は、国務大臣をもつて充てる」と内閣法で規定されている(内閣法13条２項)。

❸ ✕ 経済財政諮問会議等の重要政策会議は、内閣官房ではなく内閣府に設置されている。

❹ ✕ 内閣府は、内閣法ではなく内閣府設置法により2001年に新設された組織である。また、内閣総理大臣を直接的に補佐するのは内閣官房の役割とされており、内閣府は内閣官房の総合戦略機能を助ける「知恵の場」とされる。

❺ ○ 内閣法制局は、法制的な面から内閣を直接補佐する機関として置かれており、閣議に付される法律案・政令案・条約案の審査や法令の解釈などの任務に当たっている。

問題2　我が国又はアメリカの公務員制度に関する記述として、妥当なのはどれか。

特別区Ⅰ類2016

❶ 我が国では、フーバーを団長とする調査団が行った勧告に基づいて、1948年に内閣の所轄の下に置かれる合議制の機関である人事院が設置されたが、その機能の一つである人事院勧告制度は、労働基本権を制約された国家公務員の代償措置として位置づけられる。

❷ 我が国では、2008年に国家公務員制度改革基本法が制定され、官職を職務の種類、複雑さ及び責任の程度に応じ、分類整理した職階制の創設などが盛り込まれ、職階制が導入された。

❸ アメリカでは、ジャクソン大統領が、1883年にペンドルトン法を成立させ、官僚機構への民主的統制手段として、選挙に勝利し政権を握った政党が、公職者の任免を支配する猟官制が導入された。

❹ アメリカでは、ノースコート・トレヴェリアン報告を受け、猟官制の廃止、公開競争試験の採用、試験と採用を監督する中央機関の設立、成績に基づく昇進などの制度が導入された。

❺ アメリカでは、ギューリックが、公務員への採用について、採用者の構成は社会の構成を適正に反映したものでなければならないとする代表的官僚制の概念を提起し、社会の少数派に属する人種、民族の人々を割当比率まで採用し、現状の格差を是正するアファーマティブ・アクションが講じられている。

解説

正解 1

1 ◯　国家公務員法では、一般職の職員らの争議権や団体交渉権を認めていないため、通常の労働者と異なり労使交渉ができない。何らかの代替措置がないと、例えば公務員の給与が物価水準に全く合わないなど、給与体系が不適正な状態に置かれてしまう。そのために発案されたのが、人事院勧告制度である。

2 ✕　「職階制が導入された」が誤り。職階制とは組織のすべての遂行業務について、その分類体系を確立した上で人事管理を行うもので、アメリカ型の公務員制度が典型である。実は日本の国家公務員法も職階制を定めていたが、技術的困難から運用は長い間凍結され、結局2009年に、制度としては導入されないまま廃止となった。

3 ✕　「ジャクソン大統領が…ペンドルトン法を成立させ」という部分が誤り。歴史的にはペンドルトン法成立時はアーサー大統領であるが、そこは知らなくてもよい。ペンドルトン法が資格任用制であることと、ジャクソン大統領の人事政策が政治任用重視であることが明らかに食い違うので、妥当でないと判断する。

4 ✕　「アメリカでは、ノースコート・トレヴェリアン報告を受け」が誤り。同報告が提出されたのはイギリスである。この報告を受けて公務員制度の改革が進められ、資格任用制と政治的中立性を柱とする公務員制度が確立された。ちなみに猟官制はアメリカ独自のものなので、「猟官制の廃止」はイギリスには妥当しない。

5 ✕　「ギューリックが…代表的官僚制の概念を提起し」が誤り。L.H.ギューリックは古典的組織論者の一人でPOSDCoRBを組織トップが担う統括管理機能だとした。その他の記述は妥当である。ちなみに、アファーマティブ・アクションとはアメリカの呼び方で、イギリスではポジティブ・アクションと呼ぶ。

第4章

行政改革と政策過程論

本章では、行政をより効率的に行うためになされてきた改革の実際やその歴史について学習します。まず、第１節では日本や先進国での最新の取組み(NPM)について説明します。そして第2節では、昭和から平成にかけて行われてきた行政改革の歴史について外観します。また第３節では、政策過程論という政策決定のプロセスを説明する理論を学習していきます。政策過程論は政治学などでも出題される重要分野の一つです。

1 NPMとガバナンス

本節ではNPMという行政改革や管理の近年の潮流について学習します。近年の行政の世界では民間企業に委ね、民間と同じような発想で業務の効率化を図るという手法が広く用いられています。また、行政、民間企業、NGO、地域などの複数の主体が協働するメカニズムであるガバナンスも重要な概念です。

キーワード

ネオリベラリズム／NPM／サッチャー政権／手続による管理と業績による管理／市場化テスト／PFI／指定管理者制度／エージェンシー制度／バウチャー制度／PPP／ガバナンス

1 NPM（新公共管理）

1.1 NPMとは何か ★★★

（1）背　景

第1章でも学習したように、1970年代の**石油危機**以降、主要先進国では市場メカニズムの意義を積極的に評価し、政府の規模を見直すことを求める**新自由主義（ネオリベラリズム）**が台頭した。この新自由主義に基づく改革や新たな行政管理の手法は**NPM（New Public Management：新公共管理）**と呼ばれている。

（2）歴　史

NPM型の改革の端緒として知られているのが、1980年代のイギリスの**M.サッチャー**保守党政権（1979～90）、アメリカの**R.レーガン**共和党政権（1981～89）、日本の**中曽根康弘**（なかそねやすひろ）自民党政権（1982～87）などである。

M.サッチャー
［1925～2013］

特に**サッチャー政権がNPM型改革の原点**だとされており、国営企業の民営化、規制緩和、財政支出の削減などを大規模に実施した。サッチャー以降も、保守党の**J.メージャー**政権（1990～97）、労働党の**T.ブレア**政権（1997～2007）でもNPM型改革は引き継がれている。

Power UP ブレア政権と「第三の道」

イギリスの政治は元来自由主義の保守党（第一の道）と社会民主主義の労働党（第二の道）との対立を軸とする二大政党制として展開されてきた。しかし、T.ブレアは旧来の労働党の刷新を目指し、新生労働党（ニューレイバー）と呼ばれた。

ブレア政権は「第一の道」（自由主義）でも「第二の道」（社会民主主義）でもなく、新自由主義的な路線も部分的に取り入れた新しい社会民主主義の路線を目指す「第三の道」を唱えた。この「第三の道」に理論的根拠を提供し、ブレーンとして活躍したのがイギリスの著名な社会学者であるA.ギデンズである。

（3）NPMの定義

では、改めてNPMとは何か。NPMという名称を発案したとされるイギリスの行政学者**C.フッド**は「ビジネスメソッドに近い経営・報告・会計のアプローチをもたらす公共部門の再組織化の方法」と定義しており、行政学ではこの定義が一般に用いられている。

ただし、この定義は要するに行政機関にも市場メカニズムや民間の経営手法を導入するなどといった漠然とした方向性を指し示したものに過ぎず、NPMそれ自体をそれほど体系的に定義されたものとはいえないと考えられている。

1.2 NPMの構成要素 ★★★

ただし、NPMと呼ばれるものについては一応の共通理解があり、❶競争原理の重視、❷組織の分権化、❸業績による管理の三つの要素に整理することができる。

（1）競争原理の重視

競争原理の重視とは、公益事業の**民営化**、**市場化テスト**、**PFI**などが典型である。従来公共サービスは政府または政府に準じる公的な機関によって独占的に提供されてきたが、競争原理が機能しないため非効率な運営という問題が生じてきた。

そこで、行政分野にも競争原理を導入し、民間企業などに実際の運営などを任せることで経費の削減やサービスの質の向上が期待できるのである。

（2）組織の分権化

すでに学習したように行政機関は一般にピラミッド型（階統制）の組織編制によって効率のよい一元的な行政が実現できると考えられてきた。しかし規模が大きくなることで組織が硬直化し、国民や住民のニーズに合わせた柔軟な対応が難しくなるという問題も生じる。

これを解消するためには、**エージェンシー制度**（後述）に見られるように、**組織を**

機能別に分解し、それぞれの組織で目標設定を行い、効率のよい資源配分などができるように組織を分権化することが有益である。要するに各現場レベルでの自律的な組織運営を目指すのである。

(3) 業績による管理

以上のように分権化された組織を管理するために導入されるのが「業績による管理」である。従来の行政機関では組織管理の基本は「手続による管理」である。すなわち上位組織は目標や方法などをすべて手続や規則で厳格に規制し、下位組織はその手続や規則通りに業務を行う。これゆえその手続が現場の実態から乖離していたとしても、下位組織にとっては手続にさえ従っていればよいという状況となり、様々な非効率の原因をもたらしてきた。

これを解消するためには、業績(結果や成果)を組織管理の中心と位置づけるべきだというのがNPMの考え方である。具体的には下位組織に予算や人事などの権限を与えるなど組織の自律性を高めれば、各組織は国民(住民)目線でのサービス提供を重視するようになり、「成果志向」、「顧客志向」への転換が期待できるというものである。そして組織の評価は結果や成果によって判断されることになるのである。

2 NPMの具体例

以下では日本でも実際に行われているNPMの代表的な事例である市場化テスト、PFI、指定管理者制度、エージェンシー制度、バウチャー制度について説明する。

2.1 市場化テスト ★★★

(1) 定 義

市場化テストとは、**民間と行政との間でサービスの質や効率性を競う入札**を実施し、行政に勝る民間事業者があれば、当該業務を民間に委託する制度である。行政における事業目標の見直し、事業の効率化など行政の意識改革につながるというメリットもある。

(2) 歴 史

市場化テストは、1980年にイギリスのサッチャー政権により**強制競争入札制度**(CCT)として導入されたのが始まりである。日本では2006年に制定された**公共サービス改革法**(競争の導入による公共サービスの改革に関する法律)に基づき「**官民競争入札**」という名称で導入されている。

(3) 日本の市場化テスト

日本の市場化テストは下の図のような仕組みで行われている。国は、民間企業や地方自治体から市場化テストの実施に関する要望を受け付け、内閣はその中から市場化テストの対象事業を選択し、各省庁に実際の官民競争を実施させるという流れとなっている。

また、市場化テストは地方自治体も独自に実施することが可能である。例えば、大阪府は税務業務、監査業務などについて市場化テストを独自に実施し、一部業務は民間のアイデアやノウハウを活かすことが可能であると判断され、実際に民間委託されている。このように民間委託の是非を検討するためにも用いられている。

国の市場化テストの仕組み

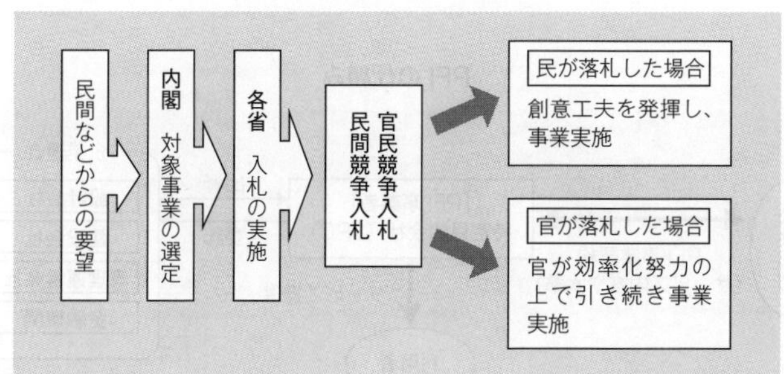

2.2 PFI ★★★

(1) 定 義

PFI(Private Finance Initiative)とは、**民間の資金やノウハウを社会資本整備に活用**し、効率的・効果的な公共サービスの提供を図る手法である。

(2) 歴 史

PFIはイギリスのメージャー政権で導入されたのが始まりである。日本では、1999年に制定されたPFI法(民間資金等の活用による公共施設等の整備等の促進に関する法律)に基づき実施されている。

(3) 日本の PFI

PFIは様々な事業に導入することが可能であり、PFI法では、道路、鉄道、港湾、空港、河川、公園、水道、下水道、庁舎、宿舎等の公共施設、公営住宅及び教育文化施設、廃棄物処理施設、医療施設、社会福祉施設、更生保護施設などの建設・管理・運営が事例として挙げられている。

ここでは特徴的な事例である更生保護施設の一つ、刑務所の事例を紹介しよう。山口県美祢(みね)市にある「美祢復帰社会促進センター」は日本で初めてのPFI手法を活用して整備・運営されている刑務所である。もちろん「刑務所」であるため、公権力の行使などの中核業務は国家公務員である刑務官などが担当し、刑務所管理に伴う行政責任は国が負っている。ただし、例えば通常の警備は警備会社、職業訓練は教育関連会社、食堂は給食サービス会社などノウハウを有する民間企業が担当するなど、「官民協働」の刑務所運営が行われている。

PFIを行うための事業スキームは多様であるが、よく見られる手法が下の図のような方式である。企業連合が当該事業を行うための特定目的会社(SPC)を設立し、SPCが公共部門と事業契約を締結して事業を運営するというものである。

PFIの仕組み

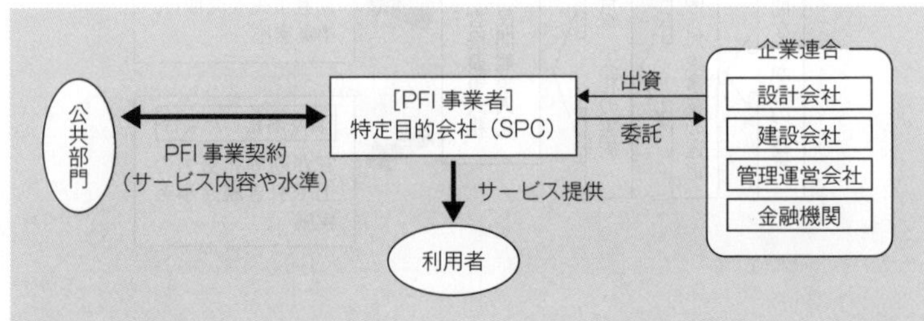

Power UP　水道事業におけるPFI

近年では水道事業のPFIが推進されている。水道事業は主に市町村単位で運営されているが、多くの事業でそもそも経営基盤が脆弱であり、今後の水道事業の継続が危ぶまれていることから、民間主導の運営が期待されている。

具体的には水道事業にはPFIの一類型であるコンセッション方式（公共施設等運営権制度：施設の所有権を地方自治体が有したまま、運営権は民間企業に委ねる方式）が推奨されている。

2.3 指定管理者制度 ★★☆

(1) 定　義

指定管理者制度とは、地方自治体の「公共の施設」の管理運営を**民間企業やNPOなどが代行**できる制度である。従来の公共施設の運営は地方自治体、地方自治体の外郭団体に制限されていたが、2003年より、民間事業者でも管理運営を行うことができるようになった。

(2) 対象となる公共施設

具体的には、スポーツ施設(体育館など)、公園関連、文化関連(図書館など)、医療関連(公立病院など)、福祉関連(障害者施設、保育所など)、生活関連(下水道、駐輪場等)、教育関連(児童館、林間学校など)などについて株式会社、自治会、NPOなどの民間事業者が管理運営を代行できるようになっている。

以上のように地方自治体が有するほとんどの公共施設が対象となっているが、例えば小中学校、道路、河川などのように個別の法律で規制されているものは対象とはならない。

Power UP　ジブリ美術館の運営方式

ここでは誰もが知るジブリ美術館を指定管理者制度の事例として紹介しよう。ジブリ美術館の正式名称は「三鷹市立アニメーション美術館」であり、名称からわかるように東京都三鷹市が所有する公共施設であるが、スタジオジブリのもともとの親会社である徳間書店などが設立した公益財団法人がその管理運営を担っている。

あくまで公共施設であるから入館料は三鷹市の条例によって定められているなど、「浦安の遊園地」などとは一線を画するテーマパークであることがわかるだろう。

2.4 エージェンシー制度 ★★★

(1) 定　義

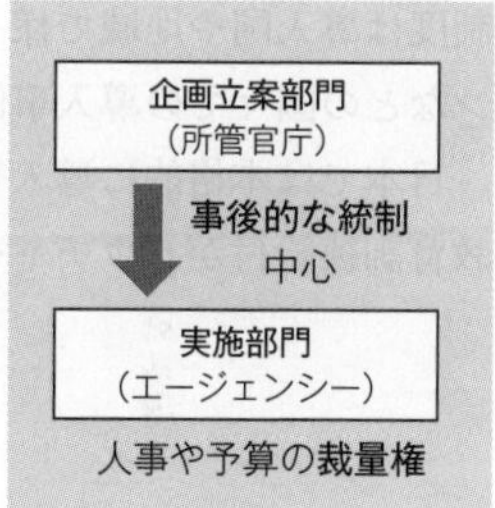

エージェンシー制度とは、**企画立案部門と実施部門を分離**するなど組織を分権化し、実施部門に人事や事業実施についての裁量を与える制度をいう。「手続による管理」ではなく「業績による管理」を実施するための組織形態である。

(2) 歴　史

エージェンシー制度はイギリスのサッチャー政権で初めて導入されており、刑務所庁、高速道路庁、特許庁など100以上の機関で導入されている。日本では後述する独立行政法人という名称で2001年から導入されている。⇒第2節❶

2.5 バウチャー制度

★★★

(1) 定　義

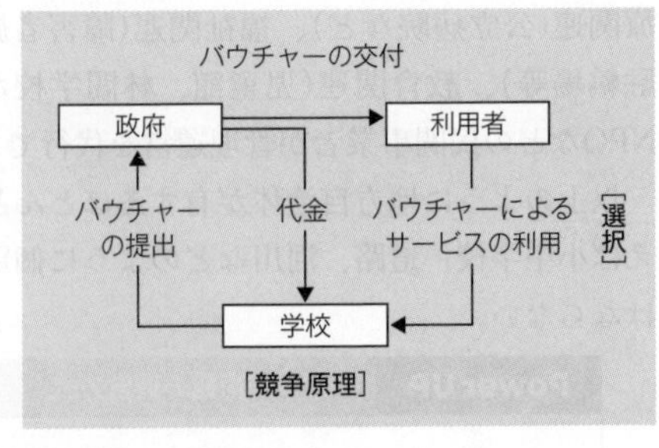

そもそもバウチャーとは引換券や割引券を意味する言葉であり、行政の政策手段としてのバウチャー制度とは、**教育訓練や保育サービスなど公共サービスに利用できる「クーポン」を配布する制度をいう。要するに目的が限定された個人向けの「補助金」の一種である。**

バウチャーという形式を採用することで、例えば教育訓練を利用する個人には利用する教育機関についての「選択の自由」があり、教育機関の間での競争原理が働くというメリットが期待できる。

(2) 歴　史

バウチャー制度は、もともとはアメリカの経済学者M.フリードマンが教育分野に利用される**教育バウチャー**を提唱したことに起源を有している。実際のバウチャー制度は導入国や地域で様々であるが、アメリカの一部地域、イギリス、スウェーデンなどの国々での導入事例が見られる。

日本では本格的に導入されていないが、国や地方自治体の一部で実施されている教育訓練給付がバウチャー制度の一種として機能している。

3 ガバナンス論

3.1 NPMの課題 ★★★

(1) 背 景

1980年代以降、民間活力の利用や競争原理の導入といったNPM型の改革は現在に至るまで継続している。他方で、1990年代以降、NPM型の改革を再検討する動向も活発となっている。

(2) VFM

先述のようにNPMでは「業績による管理」が重視され、行政の「成果志向」「顧客志向」への転換を目指している。要するに民間企業が成果を達成するために効率化を図り、顧客の満足度を高めて売上をさらに伸ばそうとするのと同様に、行政機関にとっての顧客たる国民や住民を常に念頭に置いて、業務を効率よく実施すべきということである。

このような考え方は、NPMの議論においては**VFM(Value For Money)**という概念で説明されてきた。VFMとは、納税額(Money)にふさわしい価値あるもの(Value)を提供せよということであり、要するに**国民や住民には納税額にふさわしい行政サービスを受ける権利**があるということである。

(3) PPP(官民協働)

以上のようなVFMの発想はコスト意識の欠けた行政を見直すことには有益であるものの、それが行き過ぎれば、行政機関と国民及び市民との間には大きな亀裂が生じることになる。したがって、行政機関と国民及び市民の関係を企業と顧客の関係として狭く理解するのではなく、ともに何かを生み出すパートナーの関係であるとより広く理解すべきだという考えも有力であり、そのような考えは**官民協働**や**官民パートナーシップ(PPP：Public Private Partnership)**などと呼ばれている。

したがって、先にNPMの事例として説明した市場化テストやPFIについても、PPPの概念から見直されるようになり、様々な改革が行われている。要するに**PPPはNPMも含むより広い概念**なのである。

3.2 ガバナンス論

(1) 背　景

先述のようにNPM型の改革が見直される中で、行政学の分野でもガバナンスの発想が取り入れられるようになってきた。ガバナンス(governance)とは、政治学や国際関係論をはじめ社会科学の様々な分野で用いられている概念であり、その意味は分野ごとに多様であるが、**複数の主体の相互作用を通じて一定の秩序が形成・維持されている状態**を指す概念である。

(2) 行政学のガバナンス論

行政学におけるガバナンス論とは、公共サービスの質の向上のために政府部内の競争や政府と民間との競争を強調するNPMに対して、国や自治体が企業、NGO、自治会などの民間の主体と連携・協働することに力点をおいた議論である。

(3) 日本の行政とガバナンス論

ただし、ガバナンスという言葉自体が新しいものの、行政が企業や自治会などと連携・協働するというのは決して目新しい現象ではない。

例えば、地域の町内会や自治会は地方自治体の行政事務を事実上代行するような役割を様々に果たしてきたし、民間の各種業界団体は行政に代わり企業間調整などの業務を事実上引き受けてきた。これをガバナンスという用語で呼称するかどうかは議論の分かれるところであるが、少なくとも日本では、ガバナンスという用語が登場する以前から、政府、企業、業界団体、地域自治組織などの民間主体との「連携・協働」が確実に行われてきたという点には留意する必要がある。

過去問チェック

01 1980年代以降の世界の主要国における行政改革の潮流を作ったのは、アメリカの民主党のカーター政権であり、大規模な国営企業の民営化を実施した。**東京都Ⅰ類2002** 1.1

× 「潮流を作ったのは、アメリカ…」が誤り。一般にはイギリスのサッチャー保守党政権とされる。そして「民主党のカーター政権」も誤り。1980年代のアメリカの行政改革はレーガン共和党政権によって行われている。

02 英国のサッチャー、メージャーの両保守党政権が推進した市場メカニズムの活用や新たな評価システムの導入などの政策は、NPM型の改革手法の典型であった。しかし、両政権の後を継いだ労働党のブレア政権は、その新自由主義的な性格を嫌ってNPM型改革手法と決別した。**国家一般職2005** 1.1

×「その自由主義的な性格を嫌って…決別」が誤り。NPM型改革は労働党のブレア政権でも引き継がれたと評価されている。ブレアは旧来の労働党とは異なり、新自由主義的な価値観を決して否定しなかったのである。

03 NPMは、行政活動は民間企業の活動と異なって、客観的な実績を表す指標が存在しないという前提に立つ。そのため、NPMは、活動の最終的な成果を問うのではなく、活動に投入される予算などの資源を事前に厳しく管理し、活動の手続や方法を細かく規定することを通じて、行政活動の質の向上を図ることを志向している。**国家一般職2005** 1.2

×「指標が存在しないという前提」が誤り。むしろ民間企業と同じように客観的な実績に基づく評価ができるとういう前提に立つ。また「成果を問うのではなく…資源を事前に厳しく管理し、活動の手続や方法を細かく規定」が誤り。従来の管理手法は事前に予算や手続を細かく規定していたため柔軟な対応ができないという問題があった。そこでNPMでは成果が出るのであればよいという発想で事前の管理を緩やかにするところに特徴がある。

04 市場化テストとは、国の行政機関等又は地方公共団体が自ら実施する公共サービスの実施に際し、官民が参加する競争入札でサービスの実施者を決定する方法のみをいい、民間のみが参加する競争入札でサービスの実施者を決定する方法は含まない。**特別区Ⅰ類2014** 2.1

×「官民が参加する競争入札…のみをいい」、「民間のみが参加する競争入札…は含まない」が誤り。現在日本で行われている市場化テストは民間のみが参加する競争入札が主流である。つまり、どちらも含むということである。

05 PFIは、民間の資金、技術的能力を活用して、国や地方公共団体が直接実施するよりも効率的かつ効果的に公共施設が建設される場合に限って適用される。**特別区Ⅰ類2011** 2.2

×「建設される場合に限って」が誤り。PFIは建設だけでなく、その後の維持や管理も民間に任せるというものである。

06 PFIとは、地域住民の代表によって構成される理事会に管理・運営を委ねることを条件にSPC(特定目的会社)が公共施設等を整備供給できるようにする手法のことであり、政府の事業計画をベースとして民間の経営ノウハウを活用し効率化を図る点で広義の民営化の手法であるといえる。**国家一般職2003** 2.2

×「地域住民の代表…条件に」が誤り。PFIは基本的には民間企業に任せることを前提としていると理解すればよい。したがって地域住民の理事会が何らかの関与をする仕組みは導入できるが、必須のものではない。

07 民間委託とは、公的機関の業務等を民間企業等と委託契約を結び処理させる方式であり、効率化、民間の創意・工夫の活用が目的とされる。地方公共団体が設置する公の施設には、民間委託の一方式である指定管理者制度の適用が地方自治法により義務付けられており、公募により選定された民間事業者が管理運営主体となっている。国家一般職2014 2.3

×「指定管理者制度の適用が地方自治法により義務付け」が誤り。指定管理者を適用するかどうかは地方自治体に委ねられている。ポイントは現在のような地方分権の時代に国は安易に義務づけなど行わないということであり、ここではその感覚が問われている。

08 英国のエージェンシーの制度は、行政活動における企画と実施を分離し、実施業務を担う組織に権限を移譲することを基本としている。我が国でもこれを参考にして独立行政法人制度が設けられ、従来、専ら実施業務を担ってきた社会保険庁や国税庁などの外局が各省から分離されて、独立行政法人となった。 国家一般職2005 2.4

×「社会保険庁や国税庁…独立行政法人」が誤り。社会保険庁と国税庁は独立行政法人ではない。正確には社会保険庁の主要業務は2010年に「日本年金機構」という特殊法人に引き継がれ、年金の運用は「年金積立金管理運用独立行政法人」(GPIF)が行っている。また、国税庁は税務行政を司る財務省の重要な外局であり、組織の位置づけは変化していない。

09 PPPとは、公共と民間のパートナーシップによって、公共部門が提供してきた公共サービスを民間に開放するものであり、民間資金の活用を図る手法であるPFIは、PPPに含まれない。東京都Ⅰ類2006 3.1

×「PFIは、PPPに含まれない」が誤り。PPPはPFIを含むより広汎な概念である。

2 日本の行政改革

本節では日本の行政改革の歴史について学習します。昭和の時代には、高度成長を踏まえた1960年代の改革（第一次臨調）、石油危機以降の1980年代の改革（第二次臨調）が行われました。そして、平成時代には中央省庁の大規模な再編（橋本行革）、道路公団や郵政事業の民営化（小泉内閣の「構造改革」）などが行われています。

キーワード

第一次臨調／１省庁１局削減／総定員法／第二次臨調／増税なき財政再建／三公社の民営化／消費税／行政改革会議／橋本行革／内閣機能の強化／中央省庁再編／独立行政法人／小泉内閣による構造改革／道路公団の民営化／郵政の民営化

1 行政改革の歴史

日本の行政改革はこれまで様々な形で実施されてきたが、主要な行政改革は概ね内閣が直々に設置した第三者的な諮問機関が総合的な視点から行政全般のあり方を見直すというスタイルがとられてきた。これまでなされた改革として最も重要なものは、❶1960年代の第一次臨時行政調査会、❷1980年代の第二次臨時行政調査会、❸1990年代の行政改革会議の三つである。

1.1 第一次臨調 ★★★

(1) 背 景

1960年代の高度経済成長に伴う新たな行政需要に対応し、行政の効率化を推進する目的で設置されたのが、**第一次臨時行政調査会**（第一次臨調）である。第一次臨調は、アメリカのフーバー委員会をモデルとして設置されたもので、経済界、労働界、官界、学界など社会の各層から選ばれた委員によって構成され、政府行政の広範な分野を対象とした行政改革の提言を行った。

(2) 勧告の内容

第一次臨調の勧告は、首相のリーダーシップの増進や内閣の調整機能拡充など行政手法の改革に力点を置いた点に特徴がある。

すなわち、内閣の補佐部門として内閣府や内閣補佐官を設置し、拡大する行政事務を効率よく処理するため、国は企画立案機能、地方自治体は実施機能を担うものとし、機関委任事務を積極的に活用するなどといったことを提言した。

（3）改革の成果

以上のような第一次臨調の答申はその多くが実現には至らなかった。ただし、行政機関の肥大化防止、公務員数の抑制という点では、後のスクラップ・アンド・ビルド（⇒**第3章**）の原型となる**1省庁1局削減**（1968）や**総定員法**（1969）などの成果を残した。

1.2 第二次臨調 ★★★

（1）背　景

1970年代の日本では財政赤字の解消が急務であった。1978年に首相に就任した**大平正芳**（おおひらまさよし）は増税による財政赤字の解消を目指し、消費税の導入を掲げた。消費税導入は1979年の総選挙で大きな争点となる中、与党自民党は増税の支持を得られず大きく議席を減らしてしまった。

そこで、自民党では増税ではなく歳出中心の財政改革が志向されるようになり、1980年に発足した**鈴木善幸**（すずきぜんこう）内閣の下、**中曽根康弘**行政管理庁長官が主導する形で**第二次臨時行政調査会**（第二次臨調）が設置された。第二次臨調の会長に就任したのが兼ねてより「小さな政府」の実現を提唱する経済的自由主義を唱えていた経団連会長の**土光敏夫**（どこうとしお）（1896～1988）である。

（2）増税なき財政再建

第二次臨調は「**増税なき財政再建**」を基本方針として、歳出削減を中心とする改革の提言を行った点に特徴がある。「市場と民間活力への信頼」を重視し、財政規模における「中規模国家」を目指すとされた。「活力ある福祉社会」の理念を掲げて、社会保障の見直しも提言した。

（3）歳出削減の実現

第二次臨調で提言された主要な改革は鈴木内閣に続く**中曽根康弘内閣**（1982～87）で主に実現している。主な改革は❶シーリングによる歳出削減、❷三公社の民営化、❸人事院の給与勧告の凍結である。

中曽根康弘
［1918～2019］

① シーリングによる歳出削減

シーリングとは**前年度を基準**として予め各省庁の予算要求額に制限を設ける方式である(⇒第5章)。1982年度予算では**ゼロ・シーリング**(前年度と同水準)、1983、1985～1987年度予算では**マイナス・シーリング**(前年度より引下げ)を実施して、財政支出を厳しく抑制した。

② 三公社の民営化

また当時は国鉄(日本国有鉄道)が大きな赤字を抱えており、最大の懸案事項であった。中曽根内閣は国鉄を民営化することを決定し、1987年に現在のJRに分割・民営化されたのである。

この民営化の手法は他の公社(国有企業)にも適用され、電電公社はNTT、たばこ塩専売公社はJTとしてともに1985年に民営化している。

③ 人事院給与勧告の凍結

また歳出削減は公務員の人件費の抑制という点でも実施された。1982年度の人事院の給与勧告では公務員の給与の引上げが提案されていたが、給与法の改正は行われなかった。通常は給与勧告通りに実施されるので、例外的な取扱いである。

④ 間接税の失敗

中曽根内閣では、増税の前にまずは歳出削減という方針で改革が行われた。しかし、国鉄の民営化の実現など一定の成果を出したことで、増税も国民に受け入れられると考えた中曽根内閣は1987年に大型間接税である売上税の法案を国会に提出した。しかし、世論と野党が強く反発したことから、結局断念した。

竹下登
[1924～2000]

結局現在の消費税が導入されたのは1989(平成元)年の**竹下登**(たけしたのぼる)内閣(1987～89)のときである。

(4) 第二次臨調の評価

第二次臨調の答申に基づいた改革は、国鉄の民営化を実現するなど日本におけるNPM型改革の始まりであったと位置づけられている。そして、その改革は財界のトップである土光敏夫などの協力により進められたことから「財界主導」の改革であるとも評される。

第一次臨調と第二次臨調の比較

第一次臨時行政調査会	名称	第二次臨時行政調査会
1962～64年(池田内閣期)	設置時期	1981～83年(鈴木－中曽根内閣期)
高度経済成長による新たな行政需要への対応が課題	時代背景	1970年以降の経済活力の低下、財政危機への対応が課題
行政手法の改革	主な目標	財政支出の抑制
❶内閣補佐官の設置や内閣府の設置など内閣のリーダーシップ強化 ❷機関委任事務の積極活用など中央地方関係の見直し	提言の内容	❶歳出削減による財政再建(「増税なき財政再建」) ❷「小さな政府」を目標として、三公社の民営化
❶1省庁1局削減 ❷総定員法	実現した改革	❶歳出削減(シーリングの活用、人事院勧告の凍結など) ❷三公社の民営化

1.3 行政改革会議

★★★

(1) 背 景

橋本龍太郎
[1937～2006]

1996年、自民党の橋本龍太郎(はしもとりゅうたろう)が首相に就任した。1993年に自民党が政権の座から退いて以来、久しぶりの自民党を首班とする政権であり、橋本内閣(1996～97)は、行政改革、財政構造改革、金融システム改革、経済構造改革、社会保障構造改革、教育改革の「六大改革」に取り組んだ。

特に行政改革を内閣の最重要課題の一つと位置づけ、橋本龍太郎首相自ら**行政改革会議**の会長を務めてリーダーシップを発揮するなど、「橋本行革」と称された。橋本行革により1998年には中央省庁等改革基本法が制定され、2001年より現在の中央省庁体制となっている。

(2) 内閣機能の強化

橋本行革でまず重視されたのが**内閣機能の強化**である。首相のリーダーシップを強化するため、内閣法に新たに「内閣の重要政策に関する基本的な方針その他の案件を発議できる」という文言が追加された。

この首相の「**発議権**」自体は従来から認められているものであり、条文で明確化することを目的としている。

(3) 内閣の補佐体制の強化

内閣官房の役割として総合調整だけでなく企画立案機能を追加し、**内閣危機管理監**などの政治任用職を新たに設けるなど内閣直属のスタッフ組織としての機能を強化した。

また、企画立案や総合調整を担う組織として内閣府を新設するとともに、首相直属のスタッフとして**内閣総理大臣補佐官**を設置した。⇒第3章

(4) 中央省庁再編

旧来の中央省庁は政策の縦割りで分立しすぎているとの判断から、行政機関の「大括り化」が進められ、複数の省庁が統合された。この結果以前の**1府20省庁**は**1府12省庁**となり、その数は**ほぼ半数**となった。

イギリスやフランスは行政機関の再編は政令で実施できるため、政権交代のたびに省庁体制がしばしば変化する。しかし、日本の場合には行政機関の改廃は国家行政組織法によって規定されているため(⇒第3章)、容易に変更できるものではなく、橋本行革による変化がいかに大きなものであったかがわかるだろう。

中央省庁再編の前後

再編前 →	再編後
総理府、経済企画庁、金融再生委員会、沖縄開発庁など	内閣府
自治省、総務庁、郵政省	総務省
法務省	法務省
外務省	外務省
大蔵省	財務省
文部省、科学技術庁	文部科学省
厚生省、労働省	厚生労働省
農林水産省	農林水産省
通商産業省	経済産業省
建設省、運輸省、北海道開発庁、国土庁	国土交通省
環境庁	環境省
防衛庁	防衛庁(2007年より防衛省)

(5) 独立行政法人

また、橋本行革ではNPM型の改革も導入され、行政の新しい経営方式として、イギリスのエージェンシー制度をモデルとした**独立行政法人制度**が導入された(次項参照)。

1.4 小泉内閣の構造改革 ★★★

(1) 背　景

小泉純一郎
[1942～]

2001年に誕生した**小泉純一郎**内閣(2001～06)は、橋本行革などを通じて強化された首相の権力を十分に活用し、様々な改革を実現した。

小泉内閣は、内閣府に設置された**経済財政諮問会議**(⇒**第3章**)を改革の司令塔と位置づけ、「**聖域なき構造改革**」のスローガンの下で、道路公団の民営化、郵政の民営化、地方税財政改革(三位一体の改革)などを実現した。⇒**第6章**

(2) 道路公団の民営化

まず、小泉内閣は特殊法人や認可法人(⇒**第3章**)の改革を重視した。特殊法人には巨額の公的資金が注ぎ込まれ、採算性が度外視された事業が多く行われているとの認識から、これらを民営化や廃止することが目標とされたのである。

特に力が入れられたのが道路公団の民営化である。自民党の道路族の強い反対に遭いながらも2005年には**道路公団の分割・民営化**を実現した。

(3) 郵政の民営化

小泉首相は首相就任以前から郵政の民営化を持論として主張していた。しかし、特定郵便局長(郵政民営化以前に存在した郵便局の一類型でその長の大半は「地元の名士」)から構成される全国特定郵便局長会は自民党の重要な支持基盤であるため、郵政事業の改革は自民党の郵政族の強い反対に遭い、これまで実現してこなかった。

小泉内閣は郵政の民営化法案を衆議院では通過させたものの、参議院では自民党から多くの造反者が出たため否決されてしまった。そこで小泉首相は衆議院を解散して、郵政民営化の是非を直接有権者に問うという手段に出た(**郵政解散**)。与党自民党の総裁でもある小泉首相は郵政民営化に反対した議員には公認を与えず、逆に反対した議員の選挙区に民営化に賛成する対立候補を送り込んだので、「刺客騒動」としてマス・メディアで騒がれた。こうして2005年の総選挙は世論の注目を大きく集め、小泉首相率いる自民党の圧勝という結果となった。

こうして郵政民営化の信任を得た小泉内閣は2007年にはゆうちょ銀行、かんぽ生命、郵便局会社など**事業別の分割・民営化**を実現したのである。

Power UP　郵政解散と争点投票

小泉首相が実現した郵政民営化は実は当時の有権者にとってはそれほど重要な関心事ではなかったことが世論調査の結果から判明している。選挙前に実施された世論調査では郵政民営化を重要な課題として認知している有権者は少数派であった。しかし、郵政民営化に反対した元自民党の議員と小泉首相が送り込んだ「刺客」との対立がセンセーショナルに報道されることで郵政民営化自体に関心が集まり、郵政民営化の是非によって投票先を決定する有権者が増加したのである。

これを政治学の用語で説明すれば、郵政民営化について「議題設定効果」が働き、郵政民営化という争点に基づく「争点投票」が行われたというように説明することができるわけである。

2 日本のエージェンシー制度

2.1 独立行政法人　★★★

(1) 背　景

独立行政法人制度は、**イギリスのエージェンシー制度をモデル**として、橋本内閣における行政改革の一環として2001年から導入されたもので、中央省庁から現業・サービス部門を切り離すことを目的として創設されている。

(2) 定　義

独立行政法人制度とは、各府省の実施部門のうち一定の事務を分離し、これを担当する機関に独立の法人格を与えて、業務の質の向上や活性化、効率性の向上、自律的な運営、透明性の向上を図ることを目的とする制度である。

独立行政法人の設置は個別法によるが、組織・運営に関する基本事項や共通事項については、独立行政法人通則法に規定されている。同法では、❶公共上の見地から確実な実施を要するが、❷国自ら主体となって直接に実施する必要はなく、❸しかし、民間主体に委ねたのでは実施されないおそれがある事務・事業であって、❹効率的・効果的に行わせる目的をもって設立された法人である、と定義されている(独立行政法人通則法２条)。

(3) 種　類

2022年２月現在87の独立行政法人が設置されており、**中期目標管理法人**、**国立研究開発法人**、**行政執行法人**の三つに類型化されている。このうち、行政執行法人は国と密接な関係を有するものが指定されており、**役職員は公務員としての身分**を有している。

Power UP　独立行政法人の事例

独立行政法人は我々の生活の身近なところで事例を挙げれば、国民生活センター（消費者庁）、大学入試センター（文科省）、国立美術館（文科省）、国立病院機構（厚労省）などがある。役職員が公務員としての身分を有する行政執行法人は、国立公文書館（内閣府）、統計センター（総務省）、造幣局（財務省）、国立印刷局（財務省）など合計七つ設置されている。

(4) 組織運営

独立行政法人の業務運営は、主務大臣が与える目標に基づき各法人の自主性・自律性の下に行われる。主務大臣は、業務運営の効率化やサービスの質の向上、財務内容の改善などをまとめた「中期目標」(中期目標管理法人の場合には３～５年、研究開発法人の場合には５～７年、行政執行法人の場合には１年の年度目標)を法人に提示し、法人は自ら定めた中期計画(年度計画)に基づいて業務運営を行う。

予算に関しては国から**運営費交付金**が交付されるが、使途を特定しない「渡し切りの交付金」として法人が弾力的・効果的に使用することができ、財務に関しては一般の企業と同様に**企業会計原則**が採用されるなど会計の透明化が図られ、財務諸表の作成などが求められている。

(5) 第三者評価

法人の業績評価については、かつてはそれぞれの行政機関に第三者の評価委員会が設置されていたが、主務大臣の下でPDCAサイクルが実現できるように、現在では大臣の評価を主体とする制度となっている。

これに対して、**独立行政法人評価制度委員会**(総務省の審議会)が**第三者機関**として、主務大臣の目標設定や法人に対する評価を行っている。こうした第三者評価を通じて過去には統合、廃止された法人もある。

(6) 地方独立行政法人

独立行政法人制度は、地方独立法人法に基づき、地方自治体にも導入されている。地方独立法人制度の仕組みは国の制度とほぼ同様であり、公共上の見地から確実に実施される必要があるが、民間の主体に委ねた場合には実施されないおそれがある事務及び事業について、地方公共団体が設立する法人に行わせるものであるとされている。試験研究、大学の設置・管理、水道、軌道、ガス、病院などに導入可能である。

例えば全国の公立大学は現在その大半が地方独立行政法人の一種である「**公立大学法人**」として設置されている。

独立行政法人（中期目標管理法人及び研究開発法人）の仕組み

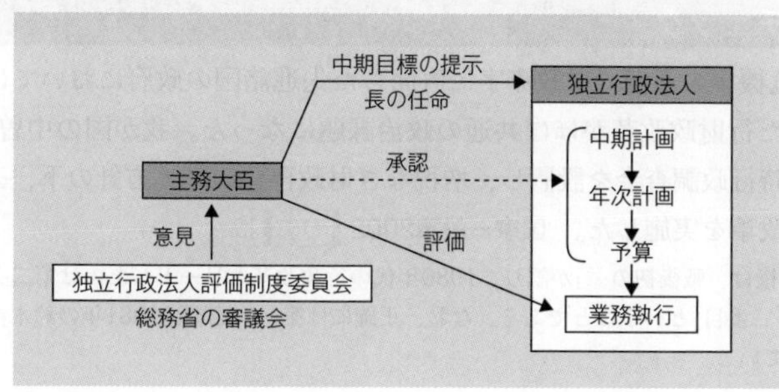

2.2 国立大学法人 ★★★

(1) 背　景

かつて国立大学は文部科学省の内部組織である施設等機関（国家行政組織法８条）であり、教職員は国家公務員であった。国の機関、国家公務員としての制約が多く、国立大学の自主的な運営が妨げられているとの判断から、2004年に全国の国立大学・短大に対して、**それぞれに独立した法人格**を付与する**国立大学法人**制度に移行している。

(2) 国立大学法人の運営

国立大学法人は広義の独立行政法人の一種に分類される（ただし法人格は異なる点に注意）。ただし、教育・研究機関としての性格上、先述の独立行政法人よりもさらに大きな裁量が与えられている。例えば国立大学の学長の任命権者は文部科学大臣であるものの学長候補は大学内で選考されており、中期目標の設定もその原案は大学自身が作成するなど、国立大学の自主性を尊重する形となっている。

予算は国から運営費交付金が交付され、第三者評価機関である国立大学法人評価委員会によって経営面も含めた国立大学法人の業績全体の総合評価が行われるなど、基本的な仕組みは一般的な独立行政法人と同様である。

過去問チェック

01 石油危機後の不況で財政赤字に直面した先進諸国の政府においては、減量経営を目指した行財政改革がほぼ共通の政治課題になった。我が国の中曽根政権は、戦後初の臨時行政調査会を設置し、増税なき財政再建の基本方針の下、三公社の民営化などの改革を実施した。**国家一般職2002** 1.1 1.2

×「中曽根政権は、戦後初の…」が誤り。1980年代の行政改革をリードしたのは第二次臨時行政調査会であり、「二番目」ということである。なお、正確には第二次臨調は1981年の鈴木善幸内閣のときに設置されている。

02 昭和36年に設置された臨時行政調査会は、政府行政の広範な分野を対象とする中で、内閣の調整機能の拡充や予算編成権の移管などの審議を行った。昭和56年に設置された第二次臨時行政調査会は、増税なき財政再建を目指して審議を行い、1省庁1局削減や総定員法の制定を求める答申を行った。**国家一般職2013** 1.1 1.2

×「第二次臨時行政調査会… 1省庁1局削減や総定員法」が誤り。1省庁1局削減と総定員法は第一次臨時行政調査会のときである。第二次臨調での成果は三公社の民営化などである。

03 第二次臨時行政調査会は、昭和56年に設置され、「小さな政府」を旗印に、日本国有鉄道、日本電信電話公社、アルコール専売事業のいわゆる三公社の民営化と大幅な増税等を提言し、二度の石油危機以降の財政危機を建て直そうとした。**国家一般職2017** 1.2

×「アルコール専売事業」が誤り。1980年代に民営化されたのは「たばこ塩専売公社」であり、現在のJTである。また「大幅な増税等を提言」も誤り。「増税なき財政再建」が第二次臨調のスローガンである。

04 いわゆる小泉構造改革は、小泉純一郎内閣時代の経済・行政改革の総称で、「官から民へ」、「国から地方へ」をスローガンに、道路公団の民営化、独立行政法人制度の創設、組織の大括り化による省庁再編等を行った。**国家一般職2017** 1.3 1.4

×「独立行政法人制度の創設、組織の大括り化による省庁再編」が誤り。これらは橋本龍太郎内閣による橋本行革で実現したものである。

05 独立行政法人通則法に基づく独立行政法人制度は、イギリスのエージェンシー制度をモデルとし、企画・立案と執行の分離という理念の下に創設され、職員はすべて国家公務員としての身分を失った。**特別区Ⅰ類2011** 2.1

✕「職員はすべて国家公務員としての身分を失った」が誤り。独立行政法人の一部は国家公務員の身分を有している。

06 国の機関であった各国立大学は、平成16(2004)年、全国1つの「国立大学法人」として統合され、私立大学などの学校法人制度と全く同様の制度によることとなった。国立大学法人では、大学の自主性を高める観点から、学長について、従来の文部科学大臣の任命から、法人の「役員会」による互選へと改められた。**国家総合職2005** 2.2

✕「全国1つ」、「学校法人制度と全く同様」、「「役員会」による互選」が誤り。国立大学はそれぞれが法人格を有しており、また運営の費用は国から交付されるなど私立大学とは根本的に異なる。そして学長の任命は文部科学大臣によって行われる。

3 政策過程論

本節では政策が作成・決定・実施されるプロセスについて分析する理論や実態について学習します。政策決定の当事者は何を考えて決定しているのか、ときには合理的でない決定が行われる理由は何かなど、政策決定が偶然に左右されるメカニズムなどについても解説します。また、実施された政策を評価する仕組みや政策に必要な統計データのあり方についても解説します。

キーワード

政策のライフサイクル／政策産出分析／政治システム論／合理的選択論／インクリメンタリズム／混合走査法／合理的行為者モデル・組織過程モデル・組織内政治モデル／ゴミ箱モデル／政策の窓モデル／実施のギャップ／政策評価法／インプット・アウトプット・アウトカム／時のアセスメント／調査統計と業務統計／基幹統計調査と一般統計調査／ EBPM ／相関関係と因果関係／ランダム化比較試験

1 政策過程の理論

1.1 政策のライフサイクル ★★★

(1) 政策とは何か

(公共)政策とは、政府の活動に根拠を与え、どのような活動を政府が行いうるかの案を示したものである。政策の範囲は広く、政府の法律、条例、規則、計画、構想、方針、予算が含まれる。

(2) 政策のライフサイクル

では、政策はどのように形成され、実施されるのか。この政策の「誕生から終了まで」のプロセスを政策過程または**政策のライフサイクル**という。具体的には**❶課題設定**、**❷政策立案**、**❸政策決定**、**❹政策実施**、**❺政策評価**という５段階に区分することができる。

ただし、政策は一度切りで終わるものではない。ある政策は評価・見直しされ、次の政策へとフィードバックされていく。このように政策のライフサイクルは常に循環するものであり、政策循環過程とも称される。

政策のライフサイクルは、課題設定(アジェンダ・セッティング)から開始する。社会には多種多様な問題が存在するが、すべての社会問題が政府の対応すべき政治課題になるわけではない。したがって政府は問題群の中から対応すべき問題を選び取る必要がある。

ただし、この課題設定の機能は政府のみに担われるものではない。政府が対応すべき問題の選択は、政府はもちろんのこと、政党、利益団体、マス・メディアによって行われることもある。

このように課題設定されると、そのための対応策が検討され(政策立案)、権限を持つ役職者や機関がその政策の実行を決断し(政策決定)、実際に実行に移される(政策実施)。そして、最後に評価を受ける。以下では、こうした一連のプロセスを分析した理論について解説していく。

政策のライフサイクル

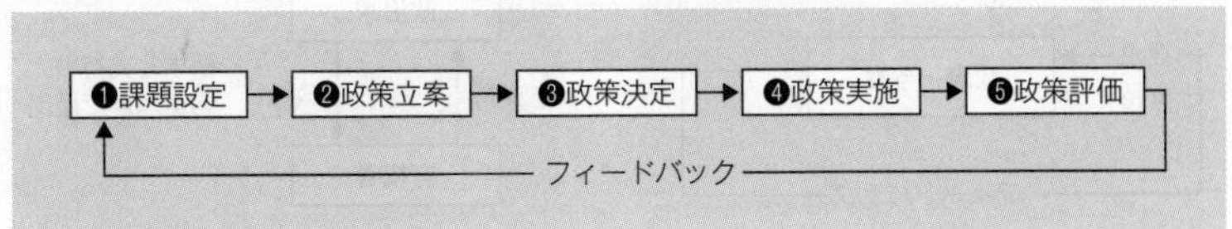

1.2 政策形成の分析手法 ★★★

(1) 政策産出分析

政策産出分析(policy outcome analysis)とは、各国間・各自治体間の政策の比較分析を行うために開発された手法である。具体的には比較対照する各政府の政策と社会経済的諸条件の相関関係を分析する。

T.ダイとI.シャーカンスキーは、このモデルにより、政府の政策の内容はその社会の産業化、都市化、所得水準、教育水準などと高い相関関係があることを示した点で有名である。要するに先進国と途上国、都市と地方では、各種社会経済的条件が異なるので、政策の中身が異なることが理解できるのである。

(2) イーストンの政治システム論

政治学で学習した**D.イーストン**の政治システム論も政策決定のメカニズムを分析したモデルの一つである。政治システム論では、有権者は政策要求(要求)と政治的支持(支持)を政治システムに入力し、政治システムがこれを政策に変換して出力するとされる(図左)。

したがって、このモデルでは有権者は政治家に政策を要求し、政治家は有権者の支持を調達するために政策を実現するという、有権者と政治家との間には**政治的交換**が成立していると考えられている(図右)。これを難しく言うと「政策は政策要求と政治的支持が均衡する点まで産出される」ということになる。要するに、政治家は有権者の要求に応え、自らへの支持(政治的支持)を調達できる水準まで政策を実施するが、予算制約があるためそれ以上は行わないということである。

イーストンの政治システム論

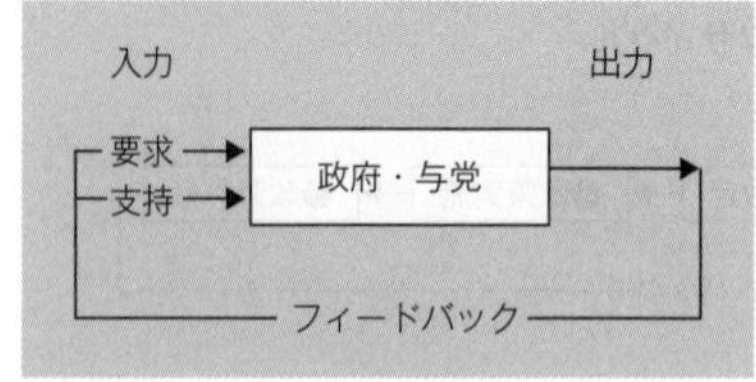

政治家と有権者の交換

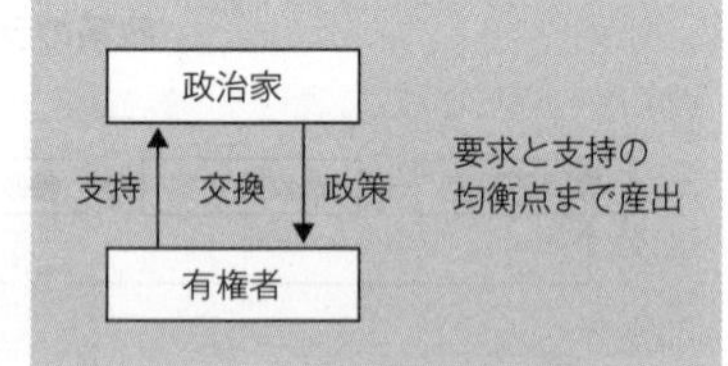

(3) ダウンズの合理的選択論

合理的選択論

政治学で学習した**A.ダウンズ**の議論も政策決定のメカニズムを説明したモデルとして解釈できる。合理的選択論では、有権者は合理的な行為者であり、便益とコストを秤にかけ投票するものと考えられている。これを政策決定のメカニズムに応用すると、有権者は政策から受ける便益と課税される費用の利害関係を秤にかけ、その間の均衡点で政策が産出されるというように説明できる。

先述のイーストンの議論と比較すると、政治システム論は「政治家の打算」に比重を置いた説明であり、ダウンズの議論は特に「有権者の打算」に注目した説明であると考えればよい。

1.3 インクリメンタリズム ★★★

（1）背　景

現実の政策決定においては、大きな変化を伴う画期的な改革が行われることは少なく、既存の制度を前提とした**過去の政策の延長**であることが多い。実際の予算編成過程でも、大きな改革の必要性が指摘されながらも、予算を抜本的に変更することは困難であり、前年度予算を基準とした微修正を基本としている。⇒第5章第1節

（2）定　義

以上のような予算編成過程の実態分析から、政策立案において一般的に見られる行動様式を導き出したのがアメリカの政治学者**C.リンドブロム**（1917～2018）である。彼は現実の政策決定とは継続的に少しずつ現状を変えていこうとするもので、従来の**政策の変化分**（increments）として積み上げられていくものであるとし、これを**インクリメンタリズム**（**漸増主義・増分主義・漸変主義**）と呼んでいる。

（3）インクリメンタリズムの行動様式

では、実際の政策立案者は具体的にはどのように行動しているのだろうか。インクリメンタリズムの行動様式は主に三つの要素に整理することができる。

① 漸進的・連続的な変化

まず、政策を立案する際には現行の政策に**わずかな修正**を加えただけの政策案から始める。そして、課題を抜本的に解決しようとせずに、政策の修正・変更を繰り返しながら**漸進的**にこれを解決しようとする。

抜本的な改革は多数の利害関係者が絡む中では難しく、その政策を現場で実施する担当者にとっても大きな負担となるからである。

② 対象の限定

政策案の検討は実現可能と思われる**少数の選択肢**に留め、その中から最善と思われるものを選択する。つまりすべての選択肢を検討することは現実的ではなく、あらかじめ選択肢を限定しているということである。

また、政策の立案にあたっては、所属機関（省庁）と関連団体の利益の観点からこれを行い、その他の集団の利益のことまで考慮に入れようとはしない。要するに政府全体の見地から全体の利益を追求することは現実的ではなく、自らが所属する組織の**自己利益を追求**しているということである。

③ 目的と手段の連動

一般的に意思決定とは、まず目的があり、それを実現する手段を検討するというプロセスを想定しており、目的と手段を別個のものとしている。しかし、インクリメンタリズムでは、**目的と手段を区別せず**、両者をワンセットとして考える。

要するに現実の政策決定では、すでに手持ちの政策手段があり、それに見合うように目的を修正することもあるということである。

（4）多元的相互調節

以上のようなインクリメンタリズムは、現実の政策決定の当事者は「このように行動している」という事実を説明している「**記述モデル**」としては現実的である。しかし「このように行動すべきだ」と主張する「**規範モデル**」として見た場合には変革を嫌う現状肯定の保守的な説明であると評される。

そこで問題となるのが、先に言及した「組織の自己利益を追求する」という政策決定当事者の行動様式である。国益ではなく省益を追求する官僚はしばしば批判の対象となるところである。しかし、リンドブロムはそれでも問題ないという立場である。それぞれの行政機関が利己主義に走っても、**市場の自動調節機能**が働くように、各行政機関の多元的な自己利益は最終的には調整され、公共の利益に合致した合理的な政策に収斂するとし、これを**多元的相互調節**と呼んでいる。

（5）多元的相互調節への批判と擁護

しかし、以上の多元的相互調節の理論は現実には機能していないという反論もある。基本的に行政機関は組織化されていない潜在的な利益について鈍感であり、業界団体などのように明確に組織化された利益に敏感に反応する。したがって、すでに組織化された利益ばかりが政治過程に表出され、リンドブロムのいう多元的相互調節に委ねているだけでは、様々な潜在的利益は無視され、公共の利益は実現しないのではないかというのである。

このような反論に対して、アメリカの政治学者**A.ウィルダフスキー**(1930～93)は、組織化されていない利益があるならば、それを政治過程に表出させるためのカウンターバランスの装置を政治過程に組み込むべきであると主張し、多元的相互調節の理論を**擁護**している。

以上の主張を日本に当てはめてみよう。仮に経済産業省が企業や業界団体の利益ばかりを考慮し、環境保全や消費者利益を無視しているのであれば、そのカウンターとなるような行政機関を作るべきであり、実際に環境省や消費者庁が設置されている。利害の対立する行政機関を競わせることで政治過程は多元化し、多元的相互調節の結果は公共の利益の実現に近づくはずだということである。

1.4 混合走査法 ★★★

(1) 背　景

先述のインクリメンタリズムでは公共政策は基本的に「過去の延長」であると理解されている。しかし、ときに大きな変革を伴うような決定も行われる。アメリカの社会学者A.エチオーニ(1929〜　)は、現実の政策決定はインクリメンタリズムのみでは説明できないと考え、より包括的なモデルである混合走査法を提唱した。

(2) 合理モデルとインクリメンタリズムの折衷

混合走査法(mixed scanning model)とは要するに、問題によってアプローチを使い分ける方法である。基本的な政策の方向を決定することになる重要案件(戦略的選択)に関しては合理モデル(⇒第2章第2節 2.2)が適用され、日常業務的な案件(業務的選択)に関してはインクリメンタリズムを適用する。つまり、混合走査法とは、合理モデルとインクリメンタリズムの要素を折衷したモデルだということがわかるだろう。

混合走査法

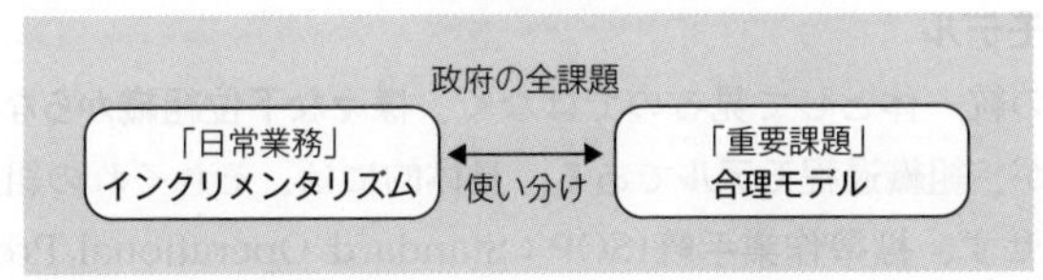

1.5 アリソンの三つのモデル ★★★

(1) 背　景

G.アリソン
[1940～　]

G.アリソン(1940～　)は、政策決定論の古典として知られる**『決定の本質』**で知られる国際政治学者である。彼は同書において1962年の**キューバ危機**に際してアメリカ・ソ連の両国の意思決定を分析し、意思決定のモデルとして三つのモデルを提唱した。

(2) 合理的行為者モデル

「アメリカの思惑は～」などというように、我々はアメリカ政府を一人の人間かのように擬人化して説明することがよくある。これが**合理的行為者モデル**(合理的アクターモデル)である。すなわち、**単一の主体である政府**が様々な選択肢を検討した上で、合理的に意思決定していると仮定したものである。

しかし、現実の政府は様々な組織や個人の集まりであり、組織や個人の思惑も一致するとは限らず、選択肢を検討にするにあたって十分な情報の下で合理的に決定したとはいえない場合もある。したがって、また別の分析モデルが必要となる。

(3) 組織過程モデル

政府を一つの統一体として見るのではなく、**様々な下位組織からなる連合体**であると考えるのが、**組織過程モデル**である。具体的には、それぞれの組織は他の組織のことを考慮せず、**標準作業手続**(SOP：Standard Operational Procedure)、すなわち「**予め決められた手順**」に則って行動していると考える。

このモデルを用いることで、同じ課題に直面したとしても各組織は自身の標準手続作業に従って行動する結果、全体としては相互に矛盾する取組みを行っているということが説明できるのである。

(4) 組織内政治モデル

組織過程モデルよりさらに分析の単位を絞り、政府を**様々な役職者の集合体**と見るのが**組織内政治モデル**(政府内政治モデル、官僚政治モデル)である。組織過程モデルでは各組織が無関心であることが前提となっているが、組織内政治モデルでは、様々な役職者たちが自らの目標を達成するために、他の役職者たちと**様々な交渉や駆け引き**を行っているとみなしている。

このモデルを用いることで、例えば互いの顔を立てるために「どっちつかずの決定」「玉虫色の決定」がなされることがうまく説明できるのである。

アリソンの三つのモデル

	合理的行為者モデル	組織過程モデル	組織内政治モデル
分析単位	政府全体	政府内の下位組織	政府内の各役職者
決定方式	合理的な意志決定	標準作業手続	他の役職者との交渉・駆引き
概要	単一の主体である政府が合理的に決定	組織プロセスのアウトプットとしての決定	役職者間の交渉の結果としての決定
特徴	矛盾する政策を説明できない	矛盾する政策を説明できる	曖昧な政策を説明できる

Power UP　キューバ危機の分析

アリソンは三つのモデルを用いてキューバ危機を実際にはどのように分析しているのだろうか。

まずキューバ危機でソ連がキューバにミサイル基地を建設したことに対して、アメリカが実際に選択した手段は海上封鎖である。アリソンは、国家安全保障という誰もが認識する最重要案件で、おおよその価値観を共有した少数の関係者のみで行われた意思決定であるため、合理的行為者モデルの説明力はそれなりに高いとしている。

しかし、現実には大統領、空軍及び海軍の責任者など様々な関係者が参加して行われた決定であるため組織の要因も考慮する必要があるという。空軍も海軍も「標準作業手続」として各種計画を準備していたが、大統領から対応策を求められたときには空軍は大統領の求めるような空爆作戦を立案できず、逆に海軍の海上封鎖は実施可能な状態にあった。したがって、海上封鎖は巨大な組織の中ですでに用意されていた選択肢であったというのが組織過程モデルの説明となる。

さらに政府内の各役職者に注目すると、政権内も空爆派と海上封鎖派で対立する中で、最終的にはケネディ大統領が海上封鎖派の説得に応じたという説明もできるという。これが組織内政治モデルである。

このようにアリソン自身は三つのモデルは決して相互排他的ではなく、相互補完的なモデルであるとしている。

1.6 ゴミ箱モデル　★★★

（1）背　景

読者は「大学の教授会」と聞いてどのような場所を想像するだろうか。教授会といってももちろん様々であるが、一般的な傾向として言えるのは、通常の民間企業と比較すると「ゆるく」、「曖昧」ということである。様々なバックグラウンドを持つ教員の関心には大きなばらつきがあり、大学運営よりは研究が大事ということで会議には欠席しがち。そのようなメンバーで構成される会議とはどのようなものか。

こうした関心から考案されたのが、D.コーエン、J.マーチ、J.オルセンらのゴミ箱モデル（ゴミ缶モデル）である。

(2) 組織化された無秩序

まず、ゴミ箱モデルとは、政策決定の場を「**ゴミ箱**」に見立て、そこに投げ込まれる課題や政策を投げ込まれる「ゴミ」に喩えたものである。すなわち、**政策決定の雑然さや無秩序さを強調**したものである。

ゴミ箱モデルによれば、政策決定の場は、❶政策決定者の**選好**は不確か(政策決定者本人が何を望んでいるかは曖昧)で、❷**情報**は不確かであり(断片的・一面的な情報に頼らざるをえない)、❸政策決定への**参加は流動的**(参加者の入れ替わりがあり得る)、という状態にある。このような不確かな状況を**組織化された無秩序**(organized anarchy)と呼んでいる。

ここでは単に「無秩序」と表現していないことに注意しよう。あくまで「組織化された」と言われるように、現実の政策決定の場は、「組織化」と「無秩序」の間を揺れ動いているということであり、組織化の程度が高く安定した決定の場もあれば、重要な参加者が不在なことで無秩序になることもある。ここではそうした変化を念頭に置いている。

Power UP　ゴミ箱モデルの実際

ここでは誰もが知る文房具の一つ「ポストイット」(アメリカ3M社の登録商標) を事例に説明しよう。ポストイットはもともと研究の失敗から生まれたそうである。強力な接着剤を研究していたチームは思うような効果を持つものを生み出すことができず、「付くとも付かないともいえない」微妙な物質を発見した。当初は失敗であると思われたが、研究グループのメンバーが入れ替わる中で、この微妙な接着剤を他に応用できないかと考えた研究員が最終的に「しおり」に用いることを考えた。

つまり、「強力な接着剤」という本来の課題解決には失敗したが、偶然メンバーが変更されたことにより失敗したはずの「微妙な物質」という手段が注目され、「しおりに仕える便利な接着剤」という課題が後から生まれて偶然に結びついたわけである。

ゴミ箱モデル

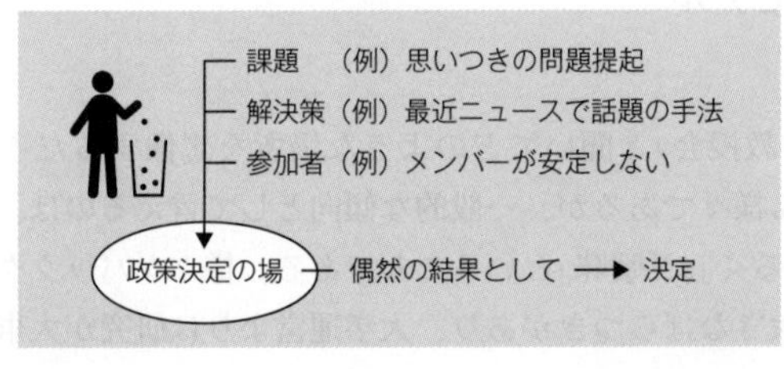

1.7 政策の窓モデル ★★★

（1）背　景

「千載一遇の機会」を英語ではwindow of opportunityという。偶然に偶然が重なり政策の実現に絶好の機会が訪れる。こうした状況をアメリカの政治学者**J.キングダン**(1940～　)は「**政策の窓が開く**」と表現している。

（2）課題の流れ・政策案の流れ・政治の流れ

政策の窓モデルとは、新しい政策がどのように採用されるのかを一般化して記述したものであり、キングダンによれば、**❶課題の流れ**、**❷政策案の流れ**、**❸政治の流れ**の三つが合流したときに「政策の窓」が開き、政策決定が実現するという。

すなわち、多くの課題の中から特定の問題が注目されるようになり(課題の流れ)、多くの政策アイデアの中から特定のアイデアが提案されるようになり(政策案の流れ)、選挙や政権交代などを通じて政治情勢が変化するときに(政治の流れ)、その課題はアジェンダとして高い位置づけがなされ、政策が実現するのである。

Power UP　政策の窓モデルの実際

ここでは安倍晋三内閣によって進められた「女性活躍推進」という政策を事例として説明しよう。まず安倍首相（当時）は自他ともに認める右派（保守）の政治家であり、第一次安倍内閣（2006～07）では防衛や教育が重視され、女性政策は重要課題とは位置づけられていなかった。

そもそも女性政策はどちらかと言えば左派（リベラル）の政治家が重視することが多く、2009年の政権交代で誕生した民主党政権は経済成長戦略の重要な核として女性活躍を位置づけ、特に民間企業における女性活躍の取組みなどをこれまでの政権以上に進めた。

そこで、野党に転落するという苦い経験を味わった安倍は2012年に再び政権を取り戻すと、経済成長戦略（アベノミクス）の重要な柱として女性活躍を位置づけた。民間企業に女性活躍の数値目標を義務づける女性活躍推進法を成立させ、幼児教育の無償化を実現するなど女性活躍でも安倍内閣は一定の成果を上げた。

つまり、民主党が自民党に勝利するという本格的な政権交代が実現したことで「政治の流れ」が代わり、民主党が女性政策を進めたことで「課題の流れ」も変化し、女性政策は経済政策に貢献するというアイデアが注目されたことで「政策案の流れ」も生まれた。これらが合流することで、安倍内閣の下で女性活躍推進という「政策の窓」が開いたのである。

1.8 実施のギャップ ★★★

(1) 背　景

これまで見てきたものは主に課題設定、政策立案、政策決定に関するモデルである。これに対して、政策の実施それ自体に注目する政策実施論もある。中でも有名なのがJ.プレスマンとA.ウィルダフスキーの「実施のギャップ」という考え方である。

(2) 実施のギャップ

政策は様々な要因により当初の意図とは異なる結果をもたらすことがある。この政策の意図された目的と実施の結果の間に生じる乖離を、**実施のギャップ**(implementation gap)という。実施のギャップが生じる原因は❶合意調達の失敗、❷予測の失敗、❸日常的で些末な出来事の累積である。

① 合意調達の失敗

政策決定の段階で関係者に十分な合意が達成されていない場合、実施のギャップが生じる。例えば、中央政府が地方政府の十分な了解を得ないまま地方政府に政策の遂行を義務づけた場合、現場の混乱や意図的なボイコットなどが生じることがある。

② 予測の失敗

たとえ関係者間での合意が達成されていても、政策の中身が十分に吟味されていなかった結果、実施のギャップが生じる。例えば、関係者の合意の下で大規模なダム建設が決定したものの、当初の予測通り電力需要が伸びず、環境破壊への問題意識が高まったため、事業が中止になるというのは、予測の失敗によって生じたギャップである。

③ 日常的で瑣末な出来事の累積

例えば、ダム建設において、請け負った民間事業者で担当者が病気で入院する、工事の認可を行う役所で人事異動があり、手続が遅れるなどといった些細なことが積み重なることで、ダム建設そのものが中止に追い込まれるということもある。

❷ 政策評価

2.1 政策評価制度の歴史 ★★★

（1）地方自治体の政策評価制度

我が国の政策評価制度は、まず**地方自治体から導入**された。北海道の「時のアセスメント」（後述）から発展した「政策アセスメント」、三重県の「事務事業評価」、静岡県の「目的志向型施策評価（業務棚卸）」などが代表的な事例である。

2022年現在、都道府県と政令指定都市のほぼすべて、市区（政令指定都市・中核市・特例市を除く）の約８割、町村の約４割が導入している。

（2）国の政策評価制度

国レベルの政策評価制度は、中央省庁再編に際して2001（平成13）年１月より全政府的に導入されており、**政策評価法**（行政機関が行う政策の評価に関する法律）も制定されている。

以下では国の政策評価法に基づいた仕組みを解説していく。

2.2 国の政策評価制度の概要 ★★★

（1）政策評価の目的

国が制定している「政策評価の標準的ガイドライン」では政策評価の目的として、❶国民に対する行政の**説明責任**（アカウンタビリティ）の徹底、❷国民本位の効率的で質の高い行政を実現すること、❸国民的視点に立った成果重視の行政への転換を図ること、の３点が挙げられている。

（2）政策評価の対象機関

① 対象機関

政策評価法の対象となる「行政機関」は、原則として内閣府及び各省である。このように政策評価法は、府省を政策評価の基本的単位と位置づけている。

② 対象外の機関

会計検査院、人事院は、組織としての特殊性や独立性を考慮して対象機関には含まれていない。また、内閣の下に置かれる内閣官房、安全保障会議、内閣法制局等も対象には入らない。そして、独立行政法人等も同法の対象ではなく、別法に基づいて政策評価が実施されることとなっている。

(3) 政策評価の実施体制

① 政策評価の実施体制

国の政策評価は各府省が行う「自己評価」と総務省行政評価局が行う評価の二重の体制によって行われている。

具体的には、各府省が政策を企画立案し遂行する立場から政策評価を実施し(自己評価)、政策評価を所管する総務省行政評価局が各府省の政策評価について第三者的な観点から評価を行うという体制となっている。

② 国会への報告・国民への公表

以上の政策評価について、政府は各行政機関が行った政策評価及び総務省が行った政策の評価の実施状況及びこれらの結果の政策への反映状況を取りまとめ、国会に報告するとともに、公表する義務がある。

国の政策評価制度

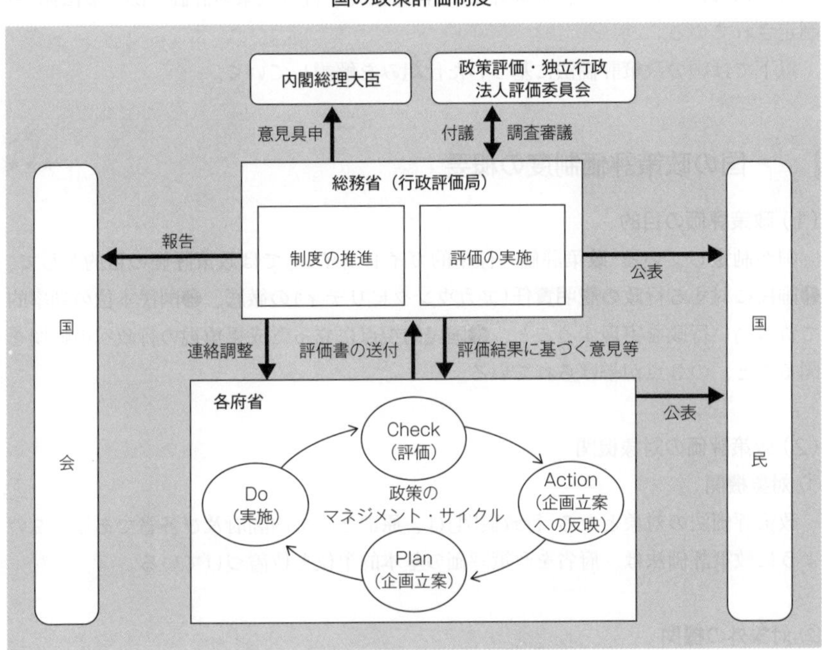

2.3 政策評価の指標 ★★★

(1) 概　要

政策評価において、行政の業績を評価するための指標には様々なものがある。主な指標はインプット指標、アウトプット指標、アウトカム指標の三つである。

(2) インプット指標

インプット指標(input)とは、行政活動に投入された資金や人員で表示するものである。例えば「国道建設に投入した金額」などである。

(3) アウトプット指標

アウトプット指標(output)とは、行政活動によって提供されたモノやサービスの量である。例えば「新たに建設された国道のキロ数」を示す指標である。

(4) アウトカム指標

アウトカム指標(outcome)とは、行政活動によって達成された成果である。例えば国道建設に伴い「30分以内で通勤できる人の割合の増加」などを指す。政策評価では、国民に対する具体的な成果を重視するため、アウトプット(産出量)よりもアウトカム(成果)が重視される。

Power UP　アウトカムの逆機能

例えば、図書館行政において来訪者数がアウトカムとして評価の対象になるのなら、漫画の蔵書を増やせばよい。しかし、来訪者の数が増えることそれ自体が本来の目的ではないはずである。NPMでは、行政サービスを計画や予算の執行など政策のアウトプットよりも、アウトカムで評価することが提唱されており、成果に注目することで、官僚制の機能障害を打破し、顧客志向の行政を行う狙いがある。

しかし、アウトカムの指標化が一人歩きすれば、そこでもやはり、官僚制の機能障害の一例である「目的の転移」が生じる可能性がある。

2.4 政策評価と行政管理

★★★

ここでは、政策評価と行政管理が連動した二つの仕組みを紹介する。

(1) サン・セット方式

① 概　要

まず、サン・セットとは日没のことであり、転じて「物事の終わり」「期限」という意味で用いられる。**サン・セット方式**とは、政府の組織や制度について、予め法律で終期を明記しておく制度であり、一種の時限立法である。

したがって、一定期間を経た時点で行政事業の見直しを行い、事務継続の必要性が特に認められない限り、自動的にこれを廃止するというように機能する。

② 歴　史

アメリカでは、このサン・セット方式を法令審査に導入しており(サン・セット法)、新たに制定される法律を時限法にし、時限ごとに更新の必要の有無を厳格に審査することで、法令の増殖に歯止めをかけている。

(2) 時のアセスメント

① 概　要

時のアセスメントとは、予算化されているにもかかわらず長年実施されていない事業などについて、中止や継続の有無を定期的に再評価する仕組みである。

大規模な事業は実施までに時間がかかることが多いが、計画策定時と現在では社会情勢などが全く異なることも多く、その事業について、継続・縮小・中止といった事後的な検討が必要になることから生まれたのである。

② 歴　史

時のアセスメントは、北海道がダム事業について実施したのが始まりである。「行政のやることに間違いはない」とする「無謬性神話」に一石を投じたものとなり、導入当時大きな話題となった。

現在では国や都道府県には公共事業の再評価システムが導入されており、「時のアセスメント」は制度化されている。具体的には、国や県は公共事業評価監視委員会を設置しており、同委員会は予算化した後５年経っても未着工、10年経っても未完成などの事業について見直しや中止の意見書を提出する仕組みとなっている。

3 統計とEBPM

3.1 行政と統計 ★★★

(1) 行政と統計

行政は、社会環境条件の変動に対応して活動する必要があることから、その変動を探知して予測する統計データが不可欠である。日本の国の統計は内容別に調査統計、業務統計に分類されている。

① 調査統計

調査統計とは、**社会事象の変動を探知することそれ自体を目的**として行うものをいう。具体的には、例えば調査対象者に対して調査票を配布し、回答者から得られた情報から統計データを作成するなど、統計調査を通じて得られたものをいう。

調査統計には**国勢調査**(日本に居住するすべての人と世帯を対象とし、就業や住居の状態などを広汎に調査するもので５年ごとに実施)、家計調査(全国約9,000世帯を対象として毎月の収入や支出、貯蓄などを調査するもの)などがある。

② 業務統計

業務統計とは、**業務記録などから副次的に得られるもの**をいう。具体的には行政機関の有する登録や届出、業務記録など業務上の必要から収集・作成したものを集計して得られたものをいう。これらの業務統計などを加工して得られるものはさらに加工統計と呼ばれる。

業務統計には、**貿易統計**(税関に提出された輸出入の申告を集計したもの)、**人口動態統計**(出生・死亡・婚姻の届出を集計したもの)などがある。

(2) 基幹統計調査と一般統計調査

日本の国や地方自治体が集計する公的統計については、**統計法**において基本事項が定められている。公的統計のうち、特に重要な統計を**基幹統計調査**、それ以外を**一般統計調査**と位置づけている。

基幹統計調査に指定されているのは、国民経済計算(GDP統計)、国勢統計、学校基本統計など2022年現在53の統計である。

基幹統計調査は特に重要な統計調査であり、正確な統計を作成する必要があることを踏まえ、**調査対象者には報告(回答)する義務**が課され、違反した場合には罰金を定めるなど一般統計調査にはない特別な規定が定められている。

(3) 総務省と統計委員会

実際の統計調査は内閣府の国民経済計算、文部科学省の学校基本統計などのように、各行政機関が必要な情報を集めるために実施されている。これらの統計については国全体としての体系性を確保し、効率よく実施される必要があることから、**総務省統計局**が国の重要な統計についての企画立案及び実施を担当している。各行政機関は統計調査(基幹統計調査及び一般統計調査)を実施する場合には、事前に総務大臣の承認を取り付ける必要がある。

また総務省には統計制度について調査審議するための審議会として**統計委員会**が設置されている。統計委員会は、審議会としては例外的に、関係行政機関に対する資料提出や説明要求権が認められているなど、公的統計の運用において決して小さくない役割を果たしている。

(4) 統計の活用方法

アメリカの経済学者**H.サイモン**は、統計から得られる情報の性格を基準として統計情報を三つに分類している。

① 成績評価情報

成績評価情報とは、**業務が適切に遂行されているかを確認するための情報**である。業務統計の多くは成績評価情報に該当する。例えば先述の貿易統計は税関の日々の業務状況を確認するために利用できる。

② 注意喚起情報

注意喚起情報とは、**注意を振り向ける問題の所在を探知するための情報**である。調査統計の多くが該当する。例えば先述の国勢調査は日本国内の人や世帯の実態を把握するものであり、重要な政策課題を検討する際の基礎資料として利用される。

③ 課題解決情報

課題解決情報とは、**課題・背景・原因などを詳しく調査することで得られる情報**である。例えば国勢調査によって東京への一極集中がさらに進展し、地方の衰退が一層顕著であるという情報が得られたとしよう。これは東京一極集中への関心を促す「注意喚起情報」である。しかし、ではどのようにすれば一極集中を是正できるのかということはわからない。そこで、地方から東京への流入の原因についてさらに調査し、地方の疲弊の実態について詳しく調べるといった課題解決のための独自の調査が必要になる。

3.2 EBPM ★★★

(1) 背景

2000年代以降、国際機関や先進諸国では、エビデンス(客観的根拠)に基づく政策形成を重視するという流れが一般的になっている。エビデンスという概念はもともと医療の世界で生まれたもので、医者の経験やカンではなく、データの収集と分析の結果に基づいて意思決定をすべきという考えが1990年代以降主流となり、EBP(根拠に基づく実践：Evidence Based Practice)と呼ばれるようになった。

これを公共政策に応用したのがEBPM(根拠に基づく政策立案：Evidence Based Policymaking)である。

(2) 相関関係と因果関係

では、そもそもエビデンス(客観的根拠)とは何か。ここでいうエビデンスは単なる統計データそれ自体ではなく、「政策の因果関係」を意味する。

例えば進学率が低いという課題に対して奨学金を拡充するという政策を行い、奨学金を受給している人ほど進学率が高いというデータが得られたとする。これを根拠として奨学金を充実させるという政策決定をすべきではないというのがEBPMである。

奨学金の受給と進学率の間に「**相関関係**」が見られるのは確かである。しかし、これだけでは奨学金を受給したこと(原因)が進学率の上昇(結果)をもたらしたという「**因果関係**」は導き出せない。奨学金と進学率の間に相関関係が見られるのは、もともと教育熱心な親が子どもに奨学金を利用させただけかもしれない、勉強のできる進学意欲の高い子どもに奨学金が優先的に給付されているだけかもしれないなど、進学率の上昇には他の様々な要因が関係している可能性があり、奨学金の効果は微々たるものかもしれない。

因果関係を特定し、課題解決につながる政策を実施するというのがEBPMの発想である。

相関関係と因果関係

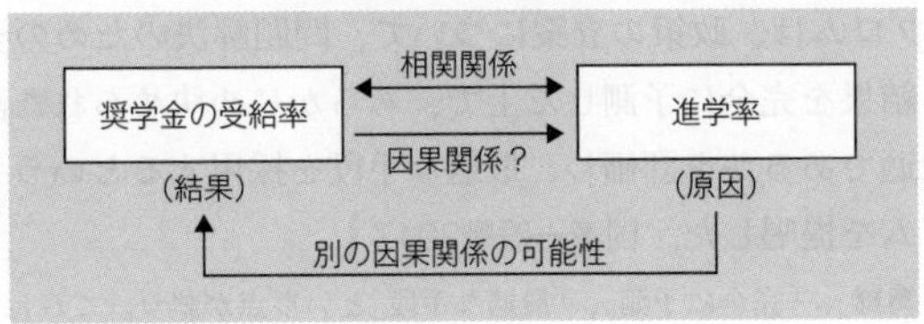

(3) ランダム化比較試験

政策の因果関係を特定するためにEBPMで用いられる代表的手法が**ランダム化比較試験**(RCT：Randomized Controlled Trial)である。ここでは2019年にノーベル経済学賞を受賞したE.デュフロ(1972～)の社会実験を事例として説明しよう。

デュフロは、出席率や卒業率の低い途上国の初等教育の現状を踏まえ、どのような施策が学校教育期間の延長に効果的であるかを実験した。具体的には100ドルの予算で実施できる各種施策(教員の増員、給食、奨学金など)について、ある村では教員の増員、別の村では奨学金などのようにランダム(無作為)に割り当て、その効果を測定した。

教育の充実が目的であるから、教員の増員や給食事業といった施策が効果的であると直感的には考えがちである。しかし、これらの施策の効果は実験の結果微々たるものに過ぎなかった。これに対して「虫下し薬の配布」や「教育投資のリターンに関する情報提供」といった施策の方が圧倒的に費用対効果が高いことが観察された。すなわち「寄生虫に悩むことのない環境」、「学校に通った方が経済的に得だと理解すること」の方がより効果的であったわけである。

このようにランダム化比較試験は、限られた予算の中で目的を達成するためにより効果的な手段を選択することに貢献するのである。

過去問チェック

01 D.イーストンの唱えた政治システムモデルでは、政治家は政権を獲得・維持することを目指し、そのために必要な有権者の政治的支持を獲得するために互いに競い合うため、有権者が要求する水準以上の政策を実現することになるとしている。**国家一般職2007** 1.2

×「政治家は…互いに競い合う」、「有権者が要求する水準以上」が誤り。イーストンの政治システム論は政治家と有権者との間の「交換」を前提としたものであり、政治家は有権者の「支持」が調達できるまで政策の水準を高める。支持が調達できればそれ以上は政策を行わないので、要求する水準以上になることは基本的にない。

02 C.リンドブロムは、政策の立案について、問題解決のための全ての手段を網羅し、得られる結果を完全に予測した上で、あらかじめ決められた評価基準に従ってどの手段が最適であるかを評価し、最適な手段を採用するという手順で行うインクリメンタリズムを提唱した。**国家一般職2017** 1.3

×「全ての手段を網羅」、「完全に予測」、「最適な手段」という点が誤り。これは基本的に合理モデルの説明である。インクリメンタリズムは基本的には過去の延長として政策立案や決定を行うことを想定しており、少数の選択肢だけ吟味し、最適な手段にはこだわらない。

03 C.リンドブロムは、問題を根本的に解決する政策案の検討が重要であり、実現可能性の有無にかかわらず、政策案を網羅的に比較し、検討する必要性があるとする増分主義(インクリメンタリズム)を提唱し、その中から最適なものを選択すると、政策実施後の評価が最小限の費用や時間で行われるとした。国家一般職2019 1.3

× 本問はインクリメンタリズムとは全く逆の説明になっている。インクリメンタリズムは過去の延長として政策立案や決定を行うので、根本的な解決を目指さず、政策案も網羅することはない。

04 A.エチオーニは、実現可能性の高い限定された複数の政策選択肢を選んでそれらを綿密に分析するという混合走査法モデルを提唱し、インクリメンタリズムを排除した政府による一元的な価値体系に基づく政策形成の必要性を主張した。国家一般職2004 1.4

×「インクリメンタリズムを排除」、「一元的な価値体系」が誤り。混合走査法はインクリメンタリズムと合理モデルを組み合わせる方式である。つまり課題の重要性に合わせてときにはあらゆる選択肢の厳密な検討(合理モデル)、ときには過去の延長として政策を行う(インクリメンタリズム)。したがって多元的な価値体系に基づいている。

05 G.アリソンは、キューバ危機の13日間を題材に、当時の政策決定は、一枚岩の政府が政策の選択肢を検討し、自分たちの効用に従ってそれらの選択肢を評価し、利益が最大になるものを選択するという組織過程モデル(organizational process model)のみで説明が可能であるとした。国家一般職2017 1.5

× まず「一枚岩の政府が…組織過程モデル」が誤り。これは合理的行為者モデルである。また「組織過程モデル…のみで説明が可能」が誤り。アリソンは実際には合理的行為者モデル、組織過程モデル、官僚政治モデルを組み合わせて分析している。

06 G.アリソンが示した三つの政策決定モデルのうち、組織過程モデルは、行政組織は各部局などの下位組織の結合体であり、それらが与えられた政策課題に対して互いに利害調整を重ねて行政組織としての決定を行うとした。このモデルによれば、決定される政策は妥協的なものとなりやすい。国家専門職2007 1.5

×「組織過程モデルは…互いに利害調整」、「政策は妥協的」が誤り。これは組織内政治モデルである。組織過程モデルではそれぞれの組織が別個に行動し、利害調整などを行っていないことを想定している。したがって、それぞれの組織で矛盾した政策を行うことが説明できる。

07 ゴミ缶モデルは、政策決定の参加者は固定的であるが、参加者の選好・知識・情報は不確かであるという「組織化された無秩序」の中で、課題と政策が偶発的に結び付くことで政策決定が行われるとし、どのような政策に決定されるかは完全に偶然に左右されるため、予測は不可能であるとした。国家専門職2007 1.6

×「参加者は固定的」、「完全に偶然に左右」、「予測は不可能」が誤り。ゴミ箱モデル(ゴミ缶モデル)では参加者が流動的であることを想定している。そして偶然性は強調されるものの、その程度は状況によって変化すると考えられており、場合によってはある程度予測ができるときもある。こうした状況を説明する言葉が「組織化された無秩序」である。

08 地方自治体による政策評価は、「行政機関が行う政策の評価に関する法律」に基づいて制定された、三重県の「事務事業評価システム」、北海道の「業務棚卸評価」や静岡県の「時のアセスメント」など、事務事業を評価対象としたものが中心となっている。特別区Ⅰ類2015 2.1

× まず2001年に国の政策評価法が制定される以前から地方自治体の一部では政策評価が導入されているので前半が誤り。また、その代表例が三重県、北海道、静岡県であるという点は妥当であるが名称が誤っており、北海道は時のアセスメントから発展した「政策アセスメント」、静岡県は「目的志向型施策評価」である。

09 政策評価制度は、市町村レベルでの導入が先行して進められ、三重県津市の事務事業評価システム、北海道札幌市の政策アセスメント、静岡県静岡市の業務棚卸表等が知られている。そうした実践を受けて、平成29(2017)年に国レベルで政策評価制度を導入する「行政機関が行う政策の評価に関する法律」が成立した。国家一般職2019 2.1

× まず「市町村レベル」が誤り。道県レベルが先駆であり、挙げられている事例はすべて三重県、北海道、静岡県が主体である。また政策評価法が制定されたのは中央省庁再編時の2001年である。

10 政策評価では、投入した費用であるインプット、行政の活動量を示す結果であるアウトカム、実際に社会が変化したかという成果であるアウトプットが主な指標となっている。結果であるアウトカムは、経済情勢等の要因も影響して変化するため、政策によるものかどうかの判断が難しいとの指摘がある。国家一般職2009 2.3

× アウトカムとアウトプットの説明が逆となっているので誤り。モノやサービスの量が「アウトプット」、活動の成果が「アウトカム」である。

11 新しい行政管理(NPM)では、行政サービスを計画や予算の執行など政策のアウトプットよりも、アウトカムで評価することが提唱されており、アウトカムの指標化が必要となる。しかし、そこでも官僚制の機能障害の一例である『目的の転移』が生じる可能性があると指摘されている。**国家総合職2005** 2.3

○ 妥当な説明である。

12 サンセット方式とは、対象の事業について一定の期限を設定し、期限が到来した時点で事業の廃止の措置が講じられない限り、事業を自動的に継続するという手法である。**東京都Ⅰ類2008** 2.4

× 「廃止の措置が講じられない限り」、「自動的に継続」が誤り。サン・セット方式は期限が来たら、自動的に廃止するという仕組みである。

13 国の統計には、行政機関が行う統計調査を基に作成される「調査統計」と行政機関の届出等の業務データを基に作成される「業務統計」があり、両者とも公表する際には閣議決定を経ることとされている。「調査統計」のうち特に重要な国勢統計、世論調査統計、労働力統計等は「基幹統計」とされ、統計を作成する前提となる国勢調査、世論調査、労働力調査等の調査対象者には調査に回答する義務が課されている。**国家一般職2014** 3.1

× 「両者とも公表する際には閣議決定」が誤り。例えば業務統計はあくまで業務上の記録の結果としての統計データであり、数も多いので閣議決定などにいちいち付されるものではない。また、「世論調査統計…は「基幹統計」」が誤り。内閣府などが行う世論調査は一般統計に該当する。世論調査はあくまで国民の「協力」によって行われるもので「義務」ではないという点で判断できる。

14 H.サイモンが提示した課題解決情報とは、業務が適切に遂行され、行政課題が解決されているかを点検し確認するための情報であるが、我が国におけるこれらの情報収集においては、通常の業務の記録から副次的に得られる業務統計を転用するケースが多く、独自の調査研究が新規に行われることはまれである。**国家一般職2007** 3.1

× 前半は課題解決情報でなく「成績評価情報」の説明である。成績評価情報は基本的には業務統計を転用したものである。これに対して課題解決情報は課題の解決のために原因などを分析したものであり、独自の調査研究が必要となる。

過去問 Exercise

問題1 新公共経営（NPM）に関する記述として、妥当なのはどれか。

特別区Ⅰ類2017

1 PFIは、民間の資金、経営能力及び技術的能力を活用して、公共施設の建設、維持管理、運営を行う方式であり、我が国のPFI事業は、学校等の文教施設では実施されているが、刑務所等の行刑施設では実施されていない。

2 指定管理者制度は、地方自治法の一部改正により導入された、公の施設の管理運営について、NPOや市民団体、さらには株式会社をはじめとする民間企業にも行わせることができるようにした制度である。

3 我が国の独立行政法人制度は、イギリスのエージェンシー制度と同一であり、中央省庁の組織の中で、政策の企画立案部門と実施部門を切り離し、企画立案機能のみを分離された機関に移譲する制度である。

4 市場化テストは、公共サービスの提供にあたり官民が対等な立場で競争入札に参加し、価格と質の両面で最も優れた者がそのサービスの提供を担う制度であり、我が国の省庁では既に実施しているが、地方自治体では実施していない。

5 NPMは、行政サービスに価値があるか否かについて、政策の成果であるアウトカムではなく、予算や人員の投入量である政策のインプットや、事業活動や予算の執行などの政策のアウトプットから判定される。

解説

正解 2

❶ × PFIの定義については妥当であるが、「刑務所等の行刑施設では実施されていない」という点が誤り。日本ではPFI法に基づいて様々な社会資本整備が行われており、PFI方式による刑務所も存在している。

❷ ○ 指定管理者制度の説明として妥当である。現在地方自治体は様々な公共施設においてNPOや民間企業に対してその管理を委託している。例えば、スポーツ施設の管理ノウハウはスポーツジムを経営する民間企業も有しているため管理代行が可能であり、民間の仕事を創出するという点でも委託することには意義がある。

❸ × 「企画立案機能のみを分離された機関に移譲」という点が誤り。独立行政法人は、企画立案部門は中央省庁、実施部門は独立した法人に分離するという制度である。実施部門を独立させ、裁量を与えることで効率性の向上を目指したものである。

❹ × 市場化テストの説明については妥当であるが、「地方自治体では実施していない」という点が誤り。現在、窓口業務や債権回収業務などを市場化テストを通じて民間企業に委託する事例が見られる。

❺ × 「アウトカムではなく…インプットや…アウトプットから判定」という点が誤り。NPMで重視されるのは政策の成果であるアウトカムである。アウトカム（成果）が向上していることを示すことが国民に対する説明責任を果たすことにつながるからである。

問題2　我が国における行政改革に関する記述として、妥当なのはどれか。

特別区Ⅰ類2013

---

❶　第一次臨時行政調査会は、学識経験者のみで構成された調査審議機関であり、活力ある福祉社会の実現を基本理念として、行政改革に関する答申を行った。

❷　第一次臨時行政調査会は、内閣の調整機能の拡充に力点をおき、この会議の最終答申に基づいて、答申の翌年に内閣府が設置された。

❸　第二次臨時行政調査会は、増税なき財政再建をスローガンに、日本国有鉄道、日本電信電話公社、日本専売公社の三公社の民営化などの改革を提言した。

❹　第二次臨時行政調査会の最終答申に基づいて、独立行政法人制度や政策評価制度の創設、郵政事業の公社化が行われた。

❺　橋本内閣が設置した行政改革会議は中央省庁の再編についての最終報告をまとめ、これに基づいて1省庁1局の削減と総定員法の制定がなされた。

解説

正解 3

---

1 × 第一次臨時行政調査会の委員として7名が任命されており、その構成は、学識経験者だけでなく、財界やマスコミ、官庁出身者や労働界などとなっていた。また、行政改革の基本理念として「活力ある福祉社会の実現」を提示したのは、第二次臨時行政調査会である。

2 × 内閣府は、行政改革会議の答申に基づいて行われた2001年の国の中央省庁等の再編において、内閣機能の強化として、内閣に新設されたものである。なお、第一次臨時行政調査会の答申の「内閣機能に関する改革意見」の中でも、すでに内閣府の創設について勧告はなされていた。

3 ○ 政府は、第二次臨時行政調査会の答申に基づいて、電電公社(1985)、専売公社(1985)、国鉄(1987)を民営化し、規制緩和によって民間活力の導入を図った。

4 × 橋本内閣期の行政改革会議の答申に基づいて独立行政法人の創設が決められ、全省庁に政策評価の実施が義務づけられた。また、2003年に郵政事業庁が行っていた郵政3事業は特殊法人である日本郵政公社に移管されたのである。

5 × 1省庁1局の削減と総定員法の制定に関する答申は、第一次臨時行政調査会で行われたものである。後に、佐藤内閣は、1省庁1局削減による行政改革を行うとともに、1969年には総定員法を制定した。

問題3

政策過程に関するア～エの記述のうち妥当なもののみを全て挙げているのはどれか。

国家一般職2014

ア　H.サイモンの唱えた満足モデル(satisfying model)では、選択肢の検討は一挙にではなく逐次的に行われ、逐次的な探求の途上で一応納得のできる結果をもたらすと思われる選択肢が発見された時点で探求は停止されるため、最善の選択肢を発見することにはこだわらず、その選択肢で満足するとされる。

イ　A.エチオーニの唱えた混合走査法モデル(mixed scanning model)は、組織の有限な資源を効率的に活用するため、影響力の甚大な政策についてのみ、走査法で現実性の高いごく限られた数の選択肢を選んで綿密な分析を加え、それ以外の政策案の立案はインクリメンタリズムに委ねるとするモデルである。

ウ　G.アリソンの唱えた組織過程モデル(organizational process model)では、省庁はそれぞれ一定の問題を処理することが期待されており、それを独自に、あらかじめ決められた標準作業手続に従って処理する。このモデルによれば、組織の標準作業手続は頻繁に再検討されるため過去の決定を調べることによって組織の行動を把握することができないとされる。

エ　M.リプスキーの唱えたストリート・レベルの行政職員(street-level bureaucrats)とは、ケースワーカーや学校教員など第一線で政策の実施に携わっている行政職員のことである。リプスキーによると、これらの行政職員は、政策の対象者である住民と直接対応するが、彼らには法の適用に当たっての裁量は与えられていないため、住民の生活に大きな影響を与えることは少ないとされる。

1 ア、イ
2 ア、エ
3 イ、ウ
4 イ、エ
5 ウ、エ

解説

正解 ❶

ア ◯　H.サイモンは、最大化基準を求める「経済的人間」(economic man)に対して、満足化基準を求める「管理的人間」(administrative man)を設定することによって、伝統的な合理性の理論を批判した。

イ ◯　A.エチオーニは、合理的選択のモデルとC.リンドブロムのインクリメンタリズムの折衷案である混合走査法モデルを提唱した。

ウ ×　後段が誤り。G.アリソンの唱えた組織過程モデルでは、組織は過去の決定を繰り返すという特徴を持つため、組織の標準作業手続そのものが再検討されるのは、よほどの大問題が起こったときだけである。

エ ×　後段が誤り。M.リプスキーの唱えたストリート・レベルの行政職員は、相当程度の裁量を持って、個別具体的な住民と直接に接触しながら日々の職務を行っているため、住民生活に影響を与えることになるとされる。

第5章

日本の行政と行政統制

日本の行政組織のあり方についてはすでに第３章で学習しています。本章ではそれを踏まえて、日本の政治家と官僚の関係はどのように理解されてきたのか、予算や意思決定の仕組みは具体的にはどのようなものなのかを学習します。また、今日の行政機関及び行政官は巨大な権力を有しています。これらに求められる責任や統制の仕組みについて解説します。

日本の行政

本節では、まず日本の官僚制研究、日本の行政機関の予算や意思決定の仕組みについて学習します。具体的には日本の政治家と官僚制の関係（政官関係）はどのよう変化してきたのか、予算が作成されるプロセスはどのようなものか、行政機関内部ではどのように情報伝達が行われているのか（稟議制）などについて解説します。

キーワード

官僚優位論と政党優位論／開発型国家／古典的官僚と政治的官僚／国士型官僚・調整型官僚・吏員型官僚／当初予算・暫定予算・補正予算／PPBS／ゼロベース予算／費用便益分析／シーリング／会計検査／3E／稟議書型と非稟議書型／順次回覧決裁型と持回り決裁型

1 日本の官僚制研究

本項では日本の官僚制に関する代表的な研究を解説する。日本の官僚制については、かつては官僚制の強さが強調されてきた。しかし、自民党長期政権における自民党政治家の影響力が注目されるようになると、政治家の強さも論じられるようになった。

1.1 辻清明の「官僚優位論」 ★★★

(1) 背 景

かつての日本では、歴史的に官僚制が政策決定において大きな役割を果たしており、官僚自身も、国家は官僚が背負っているとの自負の下で職務を遂行してきたとする主張が有力であった。これを**官僚優位論**という。官僚優位論の代表格が**辻清明**（つじきよあき）(1913～93)である。

(2) 官僚優位の連続性

戦前戦後の官僚制

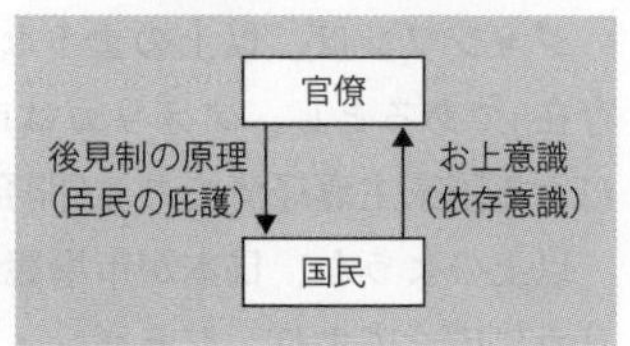

辻は『日本官僚制の研究』(1969)において、戦後においても戦前の官僚機構の温存と強化が果たされたと主張している。

辻によれば、日本はヨーロッパと比較して急激に民主化したため官僚の民主化が不徹底であり、戦前の官僚の特権意識が戦後も温存されたと論じた。官僚の特権的なエリート意識を特徴づけるものが「後見制の原理」である。官僚は国民を庇護の対象と考え、国民には「お上」への依存意識がある。

こうした後見制の原理を克服することが日本の民主化にとって最大の課題であると辻清明は論じている。

1.2 C. ジョンソンの通産省研究 ★★★

(1) 背　景

戦後日本は敗戦から復活し、驚異的な経済発展を遂げた。1980年代には"Japan as No.1"(E.ヴォーゲル)とも呼ばれ、世界では日本への注目が高まった。このような時期に、日本の経済成長は通商産業省主導の産業政策によるものだと論じたのが**C.ジョンソン**(1931～2010)の『通産省と日本の奇跡』(1982)である。

(2) 官僚のリーダーシップ

ジョンソンは、戦後日本の経済発展は官僚のリーダーシップによるものだとし、通産省の行政指導と産業政策を事例として挙げている。彼によれば、通産省は重点産業を決め、そうした産業に公的資金を低利子で供給し、優遇税制を行った。また、独占禁止法を厳格には運用せず、企業の発展も促したという。このように官僚には長期的なビジョンがあり、それに基づいて日本の産業発展をリードしたのだという。

さらに、こうした官僚主導の産業政策は、決して**戦後に始まったものではなく、戦前から連続したもの**であって、1931年の「重要産業統制法」の制定が原点であるともしている。

(3) 規制型国家と開発型国家

ジョンソンは、以上のような分析に基づき、日本はアメリカと比較して「異質な存在」であるとし、アメリカは市場競争を重視する「規制型国家」、日本は経済官僚による国家主導経済である「開発(発展)型国家」と類型化した。

以上のような、日本が市場競争では国家主導経済であるという認識は当時のアメリカに広く広まり、ジャパン・バッシングの根拠として用いられ、日本は農産物の輸入自由化などをアメリカから強く迫られるようになったのである。

規制型国家	開発型国家
競争ルールを重視し、あとは市場に委ねるタイプ	経済官僚による国家主導経済
アメリカが典型	日本が典型、発展途上国にも適用

1980年代の日本観

敗戦国のくせになぜあんなに経済が強いのか？
アメリカが弱いわけじゃない。日本が特殊なんだ！ アメリカ製品が売れないのも官僚のせいだ！
日本異質論

Power UP　日本の経済発展は官僚のお陰？

C.ジョンソンの主張に対しては様々な批判がある。最も重要な批判はアメリカの政治学者R.サミュエルズによるものである。サミュエルズは通産省の産業政策の実態を詳細に分析し、通産省による民間企業のコントロールは、ジョンソンが言うほど強力ではないこと、通産省が規制や介入の権限を持っていたとしても、民間企業が望まないことは強制できなかったことを指摘している。つまり、通産省と企業の関係は互酬的（相互了承）なものであり、決して官僚主導的なものではなかったと論じている。

また、世界的自動車メーカーHONDAのエピソードも知っておくべきだろう。1961年通産省は自動車メーカーの競争力を上げるために自動車メーカーの数を絞り込む方針を発表した。この方針は当時四輪車の生産実績がないホンダのような企業に車を作らせない内容であり、ホンダは通産省に抗議したものの方針が覆ることはなかった。ならばこの方針が法制化される前に生産実績を作ってしまえということでホンダは四輪車の開発を急ピッチで進めたそうである。「自由競争こそが産業を育てる」という精神が今日の日本の自動車業界を作り出したのである。

1.3 村松岐夫の「政党優位論」 ★★★

(1) 背　景

自民党政権が長期化し、利益団体の活動も活発になるにつれて、官僚の役割は様々な利益を調整する役割にあるとする主張が登場した。戦後において政党政治優位の原則が確立し、族議員の登場に見られるように政治家の政策形成能力も向上したことで、官僚は政党や利益団体との交渉・取引の中で政策形成を行わざるをえない状況が生まれたのである。

この議論の代表的論者が村松岐夫(むらまつみちお)(1940～)である。

(2) 概　要

村松は『戦後日本の官僚制』(1981)において、「政治の上に立とうとする態度」を持つ古典的官僚が存在するものの、「政治のただ中で自己の任務を遂行するという態度」を持つ政治的官僚が優勢になりつつあると指摘したのである。

この見解によれば、日本の政治はもはや一元的な官僚支配ではなく、政党(族議員)、利益団体、官僚など多元的なものから構成されているとされる(多元主義に基づく分析)。

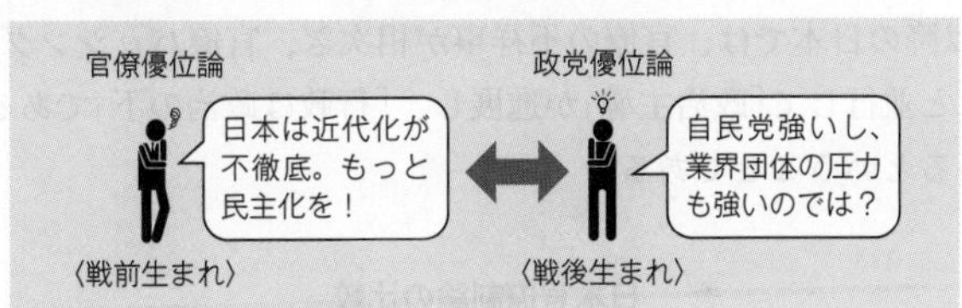

1.4 真渕勝の日本官僚制論 ★★★

(1) 背　景

村松岐夫の議論を背景として、真渕勝(まぶちまさる)(1955～　)は、調査データから、官僚の役割意識について三つの類型を提示している。真渕によれば、戦後日本の官僚には、国士型官僚、調整型官僚、吏員型官僚の三つのタイプが存在するという。

(2) 官僚の三つのタイプ

① 国士型官僚

国士型官僚とは、官僚だけが公共の利益という観点から活動でき、国家は官僚が担っているという自己意識を持つ官僚である。1960年代までのキャリア官僚は概ね国士型官僚であったという。

村松のいう古典的官僚に対応している。

② 調整型官僚

調整型官僚とは、政治家・利益団体との間で多様な利益を調整することが官僚の職務であるという役割意識を持つ官僚である。真渕によれば1970年代以降、調整型官僚が登場するという。

村松のいう政治的官僚に対応している。

③ 吏員型官僚

吏員型官僚は、政治家が多様な利益を調整・決定し、官僚はその決定に従うという役割意識を持つ官僚をいう。1980年代以降に登場し、2000年代以降はこの吏員型官僚が主流であるという。

1980年代以降の日本では、官僚の不祥事が相次ぎ、官僚バッシングが強まった。そして、これと並行して「政治主導」が進展し、「行政は政治の下」であるという認識が強まっているということである。

日本官僚制論の比較

	官僚優位論	**政党優位論**	現在
年代	～1960年代	1970年代～	1980年代～
背景	弱い政治家	自民党長期政権	官僚バッシング
論者	**辻清明**	**村松岐夫**	
政官関係（視点）	行政は政治の上（エリート主義）	行政と政治は対等**（多元主義）**	行政は政治の下
村松岐夫の類型	古典的官僚	政治的官僚	
真渕勝の類型	国士型官僚	調整型官僚	吏員型官僚

❷ 予　算

本項では主に日本の予算編成について説明する。まず、予算編成の手法について学習し、実際に日本の予算案がどのようなプロセスで編成されているのかを確認し、最後に会計検査院の役割について確認する。

2.1 予算の種類 ★★★

(1) 予算の種類（内容別）

① 一般会計予算

一般会計予算とは、国の主要な収入・支出を管理する予算である。通常「予算」という場合にはこれを指す。

② 特別会計予算

特別会計予算とは、特定の歳入を特定の歳出に充てるために設けられている予算である。交付税及び譲与税配当金特別会計、年金特別会計、財政投融資特別会計など2022年現在13の特別会計が存在する。

要するに、事業によってはその事業と資金運用の状況を明確にする必要があることから一般会計予算とは別に計上されているものである。

③ 政府関係機関予算

政府関係機関予算とは、特別の法律によって設立された全額政府出資の法人の予算である。かつては数多く存在したが、政府関係機関の整理合理化が進んだため、現在は沖縄振興開発金融公庫、日本政策金融公庫、国際協力銀行などその数は少なくなっている。

（2）予算の種類（時期別）

① 当初予算

当初予算とは、新会計年度までに国会の議決を経て成立した予算である。本予算ともいう。

② 暫定予算

暫定予算とは、当初予算が年度開始までに成立しない場合に当面の経費だけ暫定的に組まれる予算である。当初予算成立後は当初予算に組み込まれる。

明治憲法下では、当初予算不成立の場合は、前年度予算が新年度予算として執行される規定があったため、そもそも暫定予算が組まれる余地がなかった。

しかし、戦後日本では財政民主主義の原則が確立したため、前年度予算の執行は認められない。このため、当初予算不成立の場合には暫定予算が必要となる。**暫定予算も国会の議決を必要とする**ことから、過去に事例はないものの暫定予算不成立による政府機能の停止という可能性は制度上ありうる。

③ 補正予算

補正予算とは、当初予算通りの執行が困難になった場合の当初予算の組替えを行うものである。例えば、公共事業の追加や減税、災害復旧、財源措置を伴う経済対策などの場合に策定される。

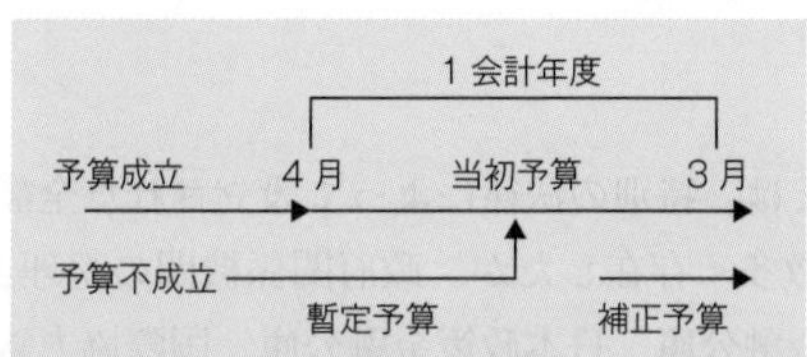

Power UP　アメリカの暫定予算

大統領と議会が対立する可能性の高いアメリカでは、暫定予算不成立という事態がこれまで存在する。

例えばクリントン政権期の1995～1996年、2013年のオバマ政権期、2018～2019年のトランプ政権期に暫定予算が間に合わず政府機能が停止したことがある。

2.2 PPBSとゼロベース予算 ★★★

(1) 背 景

かつてのアメリカでは予算の無駄をなくすために、合理的な予算編成手法を導入したことがある。有名なものがPPBSとゼロベース予算である。PPBSとゼロベース予算には、過去の政策にとらわれず、費用便益分析を用いて必要な政策にだけ予算を投じようとする点に共通性がある。ただし、合理的な仕組みではあるものの、現場との齟齬をきたし、最終的には失敗したという点でも共通している。

(2) PPBS

① 定 義

PPBSとは、Planning Programming and Budgeting Systemの略称であり、計画事業予算制度などと訳される。端的には長期計画と単年度の予算編成を連繫させた制度である。

② PPBS の実際

PPBSでは、まず**長期計画**(Plan)が作成される。各行政機関の政策目標が示され、それを実現するための各種施策が検討される。例えば、「義務教育水準の維持向上」という長期目標が示され、それを実現するための施策として、「教員の増員」「理科教育施設の整備」などの複数の代替案が検討される。

この代替案の検討に用いられるのが**費用便益分析**(cost benefit analysis)である。費用便益分析とは要するにその施策を実施した場合の費用と便益の比率を求めるもので、同じ予算額の場合にどちらの施策の方がより高い便益をもたらすかを比較し、より優れた施策を採用しようとするものである。

ここでは「理科教育施設の整備」よりも「教員の増員」の方がより高い便益をもたらすという結果が出たとしよう。この場合には、教員の増員を行うための中期計画、例えば「5年間で教師を1万人増員する」という**プログラム**(Program)が策定される。

そして最終的にこの5か年計画(プログラム)に基づいて、実際の予算(Budget)が計上されるというという流れとなる。

要するに、毎年の予算編成を長期計画に基づいて行うとするのがPPBSの狙いである。

③ 歴　史

PPBSはもともとアメリア・ケネディ政権の国防総省において**R.マクナマラ**国防長官の下で導入されたものである。国防総省で一定の成功を収めたため、続くL.ジョンソン政権では連邦政府全体で導入された。しかし３年で失敗したという。

失敗の理由は様々であるが、PPBSは可能な代替案をすべて検討するため、現場では膨大な作業が要求され、事務コストが多大となるという問題点が指摘されている。当時の連邦政府の現場ではPPBSはPaper Producing Budgeting(書類仕事を増やす予算)であると言われたそうである。

PPBS の実際

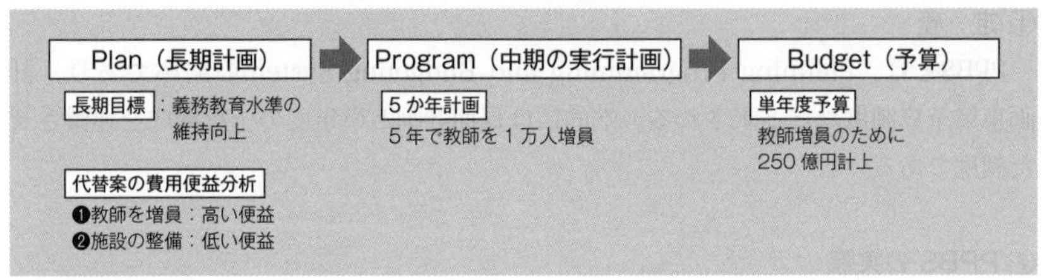

(3) ゼロベース予算

① 概　要

伝統的な予算は、前年度予算を前提としたインクリメンタリズム的方式で決定されることが多く、予算の無駄が生じやすい。これを見直そうとするのがゼロベース予算である。ゼロベース予算は、既存事業の継続を一切認めず、すべての政策について、政府の目標に照らして、予算をゼロから積み上げる方式である。

具体的には政府のすべての政策について、費用便益分析に基づき、最低限の予算を計上した場合のプラン、前年度並の予算で現状維持の場合のプラン、予算を上乗せして改善した場合のプランを導き出し、政府の政策目標の優先度に合わせて、どのプランを選択するかを決定するものである。優先度が低ければ、そもそも予算を計上しない(廃止)ということもありうる。このように予算を大胆に見直そうとするのがゼロベース予算の特徴である。

② 歴　史

ゼロベース予算はカーター民主党政権(1977～81)で導入されたが、失敗した。連邦政府の予算は膨大であり、そのすべてをゼロから見直すのは困難であったということである。

PPBSとゼロベース予算の比較

	PPBS	ゼロベース予算
概要	長期計画と単年度の予算とをプログラムを通じて結合し、政策目的を達成するのに最も効果的な手法に予算を計上する	既存事業の継続を一切認めず、すべての政策について、政府の目標に照らして、予算をゼロから積み上げる方式
共通点	**費用便益分析**の手法を予算編成に導入し、予算の合理化を図る	
歴史	ジョンソン政権が導入するも、失敗（1960年代）	カーター政権が導入するも、失敗（1970年代）

2.3 シーリング ★★★

(1) 定　義

シーリングとは、予算要求額に予め上限を設ける方式をいう。日本で長らく用いられてきた手法であり、公式には**概算要求基準**と呼ばれている。概算要求基準は基本的には、前年度予算を基準に予算要求額の上限を設定する方式で運用されている。

(2) 歴　史

日本では、1961年度の予算編成以降、現在まで概算要求基準が用いられている。当初は予算の伸び率を抑えるのが目的であったが、財政の逼迫に従い、予算の圧縮のために用いられるケースが増加している。

1980年代の行政改革の中で、1982年度予算で初めてゼロ・シーリング（前年度並）、1983年度はマイナス・シーリング（前年度マイナス）となった。

シーリングの概念図

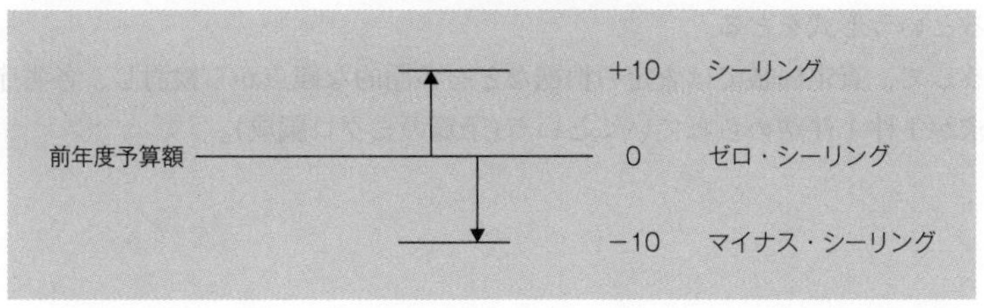

2.4 予算編成のプロセス ★★★

以下では、日本の中央省庁の予算案がどのようなプロセスで作られているのかを説明しよう。

(1) 概算要求の作成

各省庁の概算要求の作成は、5～8月に行われている。

まず、例年5月ごろから各課において課内の班や係からの予算要求を取捨選択する。次に6月ごろになると、各局で課の予算要求に対して、局総務課が査定し取捨選択するという作業が行われる。そして、省庁全体の予算要求は、7月ごろから2か月かけて、各局の予算要求に対して、大臣官房会計課が査定し取捨選択をする。こうして省庁として正式にまとめられた概算要求は8月末を期限に財務省に提出され、査定を受ける。

(2) 財務省原案の作成と復活折衝

各省庁の概算要求は財務省主計局によって査定され、その結果は、12月末ごろまでに、財務省原案としてまとめられる。財務省主計局の具体的な作業は以下の通りである。

① ヒアリング・査定

9月ごろ、主計局は各省庁にヒアリングを行い、概算要求の中身を説明させ、必要があれば追加の資料などを要求する。

② 査定局議

10月ごろ、局次長を中心とする査定局議が開かれる。主計官(課長級)と主査は担当する行政機関の予算要求を上司である局次長に対して行い、それを局次長が査定するという形式をとる。

こうして、査定局議では査定の根拠などを多面的な観点から検討し、各省庁の予算要求が1件1件詰められていくという(予算のミクロ編成)。

③ 予算全体の推計作業

各省庁の予算要求の積上げと平行し、主計局は、次年度の予算の見積り、歳入の見積りを行う(予算のマクロ編成)。歳入見積りの内容によって、主査が当初査定した予算額は次第に切り詰められ、予算額全体との「帳尻合わせ」が行われるのである。

④ 財務省原案の内示

例年、12月末までには財務省の予算原案がまとめられ、閣議で報告されるとともに、詳細な内容が各省庁に対して内示される。

⑤ 事務折衝

財務省原案は大抵の場合、各省庁の予算要求とは異なる内容となっている。このため、財務省原案が内示された翌日から、各省庁が認められなかった予算要求についての復活を要求する交渉を行う。これを復活折衝という。

⑥ 政治折衝

事務方同士の折衝で決着しなかった内容は、最終的に各省大臣と財務大臣による大臣折衝に委ねられる。つまり、最後は内閣の構成員同士で最終的な調整を行う。

こうして、年内には政府予算案が閣議決定され、翌年の国会に提出されるのである。

(3) 予算編成プロセスの特徴

以上の予算編成のプロセス全体を見渡したときに特徴的なのは、ある段階で査定をする側は、次の段階では要求する側に転じるという仕組みである。例えば、総務課は各課に対しては「査定」する役割であるが、官房会計課に対しては局の予算を「要求」する役割を演じる。

このように、査定(守備)と要求(攻撃)が交互に登場する仕組みとなっているため、村松岐夫はこれを「攻守交代システム」と呼んでいる。

予算編成のプロセス

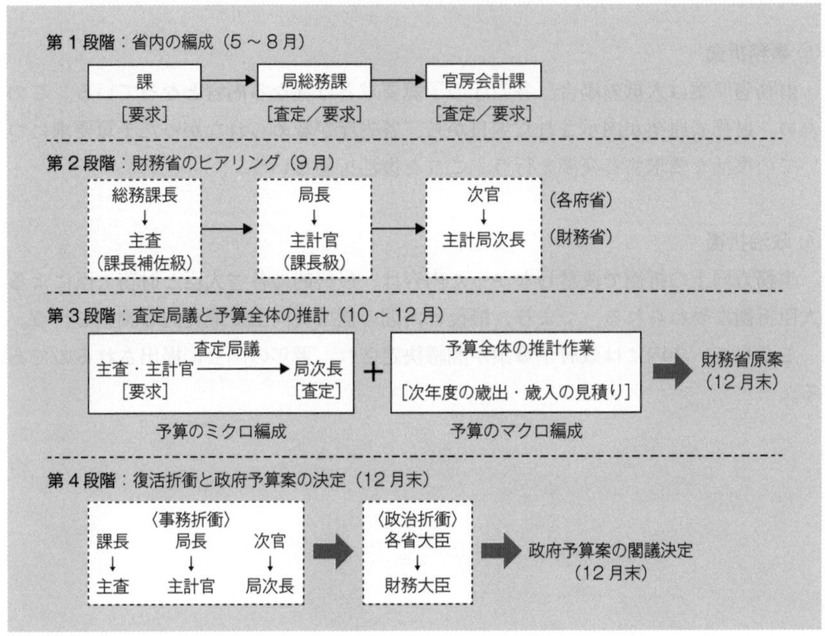

2.5 会計検査の仕組み ★★★

(1) 会計検査院の地位と役割

会計検査院は、適正な会計経理が行われるよう常時会計検査を行って会計経理を監督し、検査の結果により国の決算を確認するという職責を負っている。

以上のような役割を担当する会計検査院は、他から制約を受けることなく職責を果たせるように、「内閣に対し独立した地位」が与えられている。⇒第3章

(2) 検査の対象

会計検査院が行う検査の対象は、会計検査院が必ず検査しなければならないもの(**必要的検査対象**)と、会計検査院が必要と認めるときに検査することのできるもの(**選択的検査対象**)とに分けられる。

具体的には国の会計のすべての分野のほか、政府関係機関など国が出資している団体、国が補助金その他の財政援助を与えている都道府県、市町村、各種法人などにまでに及んでいる。

(3) 検査の仕組み

検査の対象となっている省庁や団体は、その取り扱った会計経理の計算書を会計検査院に提出する。会計検査院は提出された書面に基づき検査を実施する(**書面検査**)。

書面だけでは十分な検査ができないこともあるため、事業の実態を把握するために、実際に省庁の出先機関や都道府県に赴き、実地の検査を実施することもある(**実地検査**)。

さらに検査は決算したものだけとは限らず、ときに予算執行中に行われることもある。

(4) 検査報告

以上のような検査が進行する中で、会計経理に関する法令違反や不当事項がある場合には、会計検査院は直ちに、関係行政機関に対して意見の表示または適宜の処置を要求することができる。

こうした一連の会計検査院の検査結果については、毎年1回内閣に送付され、内閣から国会に提出されている。

(5) 会計検査の基準

会計検査の基本となる基準は、**正確性**と**合規性**である。伝統的にこの二つの基準が用いられてきたが、近年は、この二つの基準に加えて、行政改革など効率的な行政運営が求められる中で、**経済性**・**効率性**・**有効性**という三つの観点(3E)からの検査も行われるようになっている。

つまり、現在五つの基準に基づいて会計検査が行われている。

会計検査の基準

基本
- 正確性：決算書が予算執行を正確に反映しているか
- 合規性（合法性）：予算・法令・規則に照らして違反していないか

↓ 後に追加

3E
- 経済性（Economy）：同じ成果をより少ない経費で達成できないか
- 効率性（Efficiency）：同じ経費でより高い成果を達成できないか
- 有効性（Effectiveness）：所期の目的が達成されているか

Power UP　会計検査報告の実際：くまモンの飲食代

会計検査報告は毎年11月1日に発表され、新聞などでもその内容が報道されることが多い。例えば、2017年の検査報告では、熊本県が国の基金（リーマンショック後の雇用対策）の一部を、人気キャラクター「くまモン」の出張先での弁当代や飲食代に充てていたことが「目的外支出」として会計検査院に指摘され、熊本県が国に返金したことがニュースとなった。

何がいいたいかというと、警察、税務署そして会計検査院は「目立つ」ところをまず狙うということである。これは決して批判の意味で取り上げているわけではなく、社会に周知することも仕事だということである。

3 行政の意思決定

本項では日本の行政機関及び民間企業で伝統的に採用されてきた意思決定及び文書処理の仕組みである稟議制について解説する。稟議制については二つ有名な研究があり、その違いを理解することが重要である。

3.1 稟議制とは ★★★

(1) 定　義

稟議(りんぎ)制の稟議とは、そもそも「下位者が上位者のご意向をお伺いする」という意味合いをも持った言葉であり、稟議制とは、「末端職員がある事案の処理方針を記載した文書を起案し、これを関係者に順次回覧し、最後に決裁者に至るという文書処理方式・意思決定方式」である。

稟議制

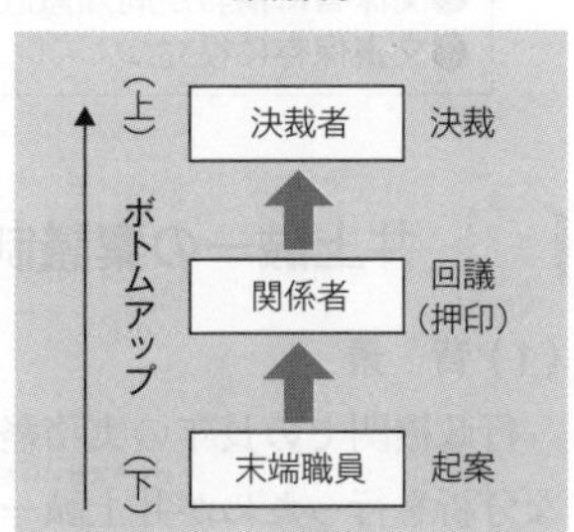

(2) 特　徴

稟議制は、日本の行政のみならず民間企業でも広く活用されてきたものであり、日本独特の意思決定方式だと言われる。また、関係者による承認や決裁者の決裁の意思表示として押印がなされることから、批判的意味を込めて**「ハンコ行政」**などとも呼ばれてきた。

3.2 辻清明の稟議制論 ★★★

(1) 概　要

日本の行政組織における文書処理・意思決定方式として稟議制の存在を最初に体系的に分析したのが辻清明である。辻は稟議制の特徴を以下のように説明した。**❶末端の職員が起案している、❷職員が個別審議するので、会議や討論審議は行わない。❸決裁者は下から上がってきたものをそのまま承認する。**

したがって、稟議制は長所があるものの、行政のセクショナリズムを強めるものである等と批判し、その改革を主張したのである。

(2) 批　判

辻清明の稟議制論は行政学の世界では長らく通説となっていたが、行政が会議や討論審議を行っていないかのような誤解を与えるなど大きな事実誤認があることが、後に井上誠一によって指摘された。

稟議制の長所と短所

長所	短所
❶関係者の参加と協力が確保できる ❷関係者に情報が周知徹底される ❸文書保存に役立つ	❶決定までに時間を要する ❷決定権者のリーダーシップが発揮しにくい ❸責任の所在が不明確になりやすい

3.3 井上誠一の稟議制論 ★★★

(1) 背　景

行政機関での長年の実務経験から、日本の行政組織の意思決定方式について詳細な分析を行ったのが井上誠一（いのうえせいいち）である。現在では稟議制については井上の議論が通説的見解となっている。

(2) 意思決定方式の分類

辻清明の稟議制論ではあたかも行政機関の意思決定がすべて稟議制によって行われているかのように説明されていたが、井上はまず稟議書を用いない意思決定のあり方(非稟議書型)を指摘している。

また、稟議書を用いるタイプであっても、裁量の狭い職務については「順次回覧決裁型」、裁量の広い業務には「持回り決裁型」というように、案件によって様々な使い分けがあることを実務経験に基づいて説明したのである。

日本の行政機関の意思決定方式

	類型	特徴	事例
稟議書型	順次回覧決裁型	❶事案が軽易であるため、決裁権は委譲され、関係者の範囲は狭い ❷起案は上位者の設定したマニュアル通り行われる	裁量の狭い許認可処分
	持回り決裁型	❶起案に先立って、**会議形式の意見調整**が行われる ❷起案は関係者の合意を清書したものに過ぎず、関係者の席に直接持参し押印	**法令案・要綱案** **裁量の広い許認可処分**
非稟議書型	文書型	答弁書案は担当係長や課長補佐が作成し、課長、総務課、局長などが個別了解する	予算の概算要求書 国会答弁資料
	口頭型	大臣や局長などの日常的な行為に関する意思決定方式	会議への出欠席 陳情者との面会など

稟議書の実際（アイスクリーム類の日本農林規格の制定について）

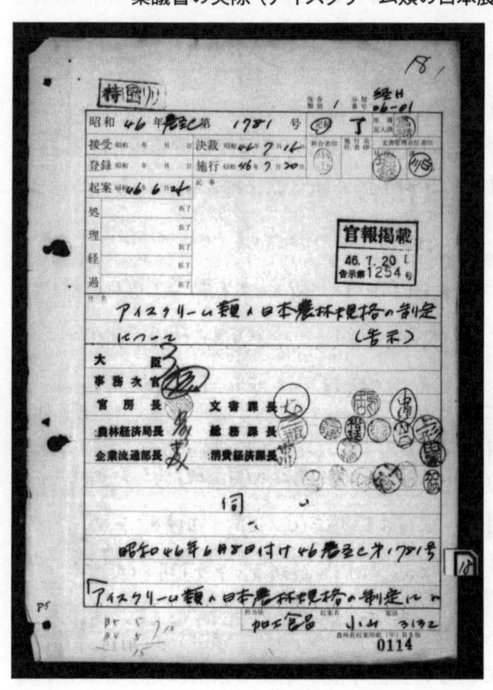
持回り
昭和46年農己第1781号
決裁 46 7 16
施行 46 7 20
起案 46 6 24
処理経過
官報掲載 46.7.20 告示第1254号
アイスクリーム類の日本農林規格の制定について（告示）
大臣
事務次官
官房長　文書課長
農林経済局長　総務課長
企業流通部長　消費経済課長
同上
昭和46年6月8日付け46農己第1781号
「アイスクリーム類の日本農林規格の制定に
加工食品　小山　3132
0114

左の写真は昭和46年のアイスクリーム類の日本農林規格（JAS）の制定についての稟議書である。
政令であるため大臣までの決裁を必要とする案件であり、左上には「持回り」の印がある（持回り決裁型）。そして所管の課長から始まり、総務課長、文書課長、部長、局長、官房長、事務次官、大臣と持回りで承認の印（サイン）が押されていることがわかる。

過去問チェック

01 辻清明は、1950年前後の我が国の官僚制を研究し、『日本官僚制の研究』を著した。彼によれば、第二次世界大戦後、我が国の官僚制は、民主化が徹底されたことにより、戦前のそれと一線を画し、家産官僚制の性格を払拭して近代的官僚制に生まれ変わったとする。**国家一般職2005** 1.1

×「1950年前後」が誤り。辻清明は戦前と戦後の官僚制を比較している。また、「民主化が徹底…戦前のそれと一線を画し…近代官僚制に生まれ変わった」が誤り。民主化の不徹底により、戦後においてもまだ戦前の官僚制の要素が残っているというのが辻の認識である。

02 エリート・モデルでは、国家装置としての官僚制を担うエリートの役割が強調され、第二次世界大戦後の我が国では大蔵省(当時)や通商産業省(当時)などの経済官庁の役割が注目された。R.サミュエルズによる「発展指向型国家」とは、戦後の我が国の経済成長に果たした通商産業省の計画経済を強調するものであるが、こうした主張に対しては、C.ジョンソンがエネルギー政策における通商産業省と業界の関係はむしろ相互了承の関係にあると批判した。**国家総合職2008** 1.2

× サミュエルズとジョンソンの説明が逆になっているので誤り。ジョンソンこそが日本の経済発展を官僚主導の発展指向型と呼んでいるのであり、これを批判したのがサミュエルズである。

03 村松岐夫によれば、我が国の国政においては、政治家と政権党の勢力の増大という政治の影響力の拡大を受け、この現実に対抗して官僚優位の復活を目指す『政治的官僚』が1970年代から台頭し、1980年代には官僚支配が確立したとされる。**国家一般職2000** 1.3

×「官僚優位の復活を目指す『政治的官僚』…官僚支配が確立」が誤り。村松のいう政治的官僚とは、与党政治家と利益団体の間で調整役として奔走する官僚の姿である。つまり、官僚優位論ではなく政党優位論である。

04 真渕勝は、我が国の官僚像について、1960年代以前の家産官僚制の性格を残す吏員型官僚、1970年代以降の自由民主党政権の長期化と利益団体の活動の活発化による国士型官僚、1980年代以降の政治と社会からの圧力による調整型官僚の登場を指摘した。**国家一般職2016** 1.4

× 類型の名前がすべて誤り。1960年代までが国士型官僚、1970年代から調整型官僚の登場、1980年代から吏員型官僚の登場というのが真渕勝の分析である。

05 予算作成過程は、原則として新しい会計年度が始まる以前に完了しなければならない。国会の審議状況から判断して、予算がそれまでに成立しそうにないという状況に立ち至った場合には、行政府によって経常経費や公共事業費などを組み込んだ補正予算が作成される。国家一般職2008 2.1

×「予算が成立しそうにないという状況」で作成されるのは暫定予算である。公共事業などのために組み込む補正予算は通常すでに成立している当初予算を補足するものとして作成される。

06 我が国の会計年度は4月から翌年の3月までになっているので、予算は前年度末の3月末までに国会の議決を得なければならない。これまでに予算が成立しないと新年度において行政機関は支出する権限がなく活動停止という事態になってしまうため、このような事態を避けるために、内閣は暫定予算を編成することができる。暫定予算については、予算の空白を生まないようにする緊急的な措置のため、国会の議決は必要としない。国家一般職2009 2.1

×「暫定予算については…国会の議決を必要としない」が誤り。財政民主主義の原則の下では暫定予算も国会の議決を必要とする。

07 PPBSとは、長期的な計画策定と短期的な予算編成とを切り離し、予算編成については長期的な計画策定にとらわれず、資源配分に関する組織体の意思決定を合理的に行おうとする手法である。東京都Ⅰ類2008 2.2

×「計画策定と短期的な予算編成とを切り離し」、「長期的な計画策定にとらわれず」が誤り。長期計画と予算編成を連動させることを目的としているのがPPBSである。

08 アメリカ合衆国は、現在、予算編成手法として企画計画予算編成方式(PPBS)を適用している。これは政策の基本的目的を明確にし、産出指標として客観化するとともに、目的達成計画を構成する事業の代替案を、費用・便益分析などのシステム分析によって明確にするものであり、PPBSを実施するため、1980年代に財務省から予算局が分離され、行政管理予算局が創設された。国家一般職2008 2.2

×「アメリカ合衆国は、現在…(PPBS)を適用」が誤り。PPBSは一度適用されたが廃止されている。また「1980年代に…行政管理予算局が創設」が誤り。現在大統領府にある行政管理予算局が設置されたのは1939年である。つまり、ギューリックのPOSDCoRBに基づく行政改革の提案に基づいて設置されたのである。

09 G.W.ブッシュ政権下の米国連邦政府では、D.ラムズフェルド国防長官の就任に伴って、年々の予算編成過程で費用便益分析(費用効果分析)の手法を活用しようとする計画事業予算制度(PPBS：Planning, Programming, and Budgeting

System)が導入された。**国家一般職2019** 2.2

× PPBSを導入したのは1960年代のケネディ政権、ジョンソン政権であるから誤り。PPBS導入を主導したのが当時の国防長官R.マクナマラである。

10 PPBSは、前年度の実績を考慮せずすべての予算項目をゼロから査定していくゼロベース予算方式の失敗の後を受け、その短所を克服して実用化された手法である。**特別区Ⅰ類2004** 2.2

× 「PPBSは…ゼロベース予算方式の失敗の後を受け」が誤り。導入時期はPPBSが先である。その後カーター政権によりゼロベース予算が導入されたが、費用便益分析など含めてPPBSと同じような問題に直面し失敗したのである。

11 概算要求基準(シーリング)とは、平成21(2009)年の民主党政権の発足に伴って導入された予算編成に関するもので、各省庁が財務省に概算要求する際に要求できる上限を前年度比で示す予算基準であり、この基準を用い、経済財政諮問会議と財務省主計局が予算総額を管理する。**国家一般職2015** 2.3

× 「概算要求基準…民主党政権」が誤り。概算要求基準が導入されたのは1961年の自民党政権の時代である。また「この基準を用い、経済財政諮問会議」が誤り。経済財政諮問会議は「予算編成の基本方針」を作成し、これに基づいて概算要求基準が設定されるという流れである。

12 ニスカネンは、官僚は自分の所属する行政機関の予算を可能な限り最大化させようとしているとする予算最大化モデルを提示した。日本の予算編成では、各省から財政当局に提出される概算要求額に上限が設定されてきたが、これはあくまで前年度予算に対する増額分に上限を設けるものであり、前年度予算よりも要求額を減額する「マイナス・シーリング」がこれまでに実施されたことがないという事実は、予算最大化モデルと整合的である。**国家一般職2011** 2.3

× 「「マイナス・シーリング」がこれまでに実施されたことがない」が誤り。マイナス・シーリングは「増税なき財政再建」が掲げられた時代の1983年度に初めて実施されている。

13 予算編成過程において、財務省主計局主計官は、各省庁から提出された予算要求書を査定した後、主計局局議において、各省庁の要求を査定側に立って説明し、局長・次長・総括主計官等は各省庁を擁護する立場に立ってヒアリングを行い、財務省原案作成のための調整が図られる。この調整を経た財務省原案がそのまま閣議決定され、政府の予算案となる。**国家一般職2008** 2.4

× 「主計官は…主計局局議において…査定側に立って説明…、局長…は各省庁を擁護する立場に立ってヒアリング」が誤り。説明が逆である。主計官が各省庁を擁護する立場で要求側に立ち、上司である局長などがそれを査定するという構図で行われる。また「財務省原案がそのまま閣議決定」が誤り。財務省原案は各省庁との復活折衝を通じて修正される。

(14) 会計検査院の検査は、国及び国の出資する法人等の会計を対象とするが、地方自治の本旨に基づき、国が補助金その他の財政援助を与えた都道府県及び市町村の会計については対象とすることはできない。**特別区Ⅰ類2019** 2.5

╳「都道府県及び市町村の会計については対象とすることができない」が誤り。会計検査院の役割は要するに「国のカネ」を検査することにある。したがって、地方自治体が国の補助金などによって行った事業についても検査対象となる。

(15) 我が国の会計検査院は、行政機関の金銭的な出納が適切かという点から、常時会計検査を行うとともに、国の収入と支出の決算の検査を行い、その結果を内閣総理大臣に提出する。法令違反や不当な会計処理が行われている場合は、直ちに内閣総理大臣に是正を求めなければならない。**国家一般職2018** 2.5

╳「直ちに内閣総理大臣に是正を求めなければならない」が誤り。法令違反や不当な会計処理を発見した場合にはまず当該行政機関の長に対して是正を要求する。不当な会計処理は実際には数が多く、それをその都度内閣総理大臣に伝えるわけではない。

(16) 会計検査院が会計検査を行う際の基準は、施策若しくは事業の目的が十分達成されているかという「有効性」の基準が伝統的に大きい比重を占めていたが、近年の行政改革等により効率的で信頼性の高い行財政の執行が求められていることから、「経済性」「効率性」「合規性」と呼ばれる三基準に移行してきている。**国家一般職2008** 2.5

╳「「有効性」の基準が伝統的に大きい比重」が誤り。もともと会計検査の伝統的な基準は正確性と合規性である。その後、経済性、効率性、有効性の通称3Eの基準が追加されるようになったのである。

(17) ディモックは、能率とは、ある活動への投入(input)と産出(output)の対比であるとする機械的な能率観を批判して、真の能率とは、組織活動に対する職員や消費者の満足感によって決まるという社会的能率観を提唱した。我が国の会計検査では、近年、合法性の規準に加えて経済性、効率性、有効性の三規準が導入されているが、そのうちの効率性の規準は、ディモックが主張するところの社会的能率観と同義である。**国家一般職2012** 2.5

╳「効率性の規準は…社会的能率観と同義」が誤り。社会的能率は会計検査の基準でいうのなら有効性(所期の目的を達成できたか)に該当する。

(18) 稟議制は、官僚制組織の意思決定方式の一つであり、辻清明は、最終的に決裁を行う職員が起案文書を作成すること、文書が順次回覧され個別に審議されることなどを特徴として指摘するとともに、これが効率的であるとして、欧米の官僚制組織の意思決定にも広がっていったとした。**国家一般職2020** 3.1

×「欧米の官僚制組織の意思決定にも広がって」が誤り。辻清明の稟議制論では、稟議制は日本特有の意思決定方式であるとされている。

(19) 予算編成の意思決定方式は、各局の総務課等が各課等からの予算要求原案に関するヒアリングを経て内示し、不同意の場合には復活要求がなされる局内の過程を経て、省庁・行政府レベルへと続き、文書を用いて行われることから、西尾勝によれば稟議書型の意思決定に分類される。**国家一般職2015** 3.3

×「予算編成の意思決定は…稟議書型」が誤り。予算編成は非稟議書型の典型である。

(20) 我が国の官僚制組織における意思決定方式として順次回覧型の稟議制がある。この方式は、組織末端の担当者が文書の形式で起案した後、上位者が順次その文書を承認していくというものであるが、承認を求める際に、会議等により組織内の上位者と下位者が必ず対面して質疑応答するのが特徴である。このような順次回覧型の稟議制について辻清明は、日本の行政組織の特徴として肯定的に評価した。**国家総合職2019** 3.2 3.3

×「順次回覧型…会議等により…必ず対面して質疑応答」が誤り。対面ではなく文書だけを「回覧」するから順次回覧型というのである。また「辻清明は…肯定的に評価」という点だけでは正誤が判断できないが、辻清明は最終的には稟議制の問題点を指摘するところに議論のポイントがあることを確認しておこう。

2 行政責任·行政統制

本節では行政に求められる責任、行政を統制する各種手段について学習します。行政機関の権力が増大する中で、行政のあるべき姿が議論されてきました（行政責任論争）。この議論を踏まえて、多様な行政統制の手段が存在すること（ギルバートのマトリックス）を学習し、オンブズマンや情報公開制度といった具体的な統制手段について解説していきます。

キーワード

専門知識と民衆感情への応答性／外在的責任と内在的責任／説明責任（アカウンタビリティ）／ギルバートのマトリックス／行政責任のジレンマ／自律的責任と他律的責任／議会オンブズマンと行政オンブズマン／情報公開制度／公文書管理／パブリック・コメント／パブリック・インボルブメント

❶ 行政責任の理論

1.1 責任の類型 ★★★

行政の責任を考える前に、まずはそもそも責任とは何かという点を考える必要がある。責任は政治学でも学習する本人－代理人モデルから説明できる。すなわち、代理人が本人から引き受けて行わなければならない任務や義務のことである。

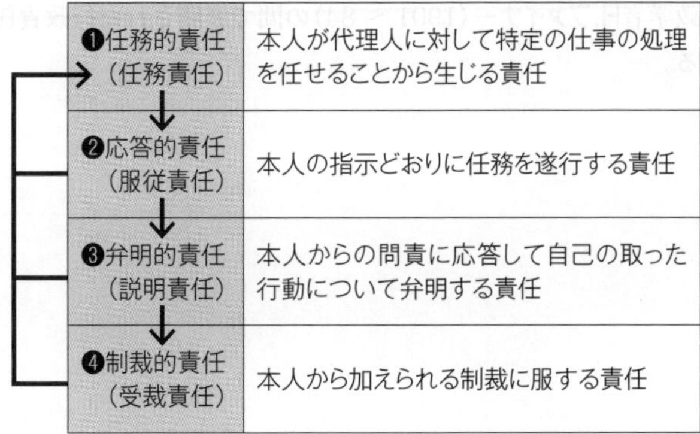

❶任務的責任（任務責任）
本人が代理人に対して特定の仕事の処理を任せることから生じる責任
❷応答的責任（服従責任）
本人の指示どおりに任務を遂行する責任
❸弁明的責任（説明責任）
本人からの問責に応答して自己の取った行動について弁明する責任
❹制裁的責任（受裁責任）
本人から加えられる制裁に服する責任

この責任は、**❶任務的責任**、**❷応答的責任**、**❸弁明的責任**、**❹制裁的責任**の四つの局面に分類することができ、それらは循環する構造にあると考えることができる（足立忠夫の説明）。

1.2 受動的責任と能動的責任 ★★★

先に見た四つの責任はいずれも代理人が本人の意向に忠実に応答することを念頭においており、その意味ではすべて受け身の責任である。

しかし、現実社会では責任のあり方をもっと広く考える必要がある。つまり、受動的責任だけでなく、代理人の自発的、積極的な裁量行動も責任の一種と考えられている。この種の責任を能動的責任と呼ぶ。能動的責任はさらに**補助責任**と**補佐責任**に分類することができる。

補助責任	補佐責任
法令や上司·上級機関の命令に違反しない範囲内において、自発的·積極的に裁量し、最も賢明な行動を選択すること	新しい社会問題が発生したときにはこれをいち早く察知し、対策を立案して、上司や政治機関に助言·忠告すること

2 行政責任論争

アメリカでは、ニューディール政策や第二次世界大戦などを通じて行政機能の拡大による行政国家化の傾向が表面化することになった。こうした状況を受けて、第二次世界大戦後のアメリカ行政学では、行政機構や行政官が担うべき責任の問題が論じられるようになったが、こうした議論の口火を切ったのが、1940年前後にドイツ出身のアメリカの政治学者**C.J.フリードリッヒ**(1898 ～ 1969)とイギリスの行政学者**H.ファイナー**(1901 ～ 84)の間で展開された行政責任概念に関する論争である。

2.1 フリードリッヒの行政責任 ★★★

(1) 応答的責任

フリードリッヒは、議会によって行政に強制される責任は有効性を欠いているとし、行政官の責任を「専門的知識」と「民衆感情」という要素から説明している。フリードリッヒによれば、「専門的知識」と「民衆感情」という二つの要素に応答的(responsible)であることが「責任ある行政官」である。

フリードリッヒの議論は全体として要約すると、行政官がプロフェッショナリズムに基づいて業務を遂行する重要性を説いたものとなっている。

	専門知識への応答性	民衆感情への応答性
概要	特定分野の技術的・科学的知識に精通していることを意味する 技術的・科学的知識に基づく政策の適否は「科学の仲間」である同僚仲間や外部の専門家集団によりチェックされる	議会や政治家を迂回することなく、行政が民衆の要求の変化や社会的ニーズに直接対応することを意味する
責任	機能的責任 (客観的責任)	新しいタイプの政治的責任 (道徳的責任)

(2) 不作為に対する責任

以上のように、フリードリッヒにとっては、行政官はプロ(専門家)である。プロに要求されるのは、単に過ちを犯さないようにするだけではない。フリードリッヒによれば、転変する社会の新しい問題に的確に対応するために、国民や議会に先んじて変化を予知し、政策をより有効なものに高めようとすることもプロである行政官に求められる責任となる。

したがって、フリードリッヒは行政官には「不作為に対する責任」も求められると主張している。

2.2 ファイナーの行政責任 ★★★

(1) 外在的責任と内在的責任

先のフリードリッヒの行政責任を批判したのがファイナーである。ファイナーは責任を外在的責任と内在的責任に分類した上で、フリードリッヒのいう責任は内在的責任に該当するが、民主制の下では外在的責任が重視されなければならないと主張した。

① 内在的責任

ファイナーによれば、内在的責任とは「道徳的義務への内在的・個人的感覚」である。これはフリードリッヒの言う「新しいタイプの政治的責任」に対応する。

ファイナーは、内在的責任は外在的責任を補完するものとしては重要であるが、行政官がこの責任のみを重視すると、行政官の独断を招く「新しい専制主義」に帰結する可能性があると批判している。

② 外在的責任

これに対して外在的責任とは「XはYの事項に関してZに対して説明・弁明しうる」(X is accountable for Y to Z)という公式が成り立つ関係であるとし、Xを「代理人」たる行政、Yを事項、Zを「本人」たる議会であるとした。

このように、ファイナーは古典的な議会制民主主義の下における行政責任の確保を改めて提起したのである。

	外在的責任	内在的責任
概要	説明や弁明がなされるべき機関ないしは個人が外部に存在すること	道徳的義務への内在的・個人的感覚
責任の類型	政治的責任	道徳的責任
ファイナーの評価	民主制における行政責任の本質であるとした	行政による「新しい専制主義」に帰結する可能性があると批判した

(2) 説明責任

以上のようにファイナーは、責任の本質について、説明がなされるべき機関ないしは個人が外部に存在するというところに求めている。すなわち、民主制における行政責任は、議会に対する外在的な政治責任であり、ファイナーは、行政が議会という外部に対して有する説明責任(答責性・アカウンタビリティ)を重視したのである。

ファイナーの責任概念

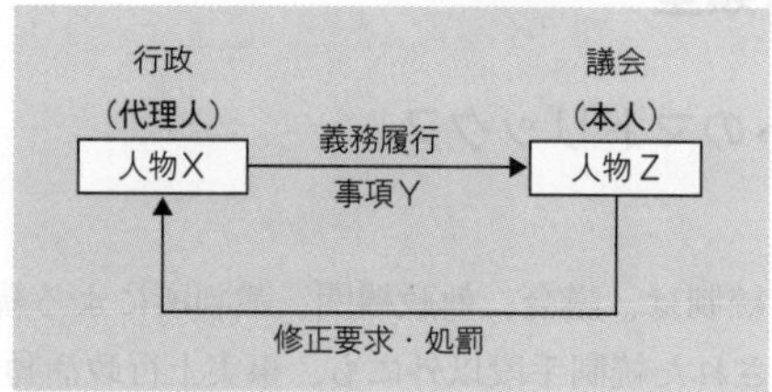

（3）議会統制の改善

もちろんファイナーは現状において議会による行政統制が不十分であることを認識していた。したがって、行政に対する議会統制を改善する必要があると論じている。

ファイナーは行政官はあくまで選挙された国民の代表者たちに責任を負うべきであり、代表者たちが、行政官の行動方針を技術的に可能な限り精細に決定すべきであると主張している。

（4）アカウンタビリティの概念

ファイナーの説明に見られるように、行政の説明責任（accountability）という概念は、かつては、議会や制度上の統制機関からの問責に対して弁明する責任という意味で用いられることが多かった。

しかし今日では、広く国民一般に対して行政活動の背景や意図、方法、その成果などを明らかにし、理解を求める責任を意味するものと一般的に理解されている。

行政責任論争のまとめ

	フリードリッヒ	ファイナー
共通点	行政国家化が進展し、議会による行政の統制が機能不全の状態にある	
概要	responsibility（応答性）重視 ❶専門知識への応答性 ❷民衆感情への応答性	accountability（説明責任）重視 「XはYの事項に関してZに対して説明しうる」という外在的責任を重視
改善策その他	本人（素人）と代理人（専門家）の架橋を重視し、公務員研修、広報広聴、市民参加の必要性を主張している	議会統制の改善を重視し、行政官の行動方針を可能な限り精細に決定しなければならないと主張している
現代的意義	行政の拡大した権力をいかに適切に行使するかという点を論じたものと解釈されている	行政機能の拡大をいかに抑制し、適切な範囲に留めるかという点を論じたものと解釈されている

3 統制手段の類型

3.1 ギルバートのマトリックス ★★★

(1) 背　景

行政活動に対する統制は、議会、執政機関、裁判所による統制が基本であるが、これらの法令上確立された統制手段以外にも、事実上行政活動を統制する効果を持つ手段も存在する。

このように多様な行政統制手段を類型化・分類したのがアメリカの行政学者であるC.E.ギルバートであり、一般に**ギルバートのマトリックス**と呼ばれる。

(2) 分類軸

まず、行政機関の外部による統制を外在的統制、内部による統制を内在的統制に分類している。そして、その統制が憲法や法令など法的な根拠に基づくものを制度的(公式的)統制、統制する権限はないものの事実上の統制力があるものを非制度的(非公式的)統制に分類している。

ギルバートのマトリックス

	制度的統制	非制度的統制
外在的統制	・議会による統制 ・執政機関(内閣・大統領)による統制 ・裁判所による統制 ・オンブズマン	・利益団体による圧力 ・情報開示請求による統制 ・マス・メディアによる報道 ・専門家集団の評価・批判 ・審議会の要望・批判
内在的統制	・各省大臣による執行管理 ・上司による職務命令 ・会計検査院・人事院などによる統制 ・政策評価	・職員組合の要望・期待・批判 ・同僚職員の評価・批判

(3) 留意点

以上のギルバートのマトリックスは行政に対する統制の多くを網羅したものであるが、あくまで行政官個人から見た場合には、他者による統制ないしは他者の期待に応答するという意味での統制手段であり、この意味で**他律的責任**である。つまり、行政官個人の内面的な自己規律に関わる**自律的責任**は含まれていない。

3.2 行政責任のジレンマ ★★★

(1) 概　要

ギルバートのマトリックスで見たように行政責任を確保する統制手段は様々である。これらは相互排他的関係ではなく、手段の組合せで総合的な責任を確保することが期待されている。しかし、その多様性ゆえに現実の行政官・行政機関は相互に矛盾・競合する責任を負う可能性がある。

このように、行政官に対して複数の相互に矛盾し対立する統制や期待が寄せられたときに、行政官がいずれに応えるべきか迷う状況を「**行政責任のジレンマ**」という。

(2) 事　例

例えば、地方支分部局の職員は、本省からの指示(制度的・内在的)と現場の上司の判断(制度的・内在的)が異なる場合、どちらを優先させるのか迷うことになる。また、住民運動による異議申し立て(非制度的・外在的)と法令の公式解釈(制度的・内在的及び外在的)が食い違う場合にもジレンマを抱えることになる。

(3) ジレンマの克服

行政官がこうしたジレンマ状況に直面した際に、どれを優先すべきかを事前に決定しておくことはできない。したがって、行政学では、行政官が自己の良心に従って行動するという意味での**自律的責任**が、行政責任のジレンマを克服する鍵になるとされる。

行政責任のジレンマ

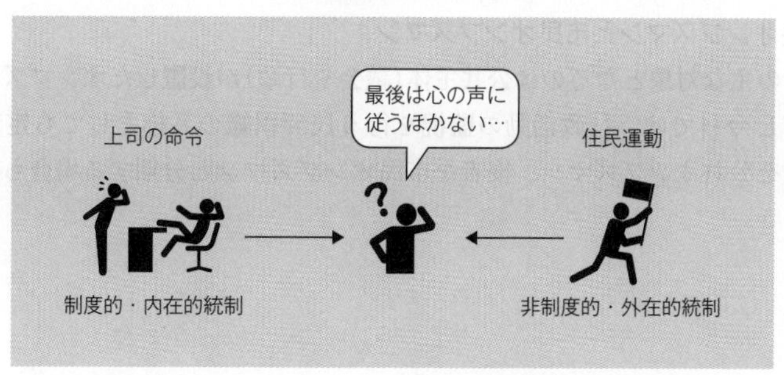

Power UP　自律的責任の問題点

第二次世界大戦中、リトアニアの領事館に駐在していた外交官杉原千畝は外務省の命令を無視して、ドイツの迫害から逃れた大量の難民（その多くはユダヤ人）にビザを発給したことで知られている。これは「自律的責任」のよい事例である。他方で二・二六事件や五・一五事件に参加した将校たちは現在の日本は腐敗しているとの認識の下でクーデタを実行したわけであり、こちらも一種の「自律的責任」を発揮したのである。自律的責任は安易に肯定できないというのがわかるだろう。

4 主な行政統制の手段

4.1 オンブズマン ★★★

(1) 定　義

オンブズマン(Ombudsman)とは、市民の権利を守る苦情調査官で、「護民官」とも呼ばれる。広義では、「市民からの苦情の申出に対応して、行政活動の合法性や妥当性に関して調査を行い、行政活動や行政制度について改善・是正を勧告することができる第三者性を備えた制度」を意味する。狭義では、スウェーデンのように議会任命ではないものをオンブズマンには含めない。

(2) 歴　史

オンブズマンは、世界では1809年にスウェーデンで初めて導入された。第二次世界大戦後に世界各国に普及し、デンマークなどの北欧諸国、イギリスなどの英連邦諸国、フランス、アメリカの諸州などで導入されている。また、EU議会にもオンブズマンは設置されている。

(3) 公共オンブズマンと市民オンブズマン

行政学の主な対象となるのは公共主体(議会や行政)が設置したオンブズマンである。ただし今日では、行政活動の監視を行う民間組織の名称としても定着しており、前者を公共オンブズマン、後者を市民オンブズマンと分類する場合もある。

(4) 議会オンブズマンと行政オンブズマン

オンブズマン制度の原則は、その発祥国のスウェーデンに見られるように、議会によって任命され議会に責任を負う議会型であるが、フランスのように行政の長によって任命されるものもある。

そこで、公共主体が設置するオンブズマン(公共オンブズマン)の中でも、議会によって設置されるか行政によって設置されるかにより、議会オンブズマン(議会設置型)と行政オンブズマン(行政設置型)に分類される。

(5) 総合オンブズマンと部門オンブズマン

行政諸領域一般を取り扱うものを総合オンブズマン(一般オンブズマン)、行政の特定部門の苦情を取り扱うものを部門オンブズマン(特殊オンブズマン)という。

(6) 日本のオンブズマン

① 国レベル

日本では、行政苦情救済制度として、総務省の行政相談制度、行政相談委員、行政苦情救済推進会議などが存在しており、これらがオンブズマン的役割を果たしている。しかし、独立性が低いといった問題点があることから、国レベルではオンブズマンは実現していないと解されている。

ただし、行政相談委員は行政に対する苦情受付けという点では一定の役割を果たしており、オンブズマンとはいえないもののその役割は重要である。行政相談委員は総務大臣から委嘱された「無報酬のボランティア」であり、全国の市区町村レベルで身近な相談窓口として機能している。

② 自治体レベル

自治体レベルではオンブズマンの導入事例が見られる。市町村レベルでは、1990年に川崎市(総合オンブズマン)、中野区(部門オンブズマン)が初めて導入された。都道府県レベルでは1995年に沖縄県(総合オンブズマン)が導入したのが最初の事例である。現在、全国で約50団体程度存在している。

(7) 各国のオンブズマン

① スウェーデン

19世紀初めに設けられたスウェーデンのオンブズマンは、❶議会により任命される(議会オンブズマン)、❷国民からの苦情申立ては直接オンブズマンに対して行われる(直接アクセス)、❸司法府も調査の対象になる、という特徴を持つ。

② イギリス

イギリスでは1967年に「議会コミッショナー」という名称でオンブズマン制度が設けられた。「議会コミッショナー」の所属は議会であるが、❶任命は、内閣総理大臣の推薦に基づき国王が行う(行政オンブズマン)、❷国民は下院議員を経由して苦情を訴える(間接アクセス)、という点でスウェーデンとは異なる。

③ フランス

フランスでは1973年に「メディアトゥール」という名称でオンブズマン制度が設けられた。スウェーデンと比して、❶閣議決定に基づき大統領が任命する(行政オンブズマン)、❷国民からの苦情は上院・下院議員を通して行われる(間接アクセス)、という点で違いがある。

④ アメリカ

アメリカでは連邦政府レベルではオンブズマン制度は存在しない。ただし、地方レベルではオンブズマンを設置している事例が見られる。

主要国のオンブズマン

	スウェーデン	イギリス	フランス
名称	議会オンブズマン	議会コミッショナー	メディアトゥール(調停官)
創設年	1809	1967	1973
所属	議会	議会	行政
任命	議会	内閣総理大臣の推薦に基づき国王	閣議決定に基づき大統領
申立て	直接アクセス	間接アクセス(下院議員経由)	間接アクセス(上院・下院議員経由)
対象	国の行政機関 地方公共団体 裁判所	国の行政機関	国の行政機関 地方公共団体

4.2 情報公開制度 ★★★

(1) 世界の歴史

世界で最初に情報公開を制度化したのは、オンブズマン制度と同様にスウェーデン(1766)であり、第二次世界大戦後、北欧諸国、アメリカ、カナダなどの世界各国に普及した。

(2) 日本の歴史

日本では地方自治体レベルが先行して導入した。市町村レベルでは1982年に山形県金山町、都道府県レベルでは神奈川県が制度化し、その後全国に波及した。2019年現在、都道府県・市町村のほとんどで導入されている。

このような地方自治体の取組みを背景として、国レベルでは、「行政機関の保有する情報の公開に関する法律」(情報公開法)が1999年に制定され、2001年より施行されるに到っている。以下では、情報公開法の概要について説明する。

(3) 情報公開法の目的

情報公開法は、国民主権の実現を究極の目的として、行政運営の公開性を高め、政府の「諸活動を国民に説明する責務」(**説明責任・アカウンタビリティ**)を確保するために設けられた制度である。

情報公開法の制定において、新しい人権の一つ「知る権利」を根拠とするものかどうか議論されたが、結局法律には明記されなかった。

(4) 開示請求の対象となる行政機関

開示請求の対象となるのは「国の行政機関」(会計検査院、人事院を含む)であり、国会と裁判所は対象とならない。

また、行政機関でも地方公共団体は対象とならない。先述のように各地方公共団体は条例等により整備するのである。

さらに、特殊法人や認可法人、独立行政法人も対象とならない。ただし、すべての独立行政法人および一部の特殊法人・認可法人については独立行政法人等情報公開法に基づいて別途整備されている。

(5) 開示請求の対象となる文書

行政機関情報公開法の対象となる行政文書は「行政機関の職員が職務上作成し、又は取得した文書、図画及び電磁的記録」である。

したがって、職員が作成したメモでも組織で用いるという目的(組織共有文書の実質性)が確認できれば、決裁や供覧などの事務処理を終了していない文書でも開示請求の対象文書に含まれる。

(6) 請求権者

開示請求の資格に要件がなく「何人」も請求者になることができる。したがって、法人、外国人も請求者になることができる。また、請求権者は、開示請求の目的を問われることはない。開示された情報は閲覧できるのみでなく、写しの交付を受けることも可能である。

(7) 不開示情報

開示請求のあった文書については、原則開示することとなっている。しかし、行政は個人の情報、法人の情報、国の安全に関わる情報など、それを公開することで様々な弊害を生み出す情報も有している。そこで、これらの情報を不開示情報と位置づけ、公開の対象外であると規定している。

つまり、行政機関の保有する情報については、不開示情報が記録されている場合を除き、原則公開となっている。しかし、ある情報が不開示とされた決定について不満がある場合には、不服申立制度も用意されている。

4.3 公文書管理

(1) 背　景

2001年より施行された情報公開法に基づき、行政機関には多くの情報公開請求が寄せられるようになった。そこで、当然あるはずの情報を請求しても「文書が存在しない」という回答が少なからず見られ、国民年金記録の管理ミスに代表されるように、行政機関の多くが文書管理規則を遵守していないことが問題となった。

こうした状況を踏まえ、公文書の統一的な管理のルールなどを定めた「公文書等の管理に関する法律」(公文書管理法)が2009年に制定されたのである(2011年施行)。

(2) 概　要

公文書管理法では、公文書は「国民共有の知的資源」であり、主権者である国民が主体的に利用しうるようにすることが理念として掲げられている。そして、同法を通じて、行政文書の作成・管理について統一的なルールを導入することが定められている。また、公文書管理を充実するために、国立公文書館の機能を強化することなどが定められている。

Power UP　公文書管理の課題

公文書の管理については公文書管理法により統一的なルールが定められており、これに基づいて政府は公文書管理のガイドラインを定めている。例えば法律制定時の文書は「30年保存」などと、1年以上保存すべき文書の類型なども示されている。

ただし、行政の作成する文書は膨大であり、実際にはこうしたガイドラインですべてをコントロールするのは難しい。したがって、近年では、国有地の売却の交渉記録(森友学園問題)、PKOに派遣された自衛隊の日報の廃棄といった問題が様々に浮上した。こうした問題を踏まえガイドラインはさらに強化されている。

他方で、公文書としては残しておきたくない情報を、職場では共有しないという建前で、職員があくまで「個人のメモ」という形で作成することで、これらは公文書扱いとはならず、情報公開の対象にもならないという問題もある(森友学園問題における「赤木ファイル」)。

5 行政過程への市民参加制度

5.1 パブリック・コメント ★★★

(1) 定　義

パブリック・コメント(意見提出・意見公募手続)とは、政令・省令等の策定過程において、最終決定の前に事前に国民等の多様な意見・情報・専門的知識などを聴取し、反映させる制度である。

(2) 歴　史

パブリック・コメントは、日本では、1999年の閣議決定を根拠として行われてきたが、2005年の行政手続法の改正で「意見公募手続」として法制化されている。

(3) 概　要

行政手続法に基づく「意見公募手続」の対象となるのは「命令等」であり、これには政令、府省令、審査基準、処分基準、行政指導指針の案が含まれる。命令等を定める機関は、緊急に命令等を定める場合や軽微な変更を行う場合を除き、意見提出手続の義務が課せられており、国民から寄せられた意見を十分に考慮する義務を負う(提出意見の内容を命令等に必ず反映する義務が課されているわけではない)。

また、以上の定義からわかるように、法律案や政策案は同手続の対象とはなっていない。しかし、これは行政機関が法律案や政策案について意見公募手続を実施することを否定するものではなく、過去に実施した例もある。

(4) 地方公共団体のパブリック・コメント

行政手続法に基づく「意見公募手続」では、地方公共団体は地方自治尊重の観点から適用除外となっている。ただし、地方公共団体には、行政手続法の規定に則り、必要な措置を講ずるように努力義務が課されており、2022年現在、**都道府県と政令指定都市のほとんど、市区町村の半数以上**が制度を導入している。

Power UP　パブリック・コメントの実態

やや古いデータであるが、パブリック・コメントの実際を見ておこう。2016年度において、意見公募が行われたのは939件、意見提出の総数は26,483件あった。しかし、全体の22%については意見が1件も寄せられておらず、62.4%が1～10件の意見が提出されたのみである。そして、たとえ寄せられたとしても「見当違い」の意見であるとして公表されないことも多い。

また、原田久「パブリック・コメントの実証研究」によると、2002年度のパブリック・コメントにおいて10以上200以下までの意見が寄せられた108件について調査したところ、意見の結果、修正に至ったのは46件あったが、少なくとも3分の1以上は文言や表現の修正という形式的な修正であった。以上のように、市民参加制度として十分に機能しているかどうかは議論が分かれるところである。

5.2 パブリック・インボルブメント ★★★

(1) 定 義

パブリック・インボルブメント(PI)とは、直訳すれば「地域住民や利害関係者などを巻き込むこと」である。具体的には、施策の立案や事業の計画を策定する際に、関係者に情報を提供したうえで意見を聴き、反映しながら事業を進めていくための制度であり、「住民参画」とも訳される。

(2) 意 義

従来の「住民参加」は事業の実施や運用段階において住民などに対する説明会を開くというものであったが、PIは事業の「構想段階」や「計画段階」において意見を反映させようとする狙いがある。

(3) 経 緯

1990年代後半から道路建設や河川改修に際してPI方式が活用される事例が増えてきた。国政では道路や河川の整備計画の策定において地域住民等の意見を聴取する制度を設けている。地方では、例えば「まちづくり基本条例」などにおいて都市計画の策定について住民参画を制度化している事例が多い。

5.3 ノーアクションレター ★★★

民間企業が新たなビジネスを興したり、新商品を販売しようとしたりする際に、その行為が法令に抵触しない(違法ではない)ことが不明確なため、訴訟や行政処分といったリスクをおそれ、事業活動が萎縮してしまうようなケースが想定される。このような問題に対処するため、アメリカの証券取引委員会(SEC)の制度を参考にして導入されたのが、法令適用事前確認手続(日本版**ノーアクションレター**)である。

具体的には、民間企業などの事業活動に関わる具体的行為に関して特定の法令の規定の適用対象となるかどうかを予め行政機関に確認し、その機関が回答を行うとともに、これを公表する制度である。日本では、2001年の閣議決定で限定的に導入され、現在は「民間、企業等の事業活動」を対象として実施されている。

もちろん、行政機関は「すべての案件」に回答するわけではない。例えば国税庁は「自分の財産をケイマン諸島(タックスヘイブンで有名な場所)に移動したらどうなるか」などに答えてくれるわけではない。あくまで民間の健全な投資や研究を支えるのが目的である。

過去問チェック

01 我が国の国家公務員については、上級機関の指令や上司の指示・命令に忠実に応答する受動的責任に基づく行為は必要とされるが、一方、自発的積極的に裁量するという能動的責任に基づく行為は、政治的判断を伴うため、国家公務員法で信用失墜行為として禁止されている。国家一般職2003 1.2

×「能動的責任に基づく行為は…国家公務員法で…禁止」が誤り。能動的責任とは例えば上司の間違いに気づいたら指摘するなども含んでおり、法律で禁止するものではない。

02 C.フリードリッヒは、現代における行政の責任とは、議会による行政府に対する統制に適切かつ迅速に応答することであり、コミュニティに対して直接対応する責任や、科学的な知識に基づいて対応する責任は、行政官にとって過大な責任であると考えた。国家一般職2020 2.1 2.2

× 本問はファイナーの説明であれば概ね妥当であり、フリードリッヒの考え方とは逆になっている。フリードリッヒは、議会統制が不十分であることを前提に、行政官が民衆感情と科学的知識に応えることを重視しているのである。

03 ファイナーは、民主的政府における行政責任は、XはYの事項に関してZに対して説明・弁明しうるという公式が成り立ち、説明・弁明の相手方の内在性が不可欠の要件であるとした。特別区Ⅰ類2015 2.2

×「説明・弁明の相手方の内在性」が誤り。ファイナーが重視するのは「外在性」である。つまり、行政外からの統制である議会統制を重視している。

04 H.ファイナーによれば、行政責任とは市民に対する責任であり、行政は制度上の責任を負う議会よりも、市民の期待や要望に直接対応すべきであるという。これを本人・代理人(プリンシパル・エージェント)モデルに当てはめると、「代理人」たる行政にとっての「本人」は個々の市民であり、そこでは市民による行政のモニタリングが強調されることになる。国家一般職2005 2.2

×「ファイナーによれば、行政責任とは市民に対する責任」、「「本人」は個々の市民」が誤り。ファイナーの考える本人は「議会」であり、議会が代理人である行政をコントロールすることが想定されている。つまり、ファイナーの議論はあくまで議会に対する「説明責任」に限定されている。

05 行政の自由裁量について、C.フリードリッヒは、技術的に可能である限り詳細な点まで法律で規定することで行政の自由裁量を極小化すべきであると主張したのに対して、H.ファイナーは、専門家たる行政官の知識や技術を引き出すために

は、むしろ自由裁量の拡大が必要であるとした。国家一般職2005 2.1 2.2

× 本問はフリードリッヒとファイナーの説明が逆になっている。議会統制を重視するファイナーは行政の自由裁量を否定し、行政官の専門知識を重視するフリードリッヒは行政官の自由裁量を肯定する立場である。

06 行政の責任について、C.フリードリッヒは、現代において議会による統制は有効に機能しなくなっているため、現代の行政には、裁判所や会計検査院等の他の政府諸機関による統制に対応する責任と、客観的に確立された科学的な規準に対応する責任を自覚することが求められているとし、前者を制度的責任、後者を非制度的責任と名付けた。国家一般職2010 3.1

× 制度的責任と非制度的責任はギルバートの説明であるから誤り。フリードリッヒはこのような区別を行っていない。

07 C.E.ギルバートは、行政統制について、行政官それぞれが自らの内部に有する自律的責任の有無と、統制主体が外在的か内在的かという二つの軸によって、自律的外在的統制、自律的内在的統制、応答的外在的統制、応答的内在的統制という4類型による整理を行った。国家一般職2018 3.1

×「自律的責任の有無」が誤り。ギルバートは自律的責任を除外した行政統制の分類を行っている。したがって、正しくは法制化された制度的統制と事実上の影響力である非制度的統制という軸で分類している。

08 行政責任のジレンマとは、行政官に対して複数の相互に矛盾し対立する統制や期待が寄せられた時に、行政官がいずれにこたえるべきかを迷うような状況をいう。行政官がこうしたジレンマに直面した際の優先順位を定めることを目的として、平成11年(1999年)に国家公務員倫理法が制定された。国家一般職2005 3.2

×「ジレンマに直面した際の優先順位を定める」が誤り。優先順位を一律に決められないからこそジレンマに陥るというのが行政責任のジレンマ論の前提である。また国家公務員倫理法は基本的には国家公務員の民間との「付き合い方」に関する法律であり、行政責任のジレンマとは無関係である。

09 行政責任のディレンマ状況とは、行政官に対して相互に矛盾し、対立する統制や期待が寄せられたときに、行政官がいずれにこたえるべきかを迷うような状況をいう。このようなディレンマ状況は、内在的統制と外在的統制の間でのみ生じるものであり、同一価値観の下に職務を遂行するライン系統組織や官房系統組織の内部では生じない。国家一般職2009 3.2

╳「内在的統制と外在的統制の間でのみ生じる」、「ライン系統組織や…内部では生じない」が誤り。例えば大臣の方針(内在的統制)と直属の上司の命令(内在的統制)との間でジレンマが生じる場合もある。

(10) スウェーデンで始まったオンブズマン制度は、我が国では、国において制度が導入された後に地方自治体に広まったものであり、地方自治体では神奈川県川崎市が初めて導入した。 **特別区Ⅰ類2013** 4.1

╳「国において制度が導入された後に地方自治体に広まった」が誤り。そもそも国レベルではオンブズマン制度は導入されていない。

(11) 諸外国に設置されているオンブズマンは、議会の付属機関とされており、市民の苦情を受け付けて職権で調査し、是正措置を勧告し、議会に対して報告を行う権限を有している。我が国では、行政活動への苦情に対応し、国会に勧告を行うための機関として、内閣総理大臣が国会の同意を得て行政相談委員を任命している。
国家一般職2010 4.1

╳ 行政型のオンブズマンも存在するので「オンブズマンは、議会の付属機関」が誤り。また「国会に勧告を行うための機関…行政相談委員」が誤り。行政相談委員は総務大臣から委嘱された「無報酬のボランティア」として、全国の身近なところで行政に関する相談に応じている。

(12) 地方公共団体が、住民に対してその行政に関し説明する責務を全うし、公正で透明な行政を実現するための制度として、情報公開制度がある。我が国では、国が地方に先立って、情報公開制度を導入した。平成13(2001)年に「行政機関の保有する情報の公開に関する法律」が施行された後、各地方公共団体で情報公開に関する条例が制定された。 **国家総合職2016** 4.2

╳「国が地方に先立って、情報公開制度を導入」が誤り。情報公開制度は地方公共団体で先に導入され、それが地方に一定程度広まり、その後2001年の情報公開法の制定という流れとなっている。

(13) 行政機関情報公開法は、開示請求の対象を、行政機関の職員が職務上作成し、又は取得した文書・図面及び電磁的記録としており、また、開示方法としては、文書等の閲覧のみを認め、写しの交付を認めていない。 **国家一般職2009** 4.2

╳「文書等の閲覧のみを認め、写しの交付を認めていない」が誤り。写しの交付を認めている。したがって、直接行政機関を訪問しなくとも、文書のコピーを送付してくれるのである。

(14) 行政機関情報公開法に基づく開示請求をするためには、日本国籍を有していることが必要である。また、開示請求の対象となる行政文書には、業務上使用して

いる行政文書であれば、民間企業から取得したものも含まれる。**国家一般職2004** 4.2

× 「日本国籍を有していることが必要」が誤り。情報公開制度に国籍要件はなく「何人」でも利用できる。また「民間企業から取得したものも含まれる」が誤り。民間企業の営業の秘密などに該当するものであれば当然開示請求の対象とはならない。

15 「行政機関の保有する情報の公開に関する法律」は、行政文書の開示請求権を定めること等により、政府の諸活動について国民に説明する責務が全うされるようにする旨定めているが、「公文書等の管理に関する法律」は、歴史公文書等の適切な保存及び利用等を図ることにより将来の国民に説明する責務が全うされるようにすることを目的としており、現在の国民に対する説明責任の確保については定めていない。**国家一般職2013** 4.3

× 「現在の国民に対する説明責任の確保については定めていない」が誤り。そもそも将来の国民に対する説明責任と現在の国民に対する説明責任は切り離すことができない。公文書が適切に管理されることは現在の国民にとっても当然ながら必要なものである。

16 現在及び将来の国民に対する国の説明責務を確保することを目的として、1990年、「公文書等の管理に関する法律」が成立した。この法律は、公文書の作成、整理、国立公文書館等への移管、保存・利用等、公文書のライフサイクル全体を通じた公文書管理の一般法として位置付けられる。同法の成立以降、国の行政機関が保有する情報に対する関心が高まったことを背景として、情報公開法や個人情報保護法といった法令が整備されるに至った。**国家総合職2013** 4.3

× 「1990年、「公文書等の管理に関する法律」が成立…同法の成立以降…情報公開法や個人情報保護法」が誤り。2001年から施行された情報公開法を通じて情報公開が行われるようになった結果、公文書の管理の杜撰さが指摘されるようになり、2009年に公文書管理法が制定されるようになったのである。

17 パブリック・コメントとは、行政機関が広く公に意見や改善案等を求める意見公募手続のことをいい、我が国では、各省庁が任意で行っているものに限られ、意見公募手続の法制化には至っていない。 **特別区Ⅰ類2013** 5.1

× 「意見公募手続の法制化には至っていない」が誤り。当初は任意のものであったが、意見公募手続は行政手続法に規定されている。

18 「パブリックコメント」(意見公募手続制度)とは、国の行政機関が政令や省令等を制定する際に、事前にその案を公表して広く一般国民から意見・情報を募集

第5章 日本の行政と行政統制

し、その意見を考慮することにより、行政の公正性・透明性の確保や国民の権利の保護に役立てることを目的とする制度であり、平成17年の行政手続法の改正によって、全ての政令や省令等の制定の際に実施が義務付けられている。国家一般職2013 5.1

×「全ての政令や省令等…実施が義務付け」が誤り。国民生活に関わるような審査基準、処分基準、行政指導指針の案を作成するときに実施することを念頭においており、すべての政令や省令等が対象となるわけではない。

(19) パブリックコメント(意見公募手続)制度は、平成17(2005)年の行政手続法改正によって法定され、府省は適用除外に該当しない限り、政令、府省令等を制定、改正する場合には、政令、府省令等の最終決定後ただちにホームページ上で意見を募集しなければならない。国家一般職2015 5.1

×「最終決定後ただちに」が誤り。最終決定する前に事前に意見を公募するのがパブリック・コメント制度の目的である。

(20) パブリック・インボルブメントとは、行政計画の策定等に際して、住民に情報を公開して、広く意見・意思を調査する時間を確保し、かつ策定の過程を知る機会を設ける住民参加の手法である。我が国では、1990年代後半以降、都市計画や河川整備計画などで採用されている。国家一般職2005 5.2

◯ 妥当な説明である。パブリック・インボルブメント(PI)は公共事業などで幅広く用いられている。

(21) 平成13(2001)年に「行政機関による法令適用事前確認手続の導入について」の閣議決定が行われ、いわゆる日本版ノーアクションレター制度が導入された。本制度に基づき、民間企業等が具体的行為に関して、あらかじめ当該行為が特定の法令の規定の適用対象となるかどうかを当該法令所管省庁に確認した場合は、当該法令所管省庁は民間事業者等の事業活動に係る法令すべてについて回答しなければならない。国家総合職2009 5.3

×「法令すべてについて回答しなければならない」が誤り。あくまで民間の研究や投資を萎縮させないことを目的としたもので、それらとは関係のない質問について回答する義務はない。

過去問 Exercise

問題1 次の文は、我が国の意思決定方式に関する記述であるが、文中の空所A～Dに該当する語又は語句の組合せとして、妥当なのはどれか。

特別区Ⅰ類2016

井上誠一は、日本の中央省庁で使用されている意思決定方式について整理し、稟議書型と非稟議書型に区別し、稟議書型はさらに［A］と［B］に分けられるとした。［A］の具体例については、法規裁量型行政処分の決定があり、［B］の具体例については、［C］の決定がある。また、［D］の決定は非稟議書型に属するとされる。

	A	B	C	D
1	順次回覧決裁型	持ち回り決裁型	法令案・要綱	予算の概算要求
2	順次回覧決裁型	持ち回り決裁型	会議への出欠席	予算の概算要求
3	順次回覧決裁型	持ち回り決裁型	予算の概算要求	法令案・要綱
4	持ち回り決裁型	順次回覧決裁型	法令案・要綱	会議への出欠席
5	持ち回り決裁型	順次回覧決裁型	予算の概算要求	法令案・要綱

解説

正解 1

稟議制を初めて体系的に紹介したのは辻清明であるが、これを批判したのが、元キャリア官僚だった井上誠一である。

A：順次回覧決裁型

稟議書型は順次回覧決裁型と持ち回り決裁型のいずれかである。続く記述で**A**の具体例が法規裁量型行政処分とあるので、ここは順次回覧決裁型であることがわかる。法規裁量とは羈束（きそく）裁量とも呼ばれるもので、判断の基準が法律による厳格な拘束を受けていて、行政機関に裁量の余地がないものをいう。そのため法規裁量型行政処分は、日常的なルーティンワークとして処理される軽易な案件になるため、辻清明のいう稟議制に近い順次回覧決裁型が採用されている。

B：持ち回り決裁型

Aが順次回覧決裁型なので、ここは自動的に持ち回り決裁型となる。持ち回り決裁型とは、重要な政策的事案に関する決定に際し、垂直的水平的な意見調整を予め行い、合意を得ておく方法である。また持ち回り型の意見調整は会議形式を基本とし、この会議での決定が実質的な意思決定となるため、文書が起案され回覧する段階は形式的なものであるといえる。

C：法令案・要綱

持ち回り決裁型の具体例は、法令案・要綱である。持ち回り型の方が、手間がかかる＝重要案件だということである。持ち回り型の具体例としては、他に行政裁量の余地が大きい便宜裁量型行政処分の決定が挙げられる。

D：予算の概算要求

予算の概算要求以外に会議への出欠席も非稟議書型に該当するが、**A**がわかれば選択肢が絞られるので、予算の概算要求が妥当である。ちなみに、国会答弁資料の作成も、非稟議書型である。

問題2 次のA～Eの我が国の行政統制を、ギルバートの行政統制の類型に当てはめた場合、外在的・非制度的統制に該当するものを選んだ組合せとして、妥当なのはどれか。

特別区Ⅰ類2019

A　同僚職員の評価

B　マスメディアによる報道

C　裁判所による統制

D　官僚制指揮命令系統による統制

E　住民運動

1　A　C
2　A　D
3　B　D
4　B　E
5　C　E

解説

正解 ④

A ×　「同僚職員の評価」は、内在的・非制度的統制である。

B ○　「マスメディアによる報道」は、外在的・非制度的統制である。

C ×　「裁判所による統制」は、外在的・制度的統制である。

D ×　「官僚制指揮命令系統における統制」は、内在的・制度的統制である。

E ○　「住民運動」は、外在的・非制度的統制である。

第6章

地方自治

本章では地方自治について学習します。地方自治は民主主義社会の基盤として重要であり、そのあり方も国によって様々です。第1節では主要国の地方自治の仕組みや福祉国家の時代の地方自治体の役割などについて学習します。第2節では、戦前、戦後、平成時代における日本の地方自治の変化について学習します。第3節では、現在の日本の地方自治がどのように運営されているのか、組織のあり方や財政の仕組みなどについても学習していきます。

中央地方関係

本節では、地方自治の基本原則や世界の地方自治の仕組みについて説明します。国と地方自治体の関係は国によって様々であり、基本的には先進国の地方自治は英米型かヨーロッパ大陸型に分類されます。他方で、福祉国家化の進展は国と地方の関係に大きな影響をもたらします。福祉を地方の責任として行うべきかどうかという点についての経済学の議論も解説します。

キーワード

住民自治と団体自治／英米型と大陸型／制限列挙方式と概括例示方式／自治体警察と国家警察／内務省／単一主権国家と連邦制国家／市支配人制／国と地方の相互依存／足による投票／福祉の磁石

1 地方自治の基本

地方自治とは、地域の住民が、その地域の問題を自らの意見や参加によって自主的に処理し、運営する仕組みのことである。本項では地方自治の主体と基本原則について説明する。

1.1 自治体・地方政府・地方公共団体 ★★★

(1) 背　景

地方自治の世界には様々な主体が登場し、場面ごとに呼び名が異なる。地方自治を学習するときによく登場する名称は、自治体、地方政府、地方公共団体の三つである。この三つはとりあえず互換性のある言葉であるが、強調したい特徴によって使い分けるものなので、大体の意味を知っておきたい。

本章でも、以下の意味合いの違いを念頭において、文脈によって自治体、地方政府、地方公共団体という言葉を使い分けていく。

(2) 自治体

まず多くの読者が地方自治という言葉を聞いたときに思い浮かべるのは、都道府県、市区町村という存在であろう。地元住民が首長や議員を選び、それぞれの区域で独自の行政が実施されている。このようにまさに「住民の自治」を強調したい場合には自治体(地方自治体)という呼称を用いる。

(3) 地方政府

これに対して地方政府(local government)と呼ぶときもある。地方政府とは、地方自治体が国とは異なる行政の主体であるということを強調するときに用いられる言葉である。国と地方の関係を、中央政府と地方政府との政府間関係であると説明するときに主に用いられる。

(4) 地方公共団体

地方公共団体は、法律上の用語であり、日本国憲法や地方自治法で用いられている。後述するように、地方公共団体には様々な形態があり、地方自治にとっては欠かせない存在であるが、「住民の自治」は行われていない場合もある。

したがって、自治体は都道府県や市区町村などを念頭に置いた言葉であるが、これら以外の地方自治を支える様々な団体を含めた言葉が地方公共団体である。

1.2 地方自治の原則 ★★★

(1) 地方自治の制度的保障

日本国憲法では「地方自治の本旨」(92条)が示されており、地方自治が制度的に保障されている。また、この地方自治を具体化した地方自治法も制定されている。

(2) 地方自治の本旨

「地方自治の本旨」とは地方自治の原則(本来あるべき旨)を示したものであり、以下の二つの要素から成り立っている。住民自治が「民主主義的」であるのは住民自身が決定するからであり、団体自治が「自由主義的」であるのは「国家からの自由」を念頭においているからである。

住民自治	団体自治
地方自治体の政治は、住民の意思と責任において決定され、自主的に行われること(憲法93条)	地方自治体は、中央政府の指揮監督を受けずに自由に地方行政を行うこと(憲法94条)
民主主義的原則	自由主義的原則

2 中央地方関係の類型

各国の中央地方関係は様々であり、その比較についても多様なモデルがあるが、行政学においては、西欧諸国の中央地方関係を、〈分権と集権〉と〈分離と融合〉という分析軸によって、英米型(アングロ・サクソン系)と大陸型(ヨーロッパ大陸系)という二つの系統に分けるのが最も一般的な説明である。

2.1 英米型と大陸型の比較 ★★★

英米型はその特徴を分権・分離型、大陸型は集権・融合型と説明される。主な違いをまとめたのが下掲の表である。以下、分権と集権、分離と融合という軸で比較しながら説明しよう。

	英米型（アングロ・サクソン系）	類型	**大陸型**（ヨーロッパ大陸系）	
	イギリス、アメリカ、英連邦諸国	主な国々	フランス、ドイツ、オーストリア	
分権型	自治を許容	基礎自治体	自治を制限	**集権型**
	早期から自治体化	広域自治体	国の地方下部組織として活用	
	なし	内政総括官庁	あり	
	自治体警察	警察	国家警察	
分離型	〈制限列挙方式〉 自治体の権限は法律等により個別に列挙し、原則として授権された権限しか行使できない	自治体の権限	〈概括例示方式〉 自治体の権限を制限列挙方式のように個別列挙せず、包括的・概括的に規定する	**融合型**
	国が権限を持つ行政サービスについては、自治体から独立した国の出先機関が自治体とは別個に提供する	国の行政サービス	自治体は地域の総合行政主体と位置づけられ、国はその事務を自治体の長に委任して執行する（地方を国の機関として活用）	
	立法的・司法的統制が中心	統制手段	行政的統制が中心	

2.2 分権型と集権型 ★★★

(1) 分権型

アングロ・サクソン系諸国では、歴史的経緯により、国の地方下部組織が簡素であった。例えばイギリスの場合、国王と封建諸侯との間で激しい対立を経ずに国家統一が果たされたことから、中央が厳格に地方を支配する必要がなかった。この結果、早くから国の地方組織が広域自治体化した。

そして、弱い地方支配の中で、警察権が基礎自治体である市町村の所管事項(自治体警察)とされたのである。

(2) 集権型

ヨーロッパ大陸系諸国では、歴史的経緯により、国が強力な地方下部組織を置いた。この結果、基礎的な自治体である市町村の自治が強く抑制され、国と市町村の間に介在する広域の地方組織は自治体ではなく、国の地方下部組織と位置づけられた。

そして、このような強い地方支配の中で、警察は国家警察として整備されたのである。

2.3 分離型と融合型 ★★★

(1) 分離型

アングロ・サクソン系諸国の地方自治が分離型と呼ばれるのは、以下の特徴による。

① 制限列挙方式

自治体に事務権限を授権する際に、自治体が行使しうる権限を個別に列挙する方式をとる。これを制限列挙方式という。

自治体の権限が個別に列挙されていれば、その範囲を越えた行為は明確に認識することができ、その行為は訴訟の対象となる。訴訟で越権行為の違法性が確定すれば、当該行為は無効となる。これをアメリカでは、「ウルトラ・ヴァイリーズの法理(ultra vires)」(越権行為の法理)という。

このため、英米系の国家では中央政府と地方政府の事務権限をめぐる訴訟が多くなる傾向にある。

② 行政サービスの相互分離

国と自治体、広域自治体と基礎自治体の事務権限が明確に区分される結果、国は所管事務を現地で執行するために、各地に地方出先機関を設置する。

このため、同一地域内で、市町村役場と府県の地方事務所と国の地方出先機関が並存し、それぞれの機関が相互に無関係に行政サービスを提供することになる。

③ 国の地方出先機関の多元的分立

ヨーロッパ大陸系諸国と異なり、「内政の総括官庁」が設置されていない。このため、国の地方出先機関も各省別に多元的に分立する形となる。

(2) 融合型

ヨーロッパ大陸系諸国の地方自治が融合型と呼ばれるのは、以下の特徴による。

① 概括例示方式

自治体に事務権限を授権する際に、自治体が行使しうる権限を個別明示せず、比較的広い領域を示してそれに関係する事務を行う方式をとる。これを**概括例示方式**(包括授権方式)という。

② 市町村への事務の委任

国と地方の事務配分が明確に区分されていないため、国と自治体の間で事務に重複部分が生じ、同一地域で同類のサービスが重複する事例がしばしば見られる。したがって、ヨーロッパ大陸系諸国では、国の事務権限は県などの広域自治体を通して執行するとともに、国の事務の執行を基礎自治体である市町村に委任して執行するという方式が多用される。

このように、市町村は自治体としての事務を執行すると同時に、国の地方下部組織として国からの委任事務を執行するという二重の役割を担っている。

③ 内政総括官庁の設置

ヨーロッパ大陸系諸国では、「内政の総括官庁」というべき**内務省**が設置され、府県レベルの広域自治体には内務省から派遣された官選知事が、国の各省所管の事務を一元的に調整する。

このように、市町村に対する統制は、内務省－府県知事ー市町村長というルートに統合されているのである。

英米型の地方自治

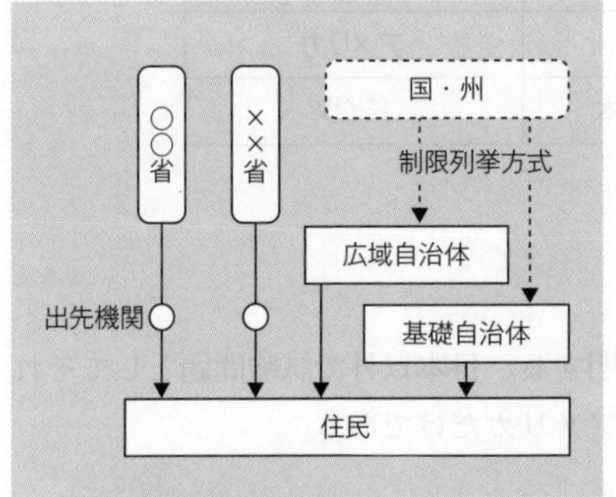

大陸型の地方自治

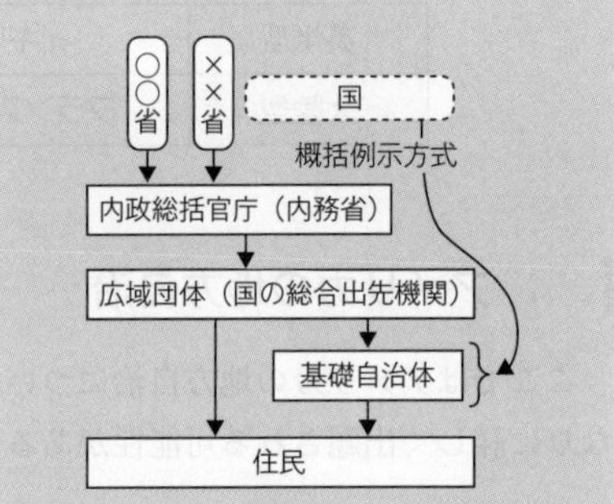

Power UP　概括例示方式の実際

日本の地方自治は概括例示方式である。例えば地方自治法では「普通地方公共団体は、地域における事務及びその他の事務で法律又はこれにより処理することとされているものを処理する」（2条2項）と包括的に規定している。

概括例示方式では、自治体が自らの判断で速やかに課題解決を行うことができる。これに対して、制限列挙方式は国の授権を待たなくてはならない。先述のように国からの授権がないまま迅速な対応をすると越権行為と認定される可能性がある。

2.4 単一主権国家と連邦制国家　★★★

(1) 単一主権国家

国家主権のあり方や、中央政府(国)と地方政府(自治体)の関係は各国において様々であるが、一般に単一主権国家と連邦制国家に分類される。

単一主権国家(単一制)とは、主権と憲法を中央政府が有しており、地方政府は中央政府によって認められた範囲内で政策決定や実施を行うタイプの国家をいう。日本、イギリス、フランスなどが単一主権国家に該当する。

(2) 連邦制国家

単一主権国家に対して、もともと州(地方政府)などが主権や憲法を有しており、主権の一部を国(連邦政府)に移譲して設立されている国家を連邦制国家という。アメリカは世界で初めての連邦制国家であり、他にドイツ、スイスなどが連邦制を採用している。

例えばアメリカの場合、連邦政府は国防や外交など一部の権限を州から移譲されているが、その他の多くの役割は州独自に行われている。州は独自の憲法、立法機関、司法機関を有しており、各種の法律は州によって様々であるなど、連邦政府と州政府との間で権力が大きく分割されている。

	単一主権国家	連邦制国家
英米型	イギリス	アメリカ
大陸型	フランス・日本	ドイツ

2.5 アメリカの地方自治 ★★★

ここではアメリカの地方自治について説明する。日本以外で試験問題としてそれなりに詳しく出題される可能性があるのはアメリカだけである。

(1) 中央地方関係

アメリカの連邦制では、憲法において連邦の権限を国防、外交、課税などに限定し、それ以外の権限を州の権限とする制度がとられている。したがって、地方制度は州の所管事項であり、州以下の政府間関係は、州によって異なるため多様である。

(2) 地方自治体の階層制

アメリカでは原則として、[州(state)─郡(county)─市町村(municipality)]の3層制の地域と、[州─郡]の2層制の地域とがある。日本と異なりどこでも市町村が存在するわけではなく、住民は住んでいるが、基礎自治体である市町村が存在しない場所もある。

アメリカの地方制度

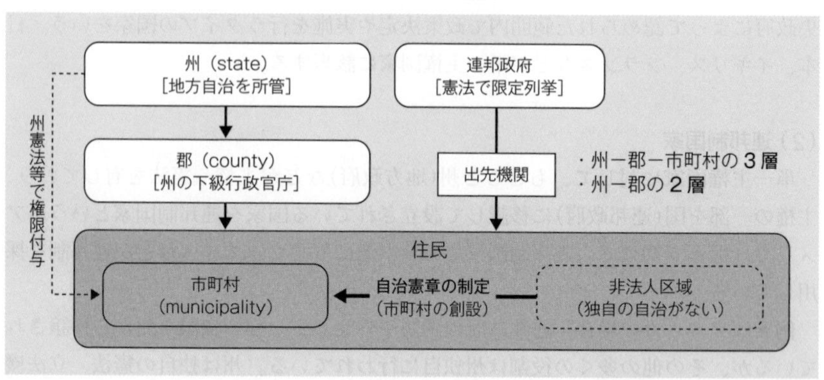

(3) 市町村の執政制度

アメリカの合衆国憲法には地方自治の規定がない。このため、地方制度は各州で異なり、市町村の執政制度は市町村によって様々であり、概ね市長型、市支配人型、カウンシル(理事会)型の三つのパターンがある。

市長型	市支配人型	カウンシル型
公選の市長が行政運営を行う。地域によっては、議会と市長が行政を分担管理するところもある。	市議会から任命された市支配人(city manager)が行政運営を行う。	理事会(委員会)が立法と行政の機能を併せ持つ制度で、各委員は各分野の政策を決定し、その執行を管理する役割を担っている。

(4) ホーム・ルール・チャーター

先述のようにアメリカでは住民はいるが自治体が存在しない場所がある。しかし、住民が多く居住するようになった結果、市町村が新規に創設されることがある。市町村の創設は、住民自治の精神に基づき、住民の発意によって行われることが多い。具体的には、自治体が独自に憲章を作り、この憲章を州議会が認めることで、自治体に自治権が与えられる、ホーム・ルール・チャーター(自治憲章制度)が確立している。

このホーム・ルール・チャーターの考え方は日本でも、自治体の自治の基本方針などをまとめた「自治基本条例」という形で取り入れられている。2022年現在、全国の約400の自治体で制定されている。

3 地方自治と福祉国家

3.1 福祉国家の中央地方関係 ★★★

(1) 背 景

第二次世界大戦後には、主要先進国では地方分権改革や福祉国家化が進展した。この結果、中央政府と地方政府の関係は英米型と大陸型という類型には収まり切らないような状況も生まれるようになった。

具体的には、英米型とされる国でも、福祉国家化の進展で、例えばナショナル・ミニマム(国民としての最低限の生活基準)が設定されて全国一律に適応されるなど中央政府の役割は増大し、地方に対する関与も強化されるようになった(分離型の融合化)。

他方で、大陸型とされる国でも、第二次世界大戦後のドイツでは連邦制が採用され、フランスでも1980年代に地方分権改革が行われ、広域地方組織の完全自治体化が進展した(集権型の分権化)。

(2) ロウズの相互依存論

以上のような変化を踏まえて、イギリスの政治学者R.A.W.ロウズは、中央政府と地方政府の間には相互依存関係があるとする議論を展開した。

具体的には、中央政府は立法権限と財源の保有において優位に立ち、地方政府は行政サービスの実施に不可欠な組織資源と情報資源において優位に立つため、両者間に相互依存の関係が成立しているとしたのである。

ロウズの相互依存論

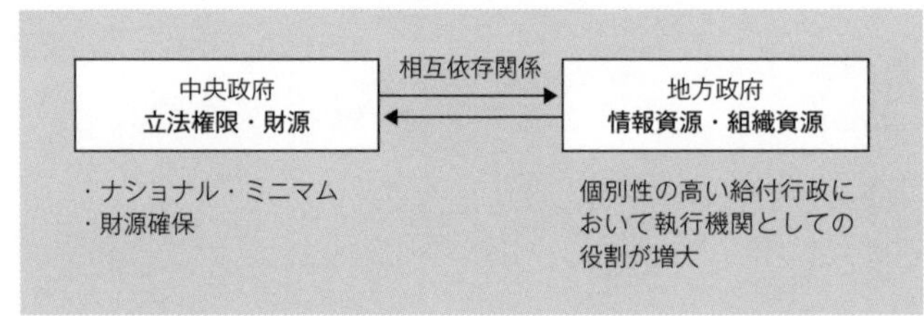

(3) 村松岐夫の相互依存論

以上の相互依存の発想を日本において論じたのが**村松岐夫**である。後述するように、かつての日本の地方制度はドイツ・プロシアに範を求め、大陸型の特徴を帯びてきた。このことから戦後日本の行政学では、日本の地方制度は極めて集権的であるとの考え方が通説であった。村松岐夫は、この考え方を「**垂直的統制モデル**」と名づけ、戦後日本の実態に即していないと批判した。

これに対して、村松が提示した「**水平的政治競争モデル**」とは、地方住民の要望は地方が自主的に、あるいは行政ルートや政治ルートを通じて中央に伝達することで中央の政策として実施させるなど無視しえない影響力を行使しているとし、実態として中央と地方の相互依存関係が確認されることを示したのである。

以上のような議論は、国と地方の人事交流にもあてはめることができる。かつては、中央省庁の職員が都道府県の幹部職に出向するという慣行は国による地方の統制(押し付け)であると理解されてきた。しかし、今日ではむしろ地方が国との交流を図るために積極的に国の人材を受け入れている状況が指摘されることが多い。これも一種の国と地方の相互依存関係である。

日本の相互依存論

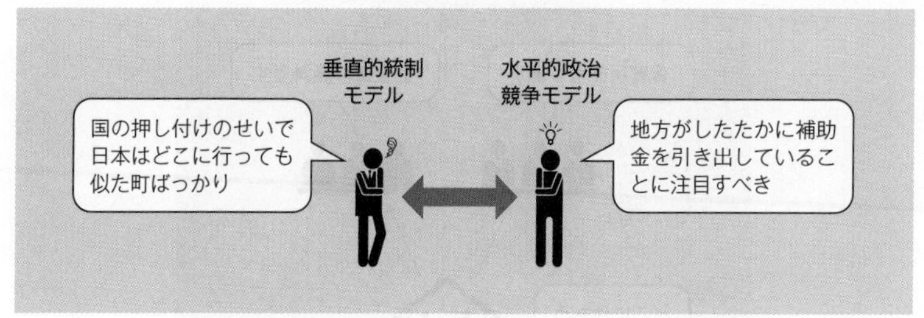

垂直的統制
モデル
水平的政治
競争モデル
国の押し付けのせいで
日本はどこに行っても
似た町ばっかり
地方がしたたかに補助
金を引き出していること
に注目すべき

第6章 地方自治

3.2 「足による投票」と「福祉の磁石」 ★★★

(1) 背 景

地方分権の進展は福祉国家にどのような影響をもたらすだろうか。このような問題についてはもともと経済学の観点から様々な議論が行われている。代表的なのが「足による投票」と「福祉の磁石」である。

(2) 足による投票

地方政府が独自の試みを行うようになると、住民はどの地方政府が自らの利益に適うかを基準に、居住地を選択するようになるはずである。すなわち地方分権の進展は、選択のメカニズムが生まれるという点で、市場メカニズムと同様の効果をもたらし、地域の公共財の提供において効率化が高まると考えられる。

アメリカの経済学者C.ティブー(Tiebout)はこれを**「足による投票」**と呼んでいる。この足による投票は要するに地方分権が福祉に好ましい影響を与えるという主張となっている。

足による投票

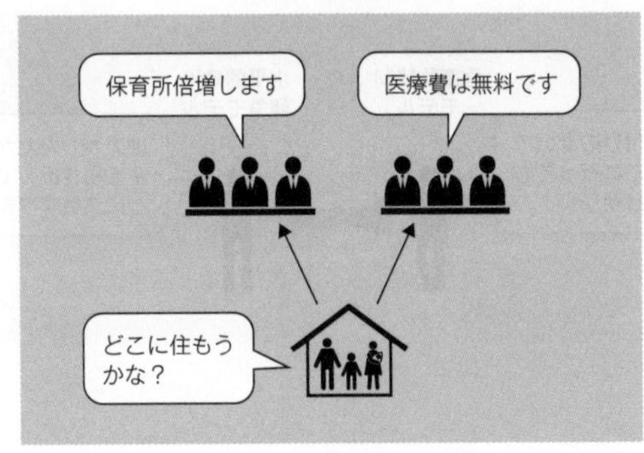

（3）福祉の磁石

しかし、「足による投票」は別の結果をもたらす可能性もある。例えば、地方政府が再分配政策を行う場合、負担は重いが便益を受けない高所得者は福祉負担の少ない他の地域へ退出し、便益を求める多くの低所得者が流入してくるということがありうる。これを**P.ピーターソン**は、「**福祉の磁石**」(welfare magnet)と呼んでいる。

そこで、ピーターソンは、福祉政策については中央政府が直轄で行うか、地方政府の権限や財政を統制する必要があると論じている。つまり、「福祉の磁石」は地方分権が福祉に与える好ましくない状況を指摘したものであり、福祉を地方自治体の独自の政策として行うことはありえないという主張となっている。

（4）底辺への競争

このように周辺から低所得者が流入してくることが想定される場合、周辺の自治体よりも福祉給付水準を下げることで流入を防止する手段が選択される場合がある。実際、かつて福祉を大幅に拡充したニューヨーク市は1970年代に財政破綻に陥ってしまった。そこで、「福祉の磁石」を避けるために、周辺の地方自治体よりも福祉水準を下げたのである。

このような作用は、国際社会の文脈では「**底辺への競争**」(race to the bottom)と呼ばれることもある。世界のグローバリゼーションの進展に伴い、国家は競って人権保障、環境基準、労働基準を甘くすることで海外投資を呼び込もうとする場合がある。同じように地方政府も低福祉低負担の政策を選択し、福祉の負担を好まない高所得の住民を呼び込もうとする可能性が理論上はありえるわけである。

過去問チェック

01 大陸系の国家では、各省庁の地方行政機構が簡素で、早くから広域的な地方政府に転化したこと、警察が基礎的な地方政府の所管とされたことなどから、分権・分離型の特徴を有している。**特別区Ⅰ類2009** 2.1 2.2 2.3

× 本問はアングロ・サクソン系(英米型)の説明であれば妥当である。大陸系は広域団体を国の地方下部組織として利用し、警察は国家警察となる集権・融合型である。

02 ヨーロッパ大陸系諸国では、自治体の権限の範囲をめぐって訴訟が提起されることが多く、地方自治法の解釈は判例によって形成されており、自治体に対する統制は立法的統制と司法的統制が中心である。**特別区Ⅰ類2018** 2.1 2.2 2.3

× 本問はアングロ・サクソン系(英米型)の説明であれば妥当である。ヨーロッパ大陸系諸国では内政総括官庁(内務省)、国の地方下部組織を通じた行政的統制が中心となる。

03 一般にアングロ・サクソン系諸国では、自治体の事務権限を定める法律に、自治体が実施できる事務、行使できる権限を個別に列挙しており、これを制限列挙方式と呼んでいる。また、自治体へ明示的に授権されていない事務権限については、原則として、国の各省庁がその執行を自治体の長に委任して執行させる方式をとることとしている。**国家一般職2008** 2.1 2.3

×「授権されていない事務権限については…自治体の長に委任して執行」が誤り。授権されていない事務を自治体は執行できないというのがアングロ・サクソン系の特徴である。自治体の長に委任して執行するのはヨーロッパ大陸系諸国の特徴である。

04 我が国では、国から地方自治体への授権の方式として概括例示方式あるいは包括授権方式が採用されている。これは、我が国の地方制度がフランスやドイツなどヨーロッパ大陸系諸国の制度の影響を受けているためであり、英米系の諸国が採る制限列挙方式とは対照的な性格を持っている。ultra viresの法理と対になる制限列挙方式が融合型の中央地方関係をもたらすのに対して、概括例示方式は分離型の中央地方関係をもたらす。**国家総合職2007** 2.1 2.3

×「制限列挙方式が融合型」、「概括例示方式は分離型」が誤り。制限列挙方式が分離型、概括例示方式が融合型である。制限列挙方式では自治体が授権された事務が個別列挙されており、授権されていない事務を行うと訴訟の対象となり、判例を通じて自治体の職務範囲が形成されていく(ウルトラ・ヴァイリーズの法理)。

05 連邦制国家においては、連邦を構成している州等がそれぞれに主権と憲法を持つ国家というべき存在であり、これらの州等が主権の一部を連邦政府に委譲するという形をとっている。よって、連邦制国家である英国、アメリカ合衆国などのアングロ・サクソン系諸国は、ドイツやフランスなどの単一主権国家に比べ、中央政府(連邦政府)の権限は弱いといえる。**国家一般職2008** 2.4

×「連邦制国家である英国」、「ドイツ…単一主権国家」が誤り。英国は単一主権国家であり、ドイツは第二次世界大戦後連邦制国家となっている。

06 西尾勝は、日本の中央省庁の組織編制の決定と管理が、自治基本条例によって厳格に管理されている一方、国家公務員の定員は総定員法や定員審査の下で増員が容易に行われていることを、鉄格子効果と名付けた。**国家一般職2019** 2.5

×「自治基本条例」ではなく国家行政組織法が正しい。また「国家公務員の定員は…増員が容易」が誤り。総定員法で総定員は厳格に法定されているため、増員は容易ではない。このように組織や定員が厳格に定められているから「鉄格子」なのである。

(07) R.A.W.ロウズは、イギリスの地方自治の姿を念頭に置きながら、中央政府と自治体が保有している行政資源とこれに基づく権力関係に着目した。彼によれば、中央政府は立法権限と財源の保有において優位に立つが、行政サービスを実施する上で必要不可欠な組織資源と情報資源の保有という側面では自治体に劣位しているため、中央政府は自治体への依存を避けようとする。この結果、中央と地方の相互依存の度合いは減少する。**国家総合職2005** 3.1

×「中央政府は自治体への依存を避けようとする…相互依存の度合いは減少」が誤り。福祉国家を運営するためには中央政府と地方政府の相互依存が避けられないというのがロウズの相互依存論である。

(08) 村松岐夫は、我が国の中央政府と地方政府の関係について、中央集権的な仕組みを強調する水平的政治競争モデルではなく、双方の相互依存関係を前提にした自立的な主体間の関係ととらえる垂直的行政統制モデルによって理解すべきであるとした。**特別区Ⅰ類2010** 3.1

×「水平的政治競争」と「垂直的行政統制」を逆にすれば妥当である。すなわち中央集権的な仕組みが垂直的行政統制モデルであり、相互依存関係を前提としているのが水平的政治競争モデルである。

(09) 戦前、都道府県の幹部は知事も含め、内務省等の中央省庁の職員によって占められていたが、戦後も、中央省庁の職員が都道府県の幹部職に出向するという慣行は続けられていった。しかし、こうした人事慣行は、地方分権の観点から望ましくないという認識が強まっていったことから、平成12年の分権改革にあわせて、中央省庁から都道府県への出向を自粛する旨の関係大臣申合せが行われ、以来こうした出向は行われていない。**国家一般職2011** 3.1

×「中央省庁から都道府県への出向を自粛…出向は行われていない」が誤り。かつては中央省庁から地方自治体への出向は国と地方の上下関係を意味するものだと批判もされたが、現在では中央省庁と地方自治体の双方が必要に応じて行っているものであると理解されており、相当数の人事交流がある。

(10) ピーターソンらは、手厚い福祉政策を実施している地方政府に人々が吸い寄せられて集まる状況を「福祉の磁石」と表現し、福祉政策の拡充は人口増をもたらし、地域の発展につながるとした。ゆえに、全国的に福祉の水準を向上させるには、福祉政策を地方政府に委ね、地域間の競争を促すことが効果的であると主張した。彼の主張は、介護保険の分野をはじめとして、福祉政策の分権化を推進している近年の我が国の動向と整合的である。**国家一般職2012** 3.2

×「福祉政策の拡充は人口増をもたらし、地域の発展」が誤り。福祉を欲する低所得者層が集まり、高負担を避ける高所得者が逃避するというのが「福祉の磁石」であり、地域の発展を阻害するという考え方である。福祉政策を地方政府に委ねることが地域間の競争を促すというのはティブーによる「足による投票」の考え方である。したがって、「福祉の磁石」からすれば福祉政策の分権化は否定されるべきものであり「日本の福祉政策の分権化」は「福祉の磁石」には適合しない。

11 P.ピーターソンは、「都市の限界」を唱え、地方政府が再分配政策を実施すると、低所得者は負担の少ない他の自治体への退出を図り、他方で、再分配政策による便益を求めて高所得者が他の自治体から流入してくるというジレンマ状況を、「福祉の磁石(welfare magnet)」現象として捉えた。国家一般職2018 3.2

×「低所得者は負担の少ない他の自治体への退出」、「再分配政策による便益を求めて高所得者が…流入」が誤り。福祉の磁石とは地方の再分配政策により、再分配を求める低所得者を引きつけ、高所得者が退出するという議論である。そもそも再分配政策を求めるのは一般的には低所得者であり、高所得者ではない。

2 地方自治の歴史

本節では日本の地方自治の歴史について、三つの時代に区分して説明します。まず、明治維新から明治憲法制定以降の戦前の地方自治の歴史です。そして、戦後はどのような改革が行われたのかを確認し、最後に現在の地方自治の仕組みを生み出した平成時代の改革について説明していきます。

キーワード

集権・融合型／内務省／山県有朋の地方制度改革／官選知事／地方自治法／機関委任事務／地方分権一括法／第一次分権改革／自治事務と法定受託事務／国地方係争処理委員会

1 戦前日本の地方自治

明治維新以降、地方自治に関することが様々に制度化された。特に重要なのは明治憲法制定に合わせて行われた山県有朋による改革である。

試験対策としては、明治憲法時代に府県(現在の都道府県)がどのように位置づけられていたのかをしっかり確認しよう。

1.1 明治維新の改革 ★★★

(1) 府県の設置

明治維新直後の新政府は、新政府から派遣された府知事・県令を配置するため、1869(明治2)年に版籍奉還、1871(明治4)年に廃藩置県を実施し、近代国家としての地方制度を初めて確立した。

ただし、この廃藩置県で設置された県の区域は旧藩の領域そのままであったため、府県数は3府302県にものぼり、現在の47都道府県体制に近い区割りになるのは随分経ってからのことである。

(2) 内務省の設置

また、明治新政府の中央行政機構はしばしば機構改編が行われ、内政を分担する機関も分立していた。そこで、1873(明治６)年には、地方行政など内政事務を取り扱う官庁である内務省(初代内務卿：大久保利通(おおくぼとしみち))が設立され、内務省と府県を通じた地方行政の基本構造が確立されたのである。

1.2 三新法の時代 ★★★

明治維新時代の地租改正、徴兵令、学制などの政策は、既存の社会制度に大きな変更を迫るものであったため、地方の不平や騒乱をもたらした。特に地方自治に関していえば、新たに導入された制度は、旧来の町村の反発を招き各地で混乱が生じた。

そこで、**大久保利通**内務卿の主導の下で明治政府は、地方の不満を吸収する目的で、1878(明治11)年に、いわゆる**三新法**(郡区町村編制法、府県会規則、地方税規則)を制定した。これにより、県議会の制度化、地方税制の整備が行われている。

1.3 明治憲法時代 ★★★

(1) 背 景

1881(明治14)年に国会開設の勅諭が発せられ、明治政府は憲法発布と国会開設の準備を進めた。この憲法制定に先立ち地方制度の整備を図ることを積極的に推進したのが、新たに内務卿に就任した**山県有朋**である。

山県の主導の下で、**プロシア**(ドイツ)から招聘した**A.モッセ**の草案を基礎として地方自治制度の検討が行われ、1888(明治21)年に市制・町村制、1890(明治23)年に府県制・郡制が制定されている。

(2) 明治憲法と地方自治

以上のように、明治憲法期の地方自治制度は、当初は市制・町村制と府県制・郡制により整備された。これらは当初勅令であったが、帝国議会開設後は法律事項となり、地方自治制度は法律で保障された。しかし、現在と異なり**明治憲法には地方自治に関する規定は設けられていなかった。**

(3) 地方行政制度

明治憲法時代には、府県、郡、市町村が「自治体」として位置づけられ、これらの団体はそのまま国の地方行政区画としても活用された(融合型の特徴)。特に府県は国の地方行政官庁と位置づけられ、戦前は一貫して府県知事は**官選知事**(政府が選ぶ国の役人が派遣される)、郡も官選郡長とされ、自治体としては不完全であった。

これに対して市町村の首長には、明治憲法時代に最終的には公選制(間接選挙)が導入されたため、一応の「住民自治」が行われる自治体として機能したのである。

(4) 集権・融合型の特徴

このように、明治憲法期の地方制度は、国の地方行政制度と地方自治が表裏一体の関係にあり、ほぼ完全に融合した関係にあったので、いわゆる集権・融合型の地方制度(大陸型)であったと位置づけられる。

市制・町村制(1888)及び府県制・郡制(1890)制定時の地方制度

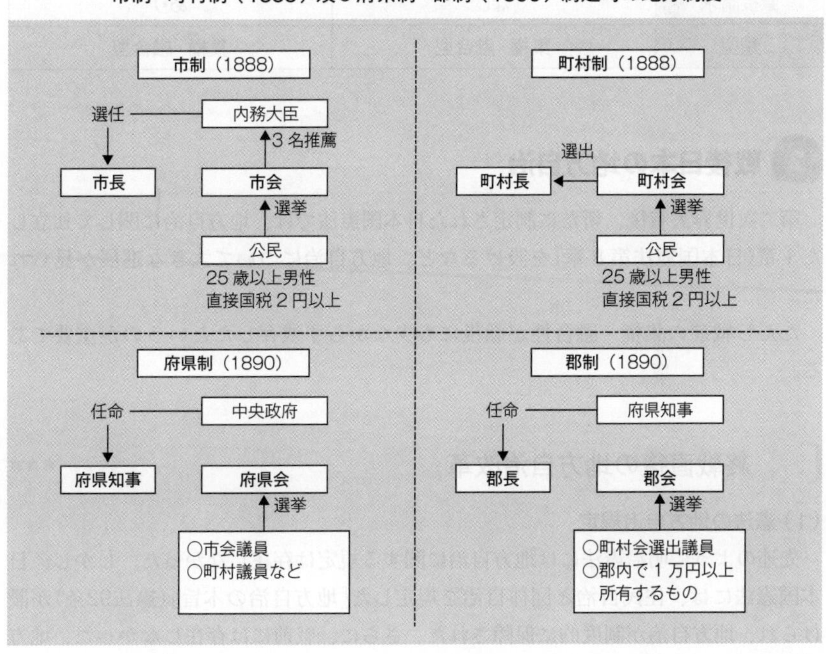

戦前・戦後の日本の地方制度の比較

		戦前	戦後
地方自治の憲法規定		規定なし	「地方自治の本旨」(92条) 「首長・議員の直接選挙」(93条)
階層制		2層制(郡廃止後) [府県―市町村]	2層制 [都道府県―市町村]
府県	首長	官選知事	直接公選
	議会	制限選挙から普通選挙へ	
市	首長	最終的に市会が選出	
	議会	制限選挙から普通選挙へ	
町村	首長	町村会が選出	
	議会	制限選挙から普通選挙へ	
直接請求		なし	あり
類型		集権・融合型	集権・融合型

2 戦後日本の地方自治

第二次世界大戦後、新たに制定された日本国憲法では、地方自治に関して独立した１章(日本国憲法第８章)を設けるなど、地方自治について大きな進展が見られた。

ただし戦前の集権・融合性が戦後にも少なからず残存したというのが重要である。

2.1 終戦直後の地方自治改革 ★★★

(1) 憲法の地方自治規定

先述のように明治憲法には地方自治に関する規定は存在しなかった。しかし、日本国憲法には、住民自治と団体自治を規定した「地方自治の本旨」(憲法92条)が設けられ、地方自治が制度的に保障された。さらに、戦前には存在しなかった、地方公共団体と総称される自治体の組織や運営について定めた**地方自治法**(1947)が制定され、地方自治制度が一括して整備されるようになった。

(2) 首長の直接公選

戦前においては、市町村議会による間接公選であった市町村長、官選であった都道府県知事の選出が改められ、市町村長及び都道府県知事は住民による直接公選となった(憲法93条)。

(3) 内務省の解体

戦前において内政総括官庁としての強力な権限を有していた内務省は、戦後解体された。内務省が担っていた職務は、戦時中にすでに分離独立していた厚生省を含めて、労働省、建設省、自治省、国家公安委員会と警察庁などに分割された。こうした経緯を持つ行政機関は、現在でも旧内務省系の行政機関と呼ばれることがある。

(4) 国家警察から市町村警察へ

戦前の日本は大陸型の特徴を強く有していたことから、警察は国が所管する国家警察であった。しかし、戦後初期には国家警察から市町村所管の自治体警察に改編された。

ただし、後述するように、市町村警察は長続きせず、独立講和後には現在の都道府県警察に移行している点に注意しよう。

2.2 戦前から戦後に継承された制度 ★★★

(1) 集権・融合型の要素が残存

戦後改革により日本の地方自治は分権化が確かに進んだ。しかし、以下に示すように、地方制度全体として見ると、戦後日本の地方制度は依然として集権・融合型の要素が残存していた点に特徴がある。

(2) 機関委任事務

団体自治を有するにもかかわらず自治体は、戦後においても国の地方行政機構としても活用された。すなわち、自治体は一部の事務を「国の行政機関」として実施したのである(融合型の特徴)。これを**機関委任事務**という。

機関委任事務は国の指揮監督の下でその業務を行うものであり、国と地方の上下関係は戦後も継続したと評される(集権型の要素)。

(3) 都道府県と市町村の上下構造

また、このような上下関係は、都道府県と市町村の間にも存在した。つまり、広域自治体である都道府県と基礎自治体である市町村の間には上下の**指揮監督関係**が残存したのである。後述するように、平成時代の改革はこうした上下関係、指揮監督関係を廃止するところに目標があった。

2.3 独立講和後の地方自治改革 ★★★

(1) 背　景

これまで見てきたように、戦後の地方自治改革は概ね分権化を志向してきた。特に地方自治では住民に最も身近な基礎的な自治体が重視されるため、戦後日本の税財政制度の抜本的改革を目指した**シャウプ勧告**でも市町村優先の原則が示され、市町村に多くの税源を配置すべきという提言が行われている。

具体的には、市町村税として固定資産税や市町村民税を付与し、都道府県税として付加価値税を導入するなど、都道府県と市町村で**税源を分離**することなどがシャウプ勧告では示されている。

(2) 改革の揺り戻し

しかし、以上のようなシャウプ勧告の提案は多くの場合都道府県には受け入れ難いものであった。市町村の財源は豊かになるが、都道府県の財源が少なくなるからである。このような背景の下で日本が独立講和を果たすと、市町村自治の強化などの改革は、大きな揺り戻しに直面することになった(「逆コース」の改革)。

具体的には、すでに公選化されていた東京都の特別区長は1952(昭和27)年に公選から官選となってしまった(特別区長が再び公選となるのは1975年である)。また、1954年には市町村に移管されていた警察権は都道府県に移管することとなり、現在の都道府県警察制に改められた。このように、独立講和後には、市町村の自治を弱めて都道府県と市町村の上下関係を強化するような改革が行われたのである。

Power UP　警察制度の仕組み

読者が日常的に見かける「お巡りさん」は地方公務員であるが、警察の幹部は国家公務員であるということは知っているだろうか。具体的には日本の警察は、幹部（警視正以上）は国家公務員であり、全くの警察官は地方公務員である。

例えば、『踊る大捜査線』というドラマや映画でいうと、同じ警視庁でも、室井（柳葉敏郎）は国家公務員で、青島（織田裕二）は地方公務員である。渋谷警察署のような大規模警察署の署長は国家公務員（警視正）、原宿警察署のような中規模の署長は地方公務員（警視）とそれぞれ規定されている。

このように国家公務員と地方公務員がその業務において明確な上司部下の関係に置かれるような制度は、日本の行政の仕組みとしては警察制度のみである。

（3）税源の重複

そして、最終的には「改革の揺り戻し」の中で、シャウプ勧告も見直されることになった。この結果、1954年には住民の所得に課税する都道府県民税が復活し、住民税が都道府県と市町村において重複することとなった。つまり、シャウプ勧告によって、すべて市町村の税源として確保されていた住民税は一部都道府県に移譲されたのである。

このように、国税と地方税、都道府県税と市町村税の分離原則は弱められ、様々に税源が重複することになり、現在に至っている。⇒第3節 3.2

Power UP　シャウプ勧告

シャウプ勧告とは、アメリカの経済学者C.シャウプを団長とする使節団が日本政府に行った税制に関する勧告（1949年と1950年の２回勧告を行っている）である。シャウプは民主的国家においては国民の納得のいく税制が不可欠であるとの信念に立ち、税源の明確な区分などを含む勧告を行った。

本文で述べたように地方税制としては市町村優先の原則を示したことが重要であり、後述するように地方自治体間の格差是正については地方財政平衡交付金制度の提案などを行っている。ただし、税源の明確な区分も地方財政平衡交付金も政治的な理由で結局は貫徹されなかった。

3 平成の地方分権改革

1990年代の日本では、地方分権の推進が大きな政治課題として認識されるようになり、機関委任事務に代表される「上下・主従」関係を見直し、国と地方の「平等・対等」な関係を確立することが志向された。

1999年に制定された地方分権一括法はこの改革の到達点であり、機関委任事務の廃止など事務権限の見直しを中心とする改革が実現したのである。

3.1 地方分権一括法の制定 ★★★

(1) 背　景

平成時代の地方分権改革の最初のステップとなったのは、1993年衆参両院の超党派による「地方分権の推進に関する決議」である。これを契機として地方自治改革が重要な課題となり、1993年に誕生した**細川護熙**(ほそかわもりひろ)連立内閣も地方分権改革を公約したのである。

(2) 地方分権一括法の制定

地方分権推進委員会(総理府の審議会)が地方分権改革の具体的なプランの作成において中心的な役割を果たし、同委員会が提出した勧告に基づき、1999年には政府は地方自治法の改正など総計475本の関係法律の改正をまとめた**地方分権一括法**(地方分権の推進を図るための関係法律の整備等に関する法律)が制定された(2000年施行)。この地方分権一括法によって、現在の地方自治制度の基盤ができ上がったのである。

(3) 地方分権一括法の成果と課題

地方分権一括法による改革の具体的な内容は今後見ていてくが、まず全体としてどのような成果があり、残された課題が何なのかという点についてまとめておく。

地方分権一括法では、主に**団体自治**を中心とした改革が行われた。これは当時の地方自治体の要望がまず団体自治の拡充であったからであり、国の地方に対する関与の簡素化・透明化などが主に実現している。

他方で、住民自治の拡充や、地方税財政改革は基本的には残された課題となった。したがって、この改革は通称「**第一次分権改革**」と呼ばれている。あくまで地方分権一括法は地方分権改革の「第一歩」に過ぎず、残された課題については次世代に委ねられたのである。

3.2 国と地方の事務区分 ★★★

(1) 機関委任事務制度の廃止

地方分権一括法の最大の成果といわれるのが、機関委任事務の廃止である。機関委任事務は、自治体の長を国の下部機関とみなして国の事務を執行させる制度であり、国と地方が上下・主従関係となる最大の要因であった。

地方分権一括法ではこの機関委任事務が全廃され、自治体の長に対する国の指揮監督権が廃止されたのである。

(2) 新しい事務区分

このように機関委任事務が廃止されたことで、地方公共団体の事務が大幅に再編され、地方公共団体の事務は、現在**自治事務**と**法定受託事務**とに分類されるようになっている。

理解のポイントは、現在地方公共団体が行っている事務は、自治事務と法定受託事務のいずれかであり、地方公共団体は「国の機関」として国の事務を実施することはないということである。すなわち、自治事務と法定受託事務はともに「自治体の事務」であり、その事務に対して国は「命令」できないということである。

新しい事務区分

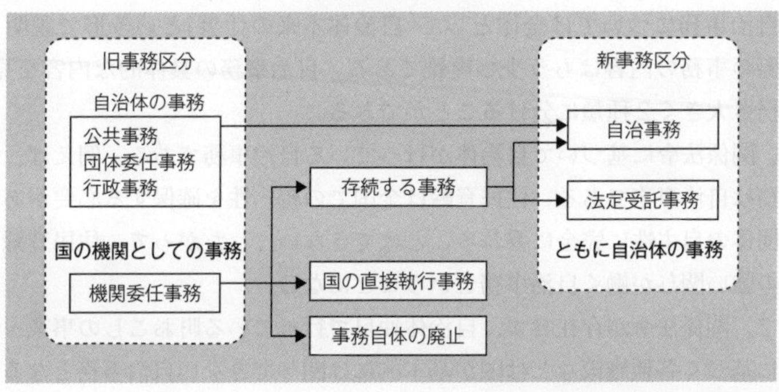

(3) 自治事務と法定受託事務

自治事務と法定受託事務は、基本的にはもともと事務の性格及び事務に関する国の関与の度合いによって分類されている。主な違いは下掲の表にまとめた通りである。

	自治事務	法定受託事務
地方自治法上の定義	地方公共団体の処理する事務のうち、法定受託事務以外のもの	国が本来果たすべき役割に係るものであって、国においてその適正な処理を特に確保する必要のあるもの
事例	都市計画、建築確認、飲食店営業の許可、介護保険、国民健康保険など	国政選挙、旅券の交付、国道の管理、国勢調査、戸籍事務、生活保護
条例制定	法令に反しない限り可能	
国の関与	〈指揮監督はできない〉 国の関与は原則として「是正の要求」までとする	〈指揮監督はできない〉 是正の指示や代執行など国の強い関与が認められている
イメージ	自治体本来の仕事であるため、裁量が広い [国の関与が弱い]	自治体の仕事の中で特に規制が細かいもの [国の関与が強い]

(4) 自治事務の多様性

先に自治事務については全体として「自治体本来の仕事」という形で説明をしたが、実際の事務の内容はもう少し複雑である。自治事務の具体的な内容を見ると、自治事務も大きく２種類に分けることができる。

まず、関係法令に基づいて自治体が行っている自治事務である。例えば、住民登録の事務は自治事務である。住民登録は全国での統一性を確保する必要があり、地方公共団体の自主性に完全に委ねることはできない。したがって、住民登録について、国の強い関与が働く自治事務ということになる。

他方で、関係法令が存在せず、自治体独自で行っている町おこしの事業、自治基本条例に基づく各種施策などは国が基本的には関与できない自治事務となる。

(5) 関与の類型

国の地方自治体への関与は地方分権一括法より、全体的に見直された。関与は法律または政令の根拠を有することとし(法定主義)、最低限のものとするなど基本原則を明文化するようになっている。

自治事務と法定受託事務について国がどのような関与を行うことができるかは、下掲の表の通りである。理解のポイントは、法定受託事務については指示や代執行などといった形で最終的には国が強く関与でき、自治事務については原則こうした強い関与が認められないということである。

代執行とは、行政上の強制執行の一つである。法定受託事務の処理については法令に違反していると認められたときに、国は地方公共団体に対して違反の是正や改善の指示を出すことができる。改善がなされない場合は、国は高等裁判所に当該事項を実施する旨の裁判を請求することができ、最終的には国が代わりに執行することができる。

自治事務	法定受託事務
○助言・勧告 ○資料の提出の要求 ○協議 ○是正の要求	○助言・勧告 ○資料の提出の要求 ○協議 ○同意 ○許可・認可・承認 ○指示 ○代執行

(6) 都道府県と市町村の事務区分

先述したように、かつては都道府県と市町村には明確な「上下関係」が存在した。しかし、地方分権一括法により国と地方が「対等な関係」へと変化したように、都道府県と市町村の上下関係も見直され、「対等な関係」へと変化した。

現在の地方自治法では市町村は「基礎的な地方公共団体」、都道府県は「市町村を包括する広域的な地方公共団体」とされている。市町村は最も基本的な「地方自治体」であり、それを補完するのが都道府県の役割であると位置づけられている。

	市町村	都道府県
性格	**「基礎的な地方公共団体」** (市町村優先の原則を明示)	**「市町村を包括する広域的な地方公共団体」** (市町村を補完する役割)
事務	都道府県が処理する以外のもの	❶広域事務(総合開発計画、防災・警察など) ❷連絡調整事務(市町村相互の連絡調整等) ❸補完事務(規模が大きいもの、高い専門性等)
		かつては四つ目の事務として「統一事務」が存在したが地方分権一括法で廃止

Power UP　補完性の原理

そもそも、民主主義社会の「主役」は個人個人である。個人で解決できなければ、近隣住民や地域コミュニティで解決を目指す。それが無理なら基礎的な自治体である市町村が解決に乗り出す。市町村でも無理な場合には都道府県がその役割を担う。都道府県でも無理なら最後に国の出番となる。もちろん、各段階でNPOや企業の役割も重要である。

このようにその現場現場で解決を目指し、それが無理ならより上位の存在が登場するという考え方を地方自治の世界では「補完性の原理」と呼んでいる。

補完性の原理からいえば、住民や地域コミュニティは決して市町村の下請け機関ではないし、市町村は都道府県の部下でもない。そして、何でも行政や国が解決してくれるという発想も改めるべきだというのが補完性の原理の考え方である。

3.3 国と地方の係争処理制度 ★★★

これまで見て来たように平成時代の地方自治改革は基本的には国と地方を対等な関係とすることを企図したものである。では、上下関係ではなく対等な関係になると何が生じるだろうか。国と地方の見解の違い、すなわち国と地方での係争が生じることになる。

したがって、地方分権一括法によって新たに**国地方係争処理委員会**(総務省の審議会)が設置されている。地方公共団体は国の関与について不満がある場合には、国地方係争処理委員会に審査の申し出ができる。同委員会は審査の上で、国に勧告を行う。国の対応に不満がある場合にはさらに地方公共団体は高等裁判所に提訴することもできる。

また、都道府県と市町村の関係においては、都道府県の関与に関する係争を処理するために、**自治紛争処理委員**を設置することもできる。

Power UP　国地方係争処理委員会の実際

国地方係争処理委員会は設置後ほとんど活用されておらず、長らく「開店休業」状態が続いてきた。しかし、近年では重要な活用事例が見られる。

沖縄の米軍基地移転問題では、沖縄県がたびたび審査の申し出を行っている。また、総務省によってふるさと納税の対象から外された大阪府泉佐野市が審査を申し出た結果、総務省に再検討を促す旨の勧告を行った。最終的には泉佐野市が除外の取消しを求める裁判に訴え、最高裁で勝訴したのである(2020年6月)。

3.4 平成の地方分権改革に関する評価 ★★★

1990年代の地方分権改革は、機関委任事務の廃止など、大きな成果を挙げた。ただし、日本の地方自治が依然として融合型の要素を強く残している点には注意しよう。

そもそも日本の中央政府と地方政府の関係は法定受託事務などに見られるように融合性を重視した制度設計が多い。したがって、平成の地方分権改革においては集権型から分権型への変化は多く見られるものの、融合型から分離型への変化は非常に少ない。すなわち日本の地方自治制度は国と地方の融合性をその特徴としている。

過去問チェック

01 都道府県は、明治23年(1890年)の府県制で現行制度の骨格が形成されて以降、官選知事を長とする国の総合出先機関であって、市町村とは異なり議事機関を持たず自治体としての性格を持たなかったが、第二次世界大戦後、日本国憲法で都道府県の設置とその知事の直接公選が規定され、議会が設置された。**国家一般職2004** 1.3

×「都道府県は…議事機関を持たず」が誤り。戦前の都道府県にも議事機関である府県会は設置されていた。ただし、官選知事であるため国から自律した自治体としての性格を有さなかったと評されるのである。

02 明治憲法制定期の地方制度は、いずれもイギリス型の地方制度をモデルとしていた。明治19(1886)年に勅令で制定された地方官官制が地方行政制度を定め、明治21(1888)年に制定された市制町村制と明治23(1890)年に制定された府県制及び郡制が地方自治制度を定めていた。**国家一般職2002** 1.3

×「イギリス型の地方制度」が誤り。明治憲法制定期の地方制度は山県有朋がプロシア(ドイツ)のモッセの意見書を参考としたため、ドイツ型の地方制度がモデルとなっている。

03 1890年、プロイセンの制度に範をとり府県制が制定されたが、知事は、住民による直接公選ではなく、国の地方行政官庁として派遣される官選知事であり、知事の補助機関である職員にも国の官吏が存在していた。現在、我が国の都道府県知事は全員が直接公選となっている。 **国家一般職2012** 1.3 2.1

○ 妥当な説明である。戦前の府県は官選知事であり、国から自律した自治体としての性格を有していなかった。しかし、戦後都道府県知事は直接公選となり自治体となったのである。

04 我が国で昭和24(1949)年に提出されたシャウプ勧告は、国と地方の事務の再配分において、都道府県を第一優先とし、そのためには都道府県の財政基盤を強化する必要があることを主張し、国の負担する補助金の整理、国税と地方税の融合、地方財政平衡交付金制度の創設から成る三位一体の改革を提言した。**国家一般職2018** 2.3

×「都道府県を第一優先…都道府県の財政基盤を強化」が誤り。シャウプ勧告では「市町村優先の原則」が示され市町村の財政基盤の強化が目指された。また、「三位一体の改革」とは2000年代に小泉純一郎内閣によって進められた地方税財政改革であるので全くの誤り。三位一体の改革については第３節を参照のこと。

05 平成7(1995)年に成立した地方分権推進法に基づき、地方分権推進委員会が設置された。同委員会は、団体自治よりも住民自治の拡充方策を優先するとの方針の下、各都道府県に対して、自治基本条例の制定や住民投票制度の導入などを勧告した。国家一般職2010 3.1

╳「住民自治の拡充方策を優先」、「自治基本条例の制定や住民投票制度の導入」が誤り。第一次分権改革では団体自治優先の拡充を目指し、機関委任事務の廃止などが実現したのである。住民投票制度の導入など住民自治の改革は行われていない。

06 いわゆる地方分権一括法により、機関委任事務制度が廃止され、地方自治体の処理する事務は自治事務と法定受託事務の2種類に限られた。主務大臣の地方自治体に対する包括的指揮監督権が廃止され、国の地方自治体に対する関与は、自治事務については撤廃され、法定受託事務についても限定的に整理された。国家一般職2003 3.2

╳「関与は、自治事務については撤廃」が誤り。関与が廃止されたわけではない。自治事務について法令に反するような行為があれば、国は様々な関与を行う。

07 地方分権一括法の施行に伴い、機関委任事務が廃止され、必置規制が緩和・廃止されたほか地方公共団体の事務処理能力の強化を目的として、知事の指揮監督に従いながら都道府県庁に勤務する国家公務員である地方事務官の増員が図られた。国家一般職2007 3.2

╳「都道府県庁に勤務する国家公務員である地方事務官の増員」が誤り。地方分権一括法の制定以前は都道府県には国家公務員としての身分を有する地方事務官が存在したが、廃止されている。本問で重要なのは、地方分権を目的として地方自治体に勤務する国家公務員を増員するわけがないということである。

08 地方分権を推進する観点から、平成11(1999)年に地方分権一括法が制定された。この法律により、従来、自治体が国と対等な立場で法令によって国から事務を請け負っていた機関委任事務が、自治体が責任を持って主体的に処理すべき自治事務と、国の事務の一部を知事や市町村長などに委任し、その執行を国が監督する法定受託事務とに振り分けられた。国家一般職2015 3.2

╳「市町村長などに委任し、その執行を国が監督」が誤り。これは機関委任事務の説明である。法定受託事務はあくまで「自治体の事務」であり、国の指揮監督を受けないというところに特徴がある。

09 憲法第65条によれば行政権は内閣に属することとされているが、これを実質

第6章 地方自治

的に担保するため、内閣総理大臣は、都道府県知事又は市町村長が著しく不適任であると認めるときは、地方自治法に基づく職務執行命令訴訟を経た上で、当該都道府県知事又は市町村長を罷免することができることとされている。実際に、住民基本台帳ネットワークシステムに接続しないこととした市町村長が罷免された例がある。**国家一般職2012** 3.2

╳「職務執行命令訴訟を経た上で…罷免することができる」が誤り。かつては機関委任事務について地方自治体がその職務を適切に行っていない場合には国は職務執行命令を発出することができた。しかし、地方分権一括法の制定に伴い、機関委任事務と併せて職務執行命令は廃止されている。そもそも国は住民によって選出された地方自治体の長を罷免することなどできないということがわかればよい。

10 国の関与の基本類型及び関与の手続ルールが、国と地方自治体の関係を公正で透明なものにするために定められ、法定受託事務における国の関与は、助言勧告、資料提出要求、是正要求、同意、許認可、協議に限定され、指示、代執行は廃止された。**特別区Ⅰ類2020** 3.2

╳「指示、代執行は廃止」が誤り。自治事務と法定受託事務の違いは、法定受託事務では国の強い関与である指示や代執行が存在するということである。

11 国と地方自治体の関係を公正で透明なものにするため、地方分権一括法による地方自治法の改正により、国の関与の標準類型及び関与の手続ルールが定められたが、地方自治体に対する国の関与に関する係争処理の制度は設けられなかった。**特別区Ⅰ類2017** 3.3

╳「係争処理の制度は設けられなかった」が誤り。地方分権一括法により国地方係争処理委員会(総務省の審議会)が設置されている。

12 国と地方自治体の紛争を処理するために設置された国地方係争処理委員会は、審査の結果、国の関与が違法又は不当であると認められるときは、国に対して必要な措置を講ずべきことを勧告しなければならず、当該勧告には法的な拘束力が生じる。**特別区Ⅰ類2020** 3.3

╳「当該勧告には法的な拘束力が生じる」が誤り。国地方係争処理委員会の勧告に法的拘束力はない。したがって、不服がある地方自治体はさらに高等裁判所に訴訟を提起することができる。そもそも一般に「勧告」には法的拘束力はない。

13 我が国では、いわゆる地方分権推進一括法によって機関委任事務が廃止され、それに代えて法定受託事務が導入された。従来機関委任事務とされてきた都市計画の決定、建築確認、小中学校の学級編制などは法定受託事務とされた。この制度改革により、我が国の中央地方関係は融合型から分離型へと転換した。**国家総合職2005** 3.2 3.4

× まず「都市計画の決定、建築確認、小中学校の学級編制」は自治事務であるから誤り。また「融合型から分離型へと転換」が誤り。法定受託事務がそうであるように日本の中央政府と地方政府は密接な関係にあり、分権改革が進んだとしても、融合型の特徴を強く有している。

3 現在の地方自治

本節では日本の地方自治の現状について説明します。まず、地方公共団体にはどのような種類があるのか、そして、どのような事務を行っているのか、組織はどのようになっているのかを確認します。その上で、地方公共団体の今後の変化や、地方財政状況についても説明します。

キーワード

普通地方公共団体と特別地方公共団体／特別区／一部事務組合／広域連合／二元代表制／機関対立主義／監査委員と外部監査／直接請求制度／条例に基づく住民投票／政令指定都市・中核市／都区制度／市町村合併／道州制／地方六団体／固定資産税／地方交付税／国庫支出金（補助金）／法定外税

1 地方公共団体の種類と役割

1.1 地方公共団体の種類 ★★★

（1）憲法上の地方公共団体と地方自治法上の地方公共団体

地方自治法では、地方公共団体を**普通地方公共団体**と**特別地方公共団体**の二つに分類している。普通地方公共団体は都道府県と市町村であり、特別地方公共団体は特別区、組合、財産区などである。

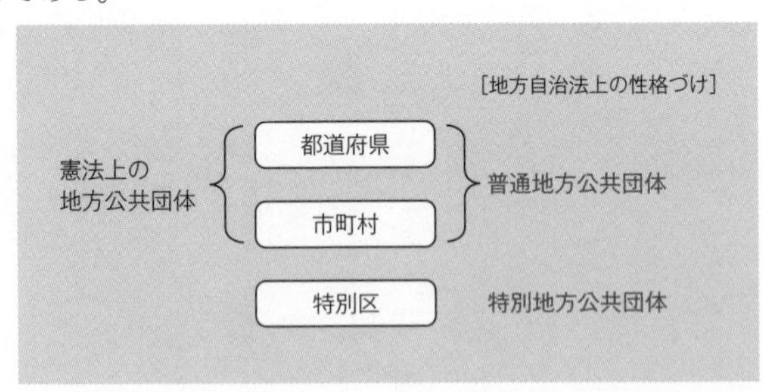

ただし、憲法93条に定められている地方公共団体の要件（議会の設置、首長と議員の直接公選）を地方自治法上のすべての地方公共団体が満たしているわけではないため、特別地方公共団体は憲法上の地方公共団体ではないと解されている。特に現在の最高裁の判例上は、**特別区は憲法上の地方公共団体ではない**とされている点を確認しよう。

Power UP　特別区は憲法上の地方公共団体ではない？

まず試験対策としては、最高裁の判例上、東京都特別区は憲法上の地方公共団体ではないと解されている点が重要である。これは憲法並びに教養試験ではたびたび問われる論点である。

しかし、特に特別区を志望する受験生にとってはこうした説明はあまり納得がいかないはずである。そもそも最高裁の当該判例は1963年のものであり、すでに本書で説明したように特別区区長が公選ではなく官選であった時代のものである。

したがって、特別区の区長と議員が直接公選である現代において特別区の地位に関する裁判が行われた場合には最高裁の判例は変化するだろうというのが大方の専門家の見方である。むしろ現在では都道府県の方が憲法上の地方公共団体にあたるかどうかという点で憲法学や地方自治の専門家の間で議論を巻き起こす存在である。

（2）特別地方公共団体の種類

地方自治法において特別地方公共団体とされているものは、特別区、組合(一部事務組合・広域連合)、財産区などである。主な特徴は以下の表の通りである。自分の居住地ではどのような組合や財産区が存在するのか(しないのか)ということを確認してみよう。

例えば、大阪府のエリアで実際の特別地方公共団体の存在を見てみよう。まず、大阪府内には様々な一部事務組合が存在しており、水防、消防、水道などを共同処理しているところが多い。水道事業でいえば、堺市、岸和田市、豊中市、吹田市など数多くの市町村が参加する「大阪広域水道事業団」が設置されており、淀川の水防事業については大阪市、高槻市、茨木市、高槻市などが参加する「淀川右岸水防事務組合」が存在する。

そして、後期高齢者医療制度においては大阪府と大阪府内のすべての市町村が参

特別地方公共団体の種類

特別区	原則的に市と同じような役割を担っているが、首都の「行政の一体性」を確保する目的で、東京都が一部事務を処理している。	
地方公共団体の組合	一部事務組合	都道府県・市町村・特別区がその事務の一部を共同処理するための組織。ゴミ処理・上下水道などの環境衛生分野で導入されている事例が多い。戦前から存在する制度である。
	広域連合	都道府県・市町村・特別区が広域的な事務処理をするために設けることができる組織で、1994年に新設された。広域連合については、国からの事務や権限の移譲の「受け皿」として活用できるところに特徴がある。
財産区	市町村や特別区が公の施設や財産を管理するために設ける組織。山林、温泉、用水路、公会堂など。山林、用水路など伝統的にその地域住民の共有財産とされてきたものに特別の「保護」を与える目的で使われている。	

加する「大阪府後期高齢者医療広域連合」が存在し、防災、観光、医療などについて多角的に協力するために、滋賀県、京都府、大阪府、兵庫県、奈良県、和歌山県、鳥取県、徳島県、京都市、大阪市、堺市、神戸市が参加する「関西広域連合」が設置されている。さらにこの関西広域連合は国の出先機関の事務の「受け皿」となることも目指しているという。このように、府県と市町村が多角的に連携できるのが広域連合である。

1.2 地方公共団体の事務配分 ★★★

下掲の表は国と地方の主な事務をまとめたものである。この表を暗記する必要はないが、国と地方ではどのような事務を分担しているのか、道府県と市町村の違いは何かという点については基本的なところを理解しておきたい。

国と地方の事務配分

<table>
<tr><th colspan="2"></th><th>公共投資</th><th>教育</th><th>福祉</th><th>その他</th></tr>
<tr><td colspan="2">国</td><td>○高速自動車道
○国道(指定区間)
○一級河川</td><td>○大学
○私学助成(大学)</td><td>○社会保険
○医師等免許
○医薬品許可免許</td><td>○防衛
○外交
○通貨</td></tr>
<tr><td rowspan="2">地方</td><td>道府県</td><td>○国道(国管理以外)
○都道府県道
○一級河川
(国管理以外)
○二級河川
○港湾
○公営住宅</td><td>○高校・特別支援学校
○小中学校職員の給与・人事
○私学助成
(幼稚園~高校)</td><td>○保健所
○生活保護
(町村の区域)</td><td>○警察
○職業訓練</td></tr>
<tr><td>市町村</td><td>○都市計画等
○市町村道
○準用河川
○上下水道
○港湾
○公営住宅</td><td>○小中学校
○幼稚園・保育園</td><td>○保健所(特定の市)
○生活保護(市の区域)
○児童福祉
○国民健康保険
○介護保険
○ゴミ処理</td><td>○戸籍
○住民登録
○消防</td></tr>
</table>

例えば、国道といえども国が管理しているとは限らないし、国民健康保険という名称でも実際にその業務を担当するのは市町村である。あるいは、公衆衛生を担当し、感染症対策など健康に関する「危機管理」を担う保健所は道府県や一部の市の業務である。

なお、後述するように東京都と特別区はその事務や財源について他の自治体とは異なる特殊な制度となっているため、東京都や特別区の志望者は以下で触れる都区制度の仕組みなどについてしっかり確認しておこう。

1.3 地方公共団体の組織 ★★★

（1）概　要

都道府県と市町村には議決機関としての議会と、執行機関としての長が設置されており、いずれも住民の直接選挙で選出される。したがって、国と異なり、地方公共団体の場合には、首長という独任の長が行政活動を統轄している。

（2）二元代表制

このように都道府県と市町村は、長と議会がそれぞれ別の選挙によって公選される仕組みであり、住民の「代表」となる主体が二系統存在するために、二元代表制とも呼ばれる。

二元代表制では、法制度上首長と議会という二つの代表機関が抑制と均衡の関係に置かれることを想定しており、これを「**機関対立主義**」という。

（3）日本の地方公共団体とアメリカの大統領制

長と議会がそれぞれ別々の選挙で選出されるという点で、日本の地方公共団体とアメリカの大統領制は同じ仕組みである。

ただし、我が国の地方自治体と大統領制では異なる特徴もある。第一に、アメリカの大統領は法案や予算案の提出権を有していないが、我が国の首長は条例案、予算案の提出が可能である。第二に、大統領は議会の解散を行うことができないが、首長には議会の解散権が認められており、議会は不信任決議も可能である。

このように、我が国の地方自治体の首長は、首長と議会の対立を重視するという点においてはアメリカの大統領制と近いが、議会の解散など議院内閣制的な特徴を有する点に特徴があり、大統領制と比較して首長により大きな権限を与えている。これを**首長制**（首長主義）と呼ぶこともある。

地方公共団体の組織（市町村の場合）

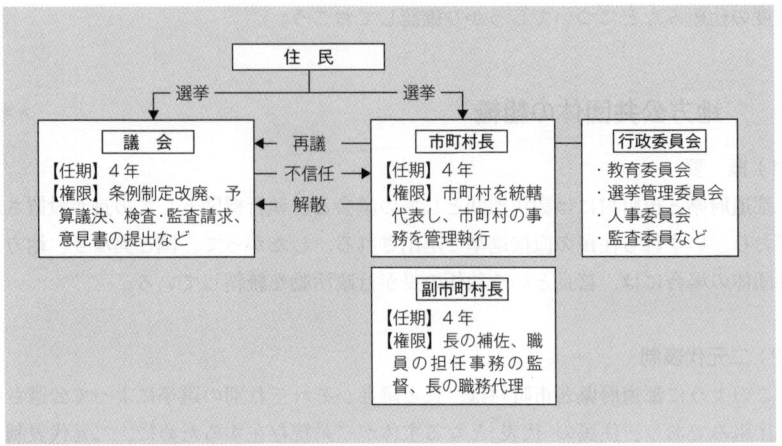

（4）地方公共団体の委員会

地方公共団体の首長は、地方公共団体を統轄し対外的に代表するが、同時に首長から独立してそれぞれの判断と責任で特定の事務を管理・執行する委員会・委員が置かれている。委員会及び委員は、職務権限の行使について独立性を持っており、首長の指揮監督に服さない合議制機関として設置されている。ただし、監査委員は独任制である。

都道府県	都道府県及び市町村	市町村
公安委員会 地方労働委員会 収用委員会 海区漁業調整委員会 内水面漁業調整委員会	教育委員会 選挙管理委員会 人事委員会（公平委員会） 監査委員	農業委員会 固定資産評価審査委員会

（5）監査制度

監査委員は地方公共団体の首長から独立して財務監査や行政監査を行っている。

1990年代に、監査委員による監査が十分に機能していないという問題が相次いで明るみになったため、地方公共団体外部から監査を行う外部監査制度も1997年より導入されるようになっている。

	監査委員	外部監査
任命	長が議会の同意を得て、識見を有する者及び議員のうちから選任する	外部監査人と契約して実施 （弁護士、公認会計士、税理士など）
設置	すべての都道府県・市町村に設置義務	すべての都道府県、指定市、中核市
職務	❶財務監査 財務事務や経営事業の管理等を監査 ❷行政監査 広く一般事務を対象とした監査	❶包括外部監査（地方自治法上の義務） 財務事務や経営事業の管理等を監査 ❷個別外部監査（条例で任意） 住民、議会、知事の請求または要求によって、監査委員の監査に代えて行われる監査
歴史 課題	監査の杜撰さが指摘され、「身内に対して甘い」との批判が多かった	監査委員の独立性に対する批判が強いことから、1997年の地方自治法改正で導入された

（6）必置規制の廃止・緩和

かつて国は地方公共団体に対して、行政機関や施設、特別の資格や職名を有する職員の設置を全国一律に義務づけてきた。これを必置規制という。必置規制は、自治体の人事権や組織編制権を制約するものであるという批判に基づいて、地方分権一括法制定以降も見直しが進められている。

例えば、かつては公立博物館の学芸員の定数規制、図書館の司書の配置基準、児童相談所等の施設や職員に関する名称規制が存在していたが、現在では撤廃されている。

このように、平成時代の改革で、住民の日常生活に密接に関わる行政サービス分野について、地域の実情に合わせた組織編制がしやすくなるなど、地方自治体の自主組織権が拡充されている。

1.4 住民参加の制度 ★★★

(1) 背　景

戦後の地方自治改革では、地方自治拡充の一環として直接請求制度が導入されている。行政学という専門科目では直接請求それ自体に関する出題は非常に稀であるが、基本事項としては押さえておきたい。試験対策上のポイントとなるのは住民投票制度であることをまず確認しておこう。

(2) 直接請求制度

直接請求制度には、主に❶条例の制定改廃(イニシアチブ)、❷事務監査、❸議会の解散及び議員・長・主要公務員の解職(リコール)に関する請求権がある。主なポイントは下掲の表の通りである。

	署名の要件	請求先	取るべき措置	効果
条例の制定改廃	50分の1以上	首長	議会に付議	議会の議決に委ねる
事務監査	50分の1以上	監査委員	請求の公表、監査実施	結果の通知公表と議会・長への報告
議会の解散	3分の1以上	選挙管理委員会	選挙人の投票	過半数の同意で解散
議員の解職	3分の1以上	選挙管理委員会	所属選挙区の選挙人の投票	過半数の同意で解職
長の解職	3分の1以上	選挙管理委員会	選挙人の投票	過半数の同意で失職
主要公務員の解職	3分の1以上	首長	議会に付議	3分の2以上出席し、4分の3以上の同意で失職

(3) 様々な住民投票

現在日本で法制度化されている住民投票は、❶議会の解散請求があったとき(リコール)、❷議員または長の解職請求があったとき(リコール)、❸地方自治特別法に関する住民投票(憲法規定)、❹市町村合併に際する合併評議会の設置についての住民投票の４種類である。

このうち試験対策として重要なのは、❸の憲法規定の住民投票である。憲法95条には「一の地方公共団体のみに適用される特別法」を制定する場合には、住民投票を実施することが規定されている。ただし、この憲法規定の住民投票は終戦直後の都市復興関連で適用されたものの、1951年を最後に現在まで実施されていない。

(4) 条例に基づく住民投票

憲法規定の住民投票とは別に、各自治体が条例に基づいて行う住民投票がある。例えばダム建設などの個別政策の是非を問うために、各自治体が独自に条例を制定して実施するものである。地方自治法などに根拠を持つものではない点に注意したい。

ただし、この種の住民投票は、自治体が住民の意向を直接確認するために近年しばしば用いられているものの、投票結果には法的拘束力が伴わず、尊重義務のみが求められるに過ぎず、諮問型住民投票などといわれる。「諮問」とあるのは、意見が求められるだけで、それに対する答申には法的拘束力はないという意味である。

Power UP　条例に基づく住民投票の実際

条例に基づく住民投票は、1982年に高知県窪川町が原発設置の是非について行ったのが初めてのケースである。これ以降、自治体が個別政策の是非を問うため住民投票を実施するケースが増えた。さらに、近年一部の自治体では、住民投票制度自体を条例で常設するところも出てきている。

ただし、条例による住民投票については単なる政治的意思の表明に過ぎないため、その意義が疑問視されることが少なくない。

2 大都市特例制度と地方公共団体の再編

人口規模や経済規模の大きい大都市などに特別の地位を与える制度を大都市特例制度という。現在、政令指定都市、中核市、施行時特例市がある。また、東京都と特別区の関係も広い意味で大都市特例制度に含まれる。

2.1 政令指定都市・中核市・施行時特例市 ★★★

(1) 歴 史

明治憲法時代、東京・京都・大阪・名古屋・神戸・横浜という多数の人口を擁する6大市は、一般市以上の地位を求める「特別市運動」を展開していた。ただし、これらの運動は実を結ぶことなく、戦前に大都市に対する特例制度が設けられることはなかった。

しかし、戦後に制定された地方自治法では、大都市に対する特例を認める「**特別市**」制度が導入された。ただし、特別市は法律によって指定する制度であり、府県の強い反発もあり実際に適用されることはなかった。そこで、実際に運用可能な制度とするため、1956年に地方自治法が改正され、特別市の代わりに「**政令指定都市**」制度が創設されたのである。

(2) 政令指定都市

① 概 要

政令指定都市(指定市)とは、政令で指定する**人口50万人以上**(運用上は100万人以上が目安)の市に特例を認める制度である。府県が担当する事務のうち福祉、衛生、都市計画などについて権限が移譲され、その地位は「府県並の取扱い」を一部受けるようになるところに特徴がある。

ここでいう「府県並の取扱い」とは、府県を超えて「国との直接の関係」が生まれることをいう。通常都道府県は国と市町村の媒介役と位置づけられており、中央省庁が市町村に対して通知を発出するときは都道府県がこれを媒介する。また市町村も国に対して申請する場合には都道府県を経由することが多い。しかし、政令指定都市になると国は直接政令指定都市に対して通知をするなど、国と直接の関係を結ぶようになるのである。

② 行政区

また、政令指定都市は、組織上の特例として、**行政区**を設けて行政事務を分掌できるようになる。この区は東京都特別区とは全く意味が異なる点に注意したい。特別区は首長や議員が公選されるが、政令指定都市の区は、区長は公選職ではないなど自治体としての独立性は有さない。あくまで政令指定都市の行政事務を地域で分担管理するための仕組みである。

③ 近年の変化

市町村合併を推進する観点から、大規模な市町村合併を行えば70万人程度でも特例的に政令指定都市に指定する方針が示されたことから、平成時代には政令指定都市が増加した。

2005年静岡市、2006年堺市、2007年新潟市、浜松市、2009年岡山市、2010年相模原市、2012年熊本市が新たに指定を受けている。

(3) 中核市

中核市は、1994年より新たに設けられた大都市特例制度である。中核市は政令指定都市が処理できる事務のうち、福祉、都市計画、環境保全などの分野について都道府県から移譲を受けることができる。かつては面積要件なども存在したが、現在は人口20万以上という人口要件のみで指定されるようになっている。

(4) 施行時特例市

特例市とは1999年に新たに設けられた大都市特例制度である。ただし、2014年に中核市と同じ指定要件となったため、今後新たに指定されることはなく、中核市への移行が促されている。このため、「施行時」という語がついて**施行時特例市**と呼ばれている。したがって、すべての施行時特例市が中核市に移行すれば消滅する区分である。

政令指定都市・中核市・特例市の比較

		政令指定都市	中核市	施行時特例市
沿革		1951年創設	1994年創設	1999年創設
要件		人口50万人以上	人口20万人以上	人口20万人以上
特例措置	事務配分	あり	あり	あり
	事務	教育、土木、福祉、都市計画、環境保全などの多くの分野で権限移譲	民生行政、保健衛生、文教行政などの権限移譲	環境保全、都市計画など中核市が行える事務の一部について権限移譲
	組織	・行政区の設置 ・区選挙管理委員会の設置	なし	
決定の手続		政令で指定	・市からの申出に基づき、政令で指定 ・市は申出に当たっては市議会の議決及び都道府県の同意が必要	
指定数（2022年4月）		20	62	23

都道府県・市町村の役割分担

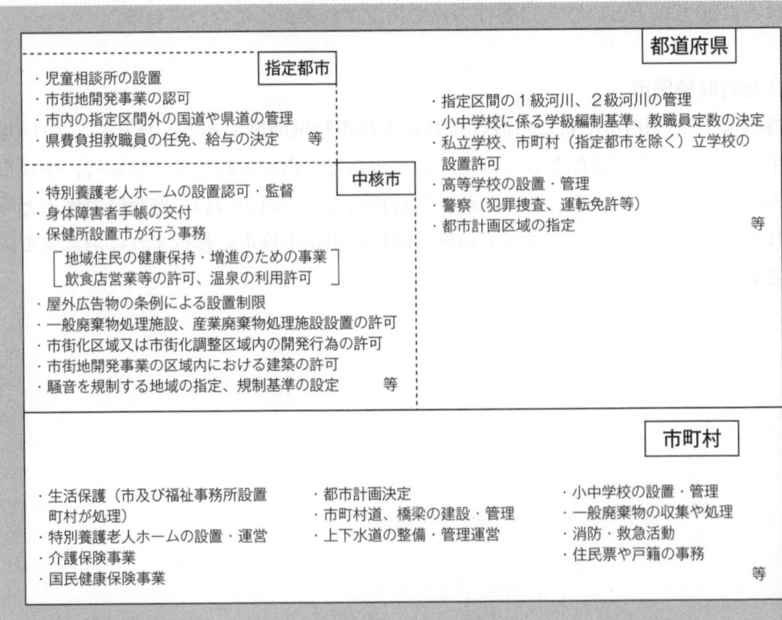

Power UP　妥協の産物としての政令指定都市

地方自治法制定時に導入された特別市制度に対して府県側が強固に反対したのは、特別市が実現すると、府県は大都市部の行政に関与できない上に、当該地域の税収も期待できないという問題があったからである。また、特別市は「法律」によって指定することとされていたが、法律による場合、憲法95条の要求する住民投票をどのような形で行うのかということも問題となった。

そこで、府県側の不満を抑えつつ、住民投票問題も起こさないための「妥協の産物」として政令指定都市制度が導入されている。まず政令によって指定するため住民投票問題は生じない。また、政令指定都市制度は、概して権限は移譲するが金銭的にはあまり特例を与えない制度になっている（財政上増額されるが額は少ない）。

したがって、府県は金をあまり失わないという「実利」を得ることができ、市は自立という「名目」を得ることができる。この三方一両損的な制度であることから「妥協の産物」と称される。逆に言えば関係者がみな合意できた制度であるから現在まで安定して存続する制度でもある。

2.2 都区制度 ★★★

(1) 歴 史

都区制度は、第二次世界大戦中に施行された東京都制に起源を持っている。戦中に首都防衛体制の強化という観点から、東京府と東京市の二重行政の解消が目指され、1943年から東京都制が施行された。戦後は新たに制定された地方自治法によって、現在の都と特別区の制度が創設されたのである。

(2) 概 要

都区制度は東京のみを対象とした大都市特例制度であり、事実上の首都制度としての機能も有している。特別区は通常の市町村よりも一部権限が制約されており(大都市事務は東京都が担当する)、本来市町村税である税金も一部は特別区ではなく、東京都が徴収する仕組みとなっている。

特に特徴的なのは、東京都と特別区の間にのみ存在する特有の財政調整制度が存在することである。東京都23区は大都市圏とはいえ、財政基盤は区によって大きく異なる。したがって、本来は市町村税として特別区が徴収できる一部の税金を東京都が徴収し、区の財政需要に合わせて配分している。

このように特別区には他の自治体には見られない財政調整の仕組みがあるため、地方交付税の交付対象団体とはならないのである。

都区制度

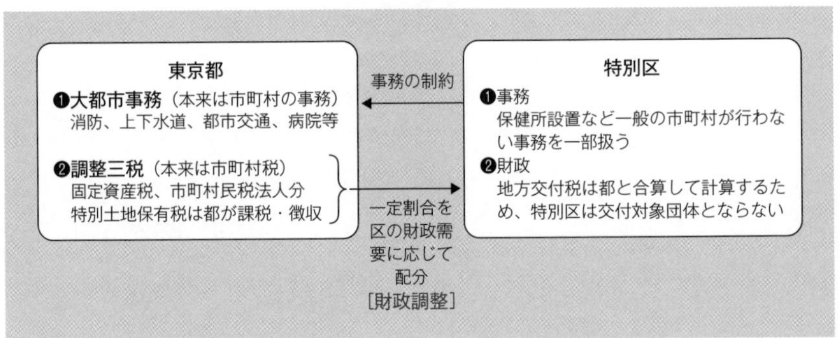

2.3 市町村合併 ★★★

(1) 背　景

基礎的な自治体である市町村は地方自治の要である。日本ではこの市町村の大きな再編が、明治時代、戦後の昭和時代、平成時代と３回行われてきた。基本的には市町村を合併(廃置分合)し、より大きな規模とすることを目的とした改革である。

(2) 明治の大合併

江戸時代以来の自然集落としての村(自然村)は、教育、徴税、土木、救済、戸籍といった事務処理を行うには規模が小さかったため、1888(明治21)年の市制・町村制に合わせて町村合併が行われている。具体的には、約300～500戸を標準規模として自然村を合併し、町村とした。この結果、1888(明治21)年には約７万あった自然村が、1889(明治22)年には約１万６千の市町村へと整理されている。

(3) 昭和の大合併

戦後の市町村合併の起点となったのは1949年の**シャウプ勧告**である。すでに学習したように、シャウプ勧告では市町村の重要性が強調されており、市町村に移譲される新しい職務を行うためには一定の合併が必要だとされたのである。

こうしたGHQの「民主化」政策の一環として、まず市町村には新制中学校の設置管理、消防や自治体警察の創設の事務、社会福祉、保健衛生関係などが新しい事務として追加された。

この際に、国は町村の規模を「おおむね8,000人以上」とする基準を示し、町村合併を推進したのである。この結果、小規模町村同士の「対等合併」が進展し、終戦直後約１万であった市町村数は1961(昭和36)年までに約3,500弱となり、約３分の１に減少した。

(4)「高度成長期」の合併

以上のように「昭和の大合併」は1961(昭和36)年には終了したが、その後高度成長期にも市町村の合併は断続的に行われた。「昭和の大合併」は小規模町村同士の合併であったのに対して、高度成長期の合併は、大規模市による近隣町村の「編入合併」という形で行われることが多かった。

つまり、この時代の合併は、国の進める高度成長期の開発計画に沿い、地方の中核都市が周辺地域を取り込む形で行われており、経済開発を主な目的とした合併であったといわれている。

(5) 平成の大合併

平成の時代に入り、1999(平成11)年に地方分権一括法が制定されるなど地方分権が進展すると、市町村の財政基盤強化などを目的として、市町村合併の動きが再び活発化した。

国は、市町村合併を行う市町村に対して合併特例債の発行を認めるなど手厚い財政支援措置を保障し、市町村合併を大規模に推進した。この結果、1999(平成11)年で3,121あった市町村数は、2006(平成18)年6月には1,820へと減少している。2022年4月現在、市町村の数は1,718である。

(6) 三位一体の改革

以上のような平成の大合併と併せて、2000年代前半には地方自治体の財政基盤を強化するために、地方税財政改革が行われた。**小泉純一郎**内閣は、❶国庫負担金の廃止・削減、❷税源移譲、❸地方交付税の見直しという三つの改革を一体で行うという「**三位一体の改革**」を推進した。

後述するように国庫負担金(補助金)や地方交付税は国から地方への財政移転である。税源移譲とは、これらを最初から地方税として徴収できる仕組みとすることで、地方自治体の自主財源を強化することを狙いとしたものである。

ただし、三位一体の改革による税源移譲の効果は小規模自治体にとっては限定的であり、むしろ地方交付税や補助金の減少により、財政基盤が不安定になったことから、平成の大合併の時代に多くの小規模自治体が合併の選択をすることになったのである。

明治の大合併 市制・町村制（1888）の施行による

【数の変化】71,314（1888）⇒15,859（1889）：**町村数は約5分の1に減少**
【背景】行政上の目的（教育、徴税、土木、戸籍の事務処理）に合った規模を確保するため

↓

昭和の大合併 町村合併促進法の制定による

【数の変化】10,520（1945）⇒3,472（1961）：**町村数は約3分の1に減少**
【背景】新制中学校、消防や警察、社会福祉、保健衛生などの新しい事務を処理するため

↓

平成の大合併 市町村合併特例法の制定による

【数の変化】3,121（1999）⇒ 1,820（2006／6月）
【背景】地方分権改革の進展や広域的な行政需要の増加に対応するため

Power UP　市町村の規模

「消滅自治体」などという言葉もメディアでは使われるようになり、少子高齢化とも併せて日本の市町村の規模は非常に小さい印象を持つ読者も多いのではないだろうか。しかし、全体の平均で見ると、日本の市町村の規模は決して小さくない。先進国で日本より市町村の平均人口が多いのはイギリスくらいである。フランスは小さな村が多く、アメリカはそもそも市町村が存在しない地域もあり、一概には比較できないが、全自治体の半数以上が人口1,000人以下となっている。

にもかかわらずなぜ日本が市町村合併を推進してきたかというと、やはり少子高齢化が深刻なことが大きい。そして、少子高齢化によって増大する職務を自治体により多く担ってもらいたいからであり、そのためには一定の財政規模も必要となるからである。そもそもフランスやアメリカの自治体の規模が小さいのは自治体の仕事が「少ない」からである。

2.4 道州制

★★★

（1）歴 史

現在の47都道府県体制を再編し、新たな広域的地方行政組織を設置する動きは戦前から見られたが、もちろん実現には至らなかった。

戦後において、公的な場で道州制に関する議論が行われたのは、1957(昭和32)年の第４次地方制度調査会が最初である。ただし、同調査会の答申は、国と市町村の中間組織として「地方」を設置し、地方長を首相が任命するというものであり、現在のような地方分権という発想はなかったのである。

（2）平成時代の議論

その後、平成時代になると、小泉純一郎内閣が道州制の検討を積極的に進め、与党自民党の選挙公約にも道州制が取り上げられるようになった。こうした内閣の意向を踏まえ、地方制度調査会（内閣府の審議会）は道州制に関する議論を本格的に開始し、道州制のプランなども大々的に公表されるようになった。

このように一時期は盛り上がりを見せた道州制構想であるが、2022年現在では停滞している。停滞している理由は様々であるが、日本では都道府県を単位とした「郷土愛」がすでに広く定着しており、そもそも抵抗感は根強い。また、道州制導入のメリットは住民にはいまいち見えにくいものばかりである。加えて、現代においては、すでに学習したように広域連合など広域行政を行うための手段も整備されており、そもそも都道府県を再編する必要がどこまであるのかという問題もある。

2.5 地方六団体 ★★★

(1) 概　要

全国の自治体は、都道府県、市、町村の各レベルに応じて、首長、議会議長の連合組織を構成しており、全国知事会、全国都道府県議会議長会、全国市長会、全国市議会議長会、全国町村長会、全国町村議会議長会の六つが存在している。これを総称して**地方六団体**という。

地方六団体は、その代表者を国の各種審議会等に送り込むことを通じて、これまで自治体の意思を国政の場で主張する機能を担ってきた。

(2) 地方分権改革と地方六団体

現在、地方六団体のような全国連合組織は、地方自治に影響を及ぼす法律または政令その他の事項に関し、内閣に対して意見を申し出、または国会に意見書を提出することができると、地方自治法に規定されている。さらに2011年には、地方六団体などの地方自治体の代表者と国が正式に協議する場(「国と地方の協議の場」)も法制化されるようになっている。

特に地方自治体に新しい事務や負担を義務づけるような施策について地方団体が意見提出する場合には、内閣は遅滞なく回答しなければならないと義務づけられている。

このように、現在地方自治体に関わる大きな改革を行う際には、こうした地方六団体が様々に意見を表明する機会が導入されており、国が地方を無視して一方的に改革を行うことは原則ないのである。

3 地方財政

本項では地方財政について説明する。本来地方財政は財政学などで中心的に出題される内容であり、重要性は低い。しかし、国家一般職では定期的に出題される内容でもあり、最低限のところは行政学でも触れておく。

特にポイントとなるのは、地方交付税、国庫支出金、法定外税である。細かい数値などを暗記する必要はないので、全体像だけつかめればよい。

3.1 地方財政の果たす役割 ★★★

（1）歳出全体とGDPに占める地方財政の割合

日本の地方財政は、日本経済と国民生活に大きな役割を果たしている。2020年度決算で見ると、国と地方の歳出純計額は約223兆円であり、国が98兆円、地方が125兆円である。また、GDP(国内総生産)に占める割合で見ると、GDP約535兆円のうち地方が11.9%(約63兆円)を占めており、国の約2.5倍となっている。

このように日本の内政を担っているのは地方公共団体であることがわかるだろう。

（2）地方の収入

では、このような地方財政を支える収入はどうなっているだろうか。2020年度で地方全体の収入は約130兆円である。この主な内訳を見ると、地方税(31.4%)、地方交付税(13.1%)、国庫支出金(28.8%)、地方債(9.4%)などとなっている。

この数値は年によって変動するものであり、現時点で細かいことを暗記する必要はない。あくまで全体の傾向だけを確認するのが本稿の目的であり、最終的には財政学などを学習して最新データを確認しよう。以下では、主な収入の特徴を解説していく。

3.2 地方の主な税収

(1) 概 要

地方公共団体は「地方自治の本旨」(憲法92条)に基づき、自ら財源を調達する権利(課税権)を有すると解されている。ただし、地方税の税目は、以下の表の通り、原則として地方税法で定められている。

(2) 地方税の特徴

2020年度決算ベースで見ると、国税は所得課税と消費課税を中心とし、資産課税が非常に少ないというのが特徴である。道府県も、国と同じように資産課税は少なく、所得課税と地方消費税を中心としている。

これに対して、市町村は最大の税目が固定資産税であり、例年総税収の40%以上の割合を占めている。土地や家屋はどこの地方公共団体にでも存在し、その土地や建物が存在する地方公共団体のサービスから恩恵を受けているという点で地方税にふさわしいと考えられている(応益原則)。したがって、日本の税制では土地や家屋などに課せられる固定資産税は市町村の税金となっているのである。

国と地方の主な税項目(2020年度決算)

		所得課税	消費課税	資産課税等
国		○所得税(29.6%) ○法人税(17.3%) 等	○消費税(32.3%) ○揮発油税 ○酒税 ○たばこ税 ○自動車重量税 等	○相続税 等
地方	道府県	○個人道府県民税(27%) ○法人道府県民税 ○法人事業税(23.4%) ○個人事業税	○地方消費税(29.5%) ○自動車税 ○軽油引取税 ○自動車取得税 ○道府県たばこ税	○不動産取得税 等
	市町村	○個人市町村民税(35.5%) ○法人市町村民税	○市町村たばこ税 ○軽自動車税 等	○固定資産税(41.8%) ○都市計画税 ○事業所税 等

(注)各税目の%はそれぞれの合計を100%とした場合の構成比であり、10%以上のみ表記

3.3 地方交付税 ★★★

(1) 地方交付税の目的

地方公共団体の間では都市部と農村部などのように経済力の格差があり、同じ税制だけでは税収に大きな格差が生まれる。さらに一定の行政サービスを行うのに必要な財源がそもそも不足する場合もある。これらを調整するための仕組みが地方交付税や国庫支出金である。

地方交付税は、まず国税として国が代わって税金を徴収し、地方公共団体の財源を確保することを目的としている(**財源保障機能**)。さらに、これを地方公共団体間の格差を是正するために、一定の合理的な基準によって再配分するという仕組みである(**財源均衡化機能**)。

このように、地方交付税は「国が地方に代わって徴収する地方税」という性格を有しており、そもそも地方公共団体にとっての自主財源にあたるものであるから、その**使途に制限は設けられていない**。

(2) 地方交付税の総額

戦後日本の地方財政改革では**シャウプ勧告**に基づき地方財政平衡交付金制度が導入された。しかし、この制度は毎年地方自治体への移転額を議論する仕組みであり、安定した制度とはならなかった。

そこで、地方財政平衡交付金に代わり導入された地方交付税制度では、国税の一定割合を機械的に地方の財源として振り分ける定率繰入制が導入された。具体的には、国が徴収する国税五税(2022年度現在、所得税、法人税、酒税、消費税、地方法人税)の一定割合が地方交付税の総額となることが現在は法定されているのである。

(3) 財源不足額の算定

では、地方交付税はどのように地方公共団体に配分されるのか。基本的には「財源が不足している」ところに交付されると考えればよい(財源が不足していなければ不交付となる)。

具体的には、毎年度、地方公共団体ごとに必要とする一般財源額(**基準財政需要額**)と各団体が確保する地方税等の一般財源見込額(**基準財政収入額**)を計算し、基準財政需要額が基準財政収入額を超える額(財源不足額)に応じて交付されるという仕組みとなっている。

（4）基準財政需要額の算定

そこで問題となるのが「基準財政需要額」である。これは実際の地方公共団体の支出実績（決算額）と異なるという点に注意が必要である。

基準財政需要額は、警察費、高齢者福祉費など各行政項目別にそれぞれ設けられた「測定単位」の数値に必要な「補正」を加え（例えば寒冷地は費用がかさむので一定の上乗せを行う）、これに測定単位（人口や面積など）ごとに定められた「単位費用」を乗じた額を合算して計上される。要するに、あくまで国の方が「この程度の規模であれば、これくらいの費用がかかるだろう」と計算し、算出された額である。

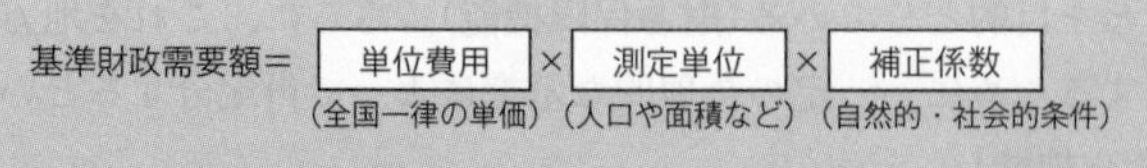

（例）警察費＝（警察官一人当たり約880万円）×（警察職員数）×寒冷補正

Power UP　**地方交付税の不交付団体**

地方交付税が交付されない団体は例年50～200程度で推移している。不交付団体の特徴は、❶大都市圏、❷有名な観光地、❸電源立地である。

例えば、2020年度を見ると計76団体が不交付であり、東京都は長らく不交付団体である。他方で、北海道では泊村だけ、青森県では六ケ所村だけ、佐賀県では玄海町だけなどとなっている。原発の持つ「経済力」というのがよくわかるだろう。

3.4 国庫支出金 ★★★

(1) 概　要

国庫支出金とは、国が使途を特定して地方公共団体に交付する資金の総称であり、一般に**補助金**と呼ばれている。

これまで見てきたように、日本の中央地方関係は融合型の特徴を有している。このため、国と地方が共同で行う事務、本来は国の役割に係るものであるが執行の都合上から地方に委ねている事務などが数多くあり、その財源を国が保障するため、国が使途を特定して国庫支出金を地方公共団体に交付するのである。

(2) 種　類

国庫支出金には、国庫負担金、国庫委託金、国庫補助金などがある。国と地方公共団体の双方が利害関係を有する事務について、国が共同責任者として経費を分担するものであり、義務教育費負担金(公立学校の教職職員の給与)、生活保護費負担金などがある。国庫委託金とは、国勢調査や国政選挙などの費用を国が負担するものである。

また、国庫補助金とは、国が奨励する施策について財政的援助を行うために支出する給付金である。国庫補助金については、かつては分野ごとに細かく乱立し、地方公共団体にとっては申請の手間も多く、縦割り行政の典型であると批判された。ただし、現在では、国土交通省の「社会資本整備総合交付金」のように、社会資本整備に係る補助金を一括して交付し、地方自治体の創意工夫で利用できる制度などが増えている。

3.5 法定外税 ★★★

(1) 定　義

先述したように、地方税の税目は、原則として地方税法で定められている(法定税)。ただし、地方税法で定められた税とは別に、地方公共団体は独自に条例を定めて地方税を新設することができる。これを**法定外税**という。

法定外税には、使途を特定しない**法定外普通税**と、使途を限定した**法定外目的税**とがある。いずれも国との協議(総務大臣の同意を要する)を経て導入されるものである。

(2) 現　状

2019年度決算では法定外税の総額は約670億円であり、地方税収に占める割合は0.16%に過ぎない。また、法定外税を導入している自治体は2019年度で65団体に過ぎず、あまり普及しているとはいえない状況である。

ただし、法定外税は自治体自ら財源を確保するという点では地方自治において重要な意味を持っている。下掲の表にあるように、導入しているところは決して多くないが、財源不足の中で、それぞれの自治体がどうやって財源を捻出しようとしているのか、その「努力」や「工夫」が見て取れるだろう。

2022年4月現在の法定外税

法定外普通税	法定外目的税
都道府県 ○石油価格調整税(沖縄県) ○核燃料税(福井県、愛媛県、新潟県など) ○核燃料等取扱税(茨城県) ○核燃料物質等取扱税(青森県) 市町村 ○別荘等所有税(熱海市・静岡県) ○砂利採取税(山北町・神奈川県) ○歴史と文化の環境税(太宰府市・福岡県) ○使用済核燃料税(薩摩川内市・鹿児島県など) ○狭小住戸集合住宅税(豊島区・東京都) ○空港連絡橋使用税(泉佐野市・大阪府)	都道府県 ○産業廃棄物税等(三重県、鳥取県、岡山県など) ○宿泊税(東京都、大阪府、福岡県) ○乗鞍環境保全税(岐阜県) 市町村 ○遊漁税(富士河口湖町・山梨県) ○環境未来税(北九州市・福岡県) ○使用済核燃料税(玄海町・佐賀県) ○環境協力税等(渡嘉敷村・沖縄県など) ○開発事業等緑化負担税(箕面市・大阪府) ○宿泊税(京都市、金沢市など)

過去問チェック

01 我が国では、身近な地域における住民自治の強化を推進する目的で、一つの市町村の一定の区域を単位とした住民の自治組織として一部事務組合を設置することができる。一部事務組合が行う政策の決定はすべて住民総会によることとされており、市町村は、その住民総会の決定を尊重しなければならないこととされている。**国家一般職2005** 1.1

×「住民自治の強化を推進する目的…一部事務組合」が誤り。一部事務組合は消防、上下水道などの事務を近隣の自治体とともに効率よく行うための組織であり住民自治とは関係がない。本問は一部事務組合ではなく、住民自治を強化する目的から2005年に導入された地域自治区の説明である。

02 地方公共団体が、様々な広域的行政ニーズに柔軟かつ効率的に対応するとともに、権限委譲の受入れ体制を整備するために導入されたのが広域連合制度である。広域連合は、広域にわたり処理することが適当であると認められるものに関し、広域計画を作成し、必要な連絡調整を図り、総合的かつ計画的に広域行政を推進することとされ、都道府県間、市区町村間で設置することが予定されており、都道府県と市区町村の組合せによる設置は認められていない。**国家総合職2009** 1.1

×「都道府県と市区町村の組合せによる設置は認められていない」が誤り。都道府県と市区町村の組合せによる広域連合は全国に存在する。

03 我が国では、市町村合併によって、旧町村単位で行われていた自治が失われることが懸念されることがある。このため、旧町村の区域を単位として財産区を置くことができ、財産区には地域審議会が付置される。財産区は、財産及び公の施設の管理・処分だけでなく、地方税の賦課・徴収や起債もできる。**国家総合職2004** 1.1

× 財産区は地方自治体における共有財産の管理のための組織であり、市町村合併とは無関係である。市町村合併の際に設置されることがあるのは「合併特例区」である。ただし合併特例区には財産管理や地方税の賦課や徴収は認められていないため、本問は合併特例区の説明としても誤りである。

04 我が国の地方自治体は、首長と議会という二つの代表機関の抑制均衡を重視する機関対立主義を採用している。そのため、首長は議会を解散することはできず、一方、議会も首長の不信任を議決することはできない。また、首長は条例案や予算案を議会に提出する権限を持たないため、形式的には条例や予算はすべて議員提案となっている。**国家一般職2009** 1.3

× 第1文は妥当であるが、第2文がすべて誤り。すなわち、首長は議会を解散でき、議会も不信任の議決ができる。さらに首長は条例案や予算案を議会に提出することができる。

05 第二次世界大戦後、都道府県知事や市町村長の選任方法が住民による直接公選に改められ、同じく直接公選による都道府県議会又は市町村議会との二元代表となり、相互の牽制を図るため、議会の首長に対する不信任議決権と、首長による議会の解散権が制度上与えられたが、これらの権利が行使されたことはない。国家一般職2013 1.3

× 「これらの権利が行使されたことはない」が誤り。不信任決議も解散も相当数の事例がある。

06 地方公共団体のずさんな公費支出が問題となったことを踏まえ、平成11(1999)年、地方公共団体の外部監査制度が導入された。これにより、従来の監査委員制度は廃止され、すべての地方公共団体に対し、弁護士や公認会計士などと契約を結んで外部監査を受けることが義務付けられることとなった。国家一般職2010 1.3

× 「監査委員制度は廃止」、「すべての地方公共団体に対し…外部監査」が誤り。監査委員制度は当然であるが健在である。また外部監査は都道府県と一部の市に義務づけられたもので、例えば町村には外部監査を行う義務はない。

07 直接請求制度とは、間接民主制を採用する地方政治を補完するため、直接民主制の一つの方式として定められたものであり、議会の解散及び首長と議員の解職に対する請求制度はあるが、副知事及び副市町村長の解職に対する請求制度はない。特別区Ⅰ類2016 1.4

× 「副知事及び副市町村長の解職に対する請求制度はない」が誤り。副知事及び副市町村長という特別職にも解職請求制度は存在する。

08 諮問型の住民投票は、全ての自治体を対象として定められた法律がないため、地方自治法の定めに基づいて、個別案件ごとに住民投票条例を制定した上で実施されており、この住民投票の結果には法的拘束力が認められている。特別区Ⅰ類2013 1.4

× 「法的拘束力が認められている」が誤り。あくまで「諮問型」の住民投票であることから、住民の意向を確認するための手段に過ぎず、投票結果には法的拘束力はない。

09 政令指定都市の制度は戦前の特別市の制度が基となっており、政令指定都市には、特別市と同じく市内に複数の行政区を置くことが義務付けられている。なお、現在の行政区は特別地方公共団体であるが、東京都の特別区とは異なり、区長は公選制ではなく市長の任命制であり、議会も置かれないなど、自治体としての性格は有していない。国家一般職2009 2.1

╳「戦前の特別市の制度が基」が誤り。戦前には大都市特例制度は存在しなかった。また「行政区は特別地方公共団体」が誤り。政令指定都市の行政区はあくまで政令指定都市の内部組織であり、独立した法人格を有さない。したがって、特別地方公共団体ではない。

(10) 政令指定都市制度は、大都市が府県からの独立を目指した特別市運動が戦後になって実現した制度であり、政令市には事務配分上の特例として道府県から多数の事務が移譲される。しかし、財源については道府県からの移譲はなく、政令市と一般の市は基本的に同じ税制であったため、平成12年の分権改革を通じて、道府県の基幹税といえる固定資産税が政令市に移譲され、政令市の財政基盤は拡充された。 国家一般職2011 2.1

╳「固定資産税が政令市に移譲」が誤り。そもそも固定資産税は市町村にとっての最大の税源である。政令指定都市の財源拡充については、例えば現在は政令指定都市のみ市町村民税が８％となる優遇措置がある(通常の市町村は６％)。

(11) 中核市とは、政令で指定する人口、面積及び昼夜人口比率の要件を満たす市をいい、指定されると都道府県から一定の事務権限が移譲されるが、廃棄物処理施設の許可や児童相談所の設置の権限は移譲されない。特別区Ⅰ類2016 2.1

╳「面積及び昼夜人口比率の要件」が誤り。中核市の導入当初は面積要件などがあったが、現在では廃止され「人口20万人以上」という人口要件のみとなっている。また「廃棄物処理施設の許可や児童相談所の設置の権限は移譲されない」が誤り。中核市は廃棄物処理施設の許可や児童相談所の設置ができる。ただし児童相談所は専門職員の確保、費用などの面で中核市にとっては大きな負担であり、2022年現在児童相談所を設置している中核市はごく一部である。

(12) 我が国における市町村合併の歴史をみると、「明治の大合併」で７万以上あった市町村が約１万５千まで減少し、「昭和の大合併」で約１万あった市町村が約２千弱まで減少している。両者とも政府主導の市町村合併であることは共通しているが、「明治の大合併」は富国強兵を目的とした小規模町村の新設合併であったのに対し、「昭和の大合併」は民主化を目的とした大規模都市による近隣町村の編入合併であった点が相違している。国家一般職2014 2.3

╳「「昭和の大合併」で…２千弱まで減少…大規模都市による近隣町村の編入合併」が誤り。まず昭和の大合併後の市町村の数は3,500程度となっている。そして昭和の大合併も小規模町村の合併を中心としたものである。つまり規模が小さい自治体同士の合併が多い。大規模都市による近隣町村の編入合併は昭和の大合併の後の高度成長期の時代の合併である。

13 平成の大合併では、「民主化」政策において、地方分権を進めるためには、おおむね中学校一つの運営規模に当たる8,000人を人口の基準として、市町村を構成する必要があるとされ、その結果として、市町村の数は約3,200から約1,800に減少した。**国家一般職2019** 2.3

× 「「民主化」政策において…8,000人を人口の基準」が誤り。「民主化」を進めるために8,000人を基準とした合併が進められたのは昭和の大合併である。

14 三位一体改革では、国庫補助負担金、地方税財源、地方交付税の一体的削減が行われた。しかし、社会保障や義務教育は、引き続き国の責任の下で実施することが必要であるため、国庫補助負担金の廃止・縮減の対象とはされなかった。**国家一般職2016** 2.3

× 「地方税財源…一体的削減」が誤り。国庫補助負担金と地方交付税を削減する代わりに税源を地方に移譲するというのが「三位一体の改革」の目的である。また「社会保障や義務教育は…廃止・削減の対象とはされなかった」も誤り。社会保障や義務教育についても国の負担割合を引き下げるなどの改革が行われている。

15 第一次地方分権改革では充分な進展をみなかった地方税財政をめぐる改革課題は、国庫補助負担金の廃止・縮減、税財源の移譲、地方交付税の一体的な見直しを内容とするいわゆる三位一体の改革において着手された。小泉内閣の強い指示により、国庫補助負担金の全面廃止とその減額分に見合う税財源の移譲が行われたことで決着した。**国家総合職2015** 2.3

× 「国庫補助負担金の全面廃止」が誤り。縮減・廃止されたものもあるが、義務教育費国庫負担金や生活保護負担金のように残存したものもある。また「その減額分に見合う税財源の移譲」が誤り。本来は地方交付税や国庫支出金の削減分の税源が地方に移譲される予定であったが、結果的に税源移譲額はそれより少なくなったのである。

16 道州制とは、北海道に現在と同じ「道」、日本国内の一定規模以上の地域に「州」を設置し、都道府県よりも広域的な行政を行おうとする仕組みであり、第三次安倍晋三内閣の重要政策として、平成29(2017)年に一億総活躍国民会議が、現在の都道府県を統廃合した道州制案を提案した。**国家一般職2019** 2.4

× 第三次安倍晋三内閣で道州制は提案されていないので本問は誤り。道州制が提案されたのは小泉純一郎内閣のときである。しかし、小泉内閣以降は道州制の議論は停滞しており、安倍内閣のときも議論されていない。

(17) 地方六団体は、地方自治法に基づき、地方自治に影響を及ぼす法律又は政令その他の事項に関し、内閣に意見を申し出ることができるが、この意見申出に対して内閣にはいかなる場合にも回答義務が課されていないことから、実際にこの制度を利用して意見申出が行われた例は一度もない。**国家一般職20012** 2.5

×「いかなる場合にも回答義務が課されていない」、「意見申出が行われた例は一度もない」が誤り。まず意見申出はたびたび行われている。そしてすべての意見に内閣が回答する義務はないが、地方に対して新しい事務や負担を義務づける場合には地方の意見申出に対して回答する義務がある。

(18) 第二次世界大戦後来日したシャープ使節団は、国税と都道府県税、市町村税の税源を明確化することを求めた。その結果、消費課税と企業への所得課税は国税、個人への所得課税は都道府県税、資産課税は市町村税という明確な区分が定められて今日に至っているが、国は、都道府県や市町村が課す税について標準税率を定めるなど、厳しい統制を続けている。**国家一般職2008** 3.2 3.3

×「消費課税と企業への所得課税は国税…明確な区分が定められて今日に至っている」が誤り。所得課税は、国(所得税)、都道府県(都道府県住民税)、市町村(市町村民税)というようにすべてにおいて存在する。つまり、シャウプ勧告では税源の明確化が目指されたが、その後この原則は崩れたのである。

(19) 昭和24(1949)年に来日したシャープ税制調査使節団によるシャープ勧告では、中央地方の財政調整制度として、地方交付税制度の創設が提言された。これにより、同年、所得税・法人税・酒税・消費税の国税４税収入の一定割合を地方公共団体への配分総額とする地方交付税制度が創設された。**国家一般職2016** 3.3

×「シャープ勧告では…地方交付税」、「消費税の国税４税」が誤り。シャウプ勧告で提言されたのは地方財政平衡交付金であり、地方交付税ではない。そして、当時消費税は存在しない。消費税が日本で創設されたのは、1989年の竹下登内閣のときである。

(20) 地方公共団体の標準的なサービスを保障するとともに、自治体間の財源のアンバランスを是正するため、国は、国税収入の一定額を地方交付税として交付しており、社会保障分野に限っては、全国どこでも最低限の社会保障サービスが提供されるよう、交付金額の３割を社会保障分野に使用することを義務付けている。**国家一般職2015** 3.3

×「社会保障分野に限っては…義務付けている」が誤り。地方交付税は使途に制限がないのが特徴である。社会保障に関する財源確保としては国は国庫補助負担金などを利用する。

(21) 国から地方自治体への財政移転には地方交付税があり、国は地方交付税の交付に当たっては、地方自治の本旨を尊重しなければならないが、地方交付税は特定財源であるため、その使途について、条件をつけ又は制限をすることができる。特別区Ⅰ類2017 3.3

×「地方交付税は特定財源…制限をすることができる」が誤り。地方交付税は使途に制限がないことが特徴であり、国がその使途に制限を設けることはできない。使途が特定されているのは国庫支出金(補助金)である。

(22) 地方公共団体は、市町村合併の基本的な考え方を定めた総合計画を策定する。財務省は、合併に向けた総合計画の達成可能性やその実現に必要となる経費を算出し、地方公共団体に対する地方交付税交付金の額を決定する。国家一般職2020 3.3

×「財務省は…合併に向けた…地方交付税交付金」が誤り。まず地方交付税は地方自治を担当する総務省が所管している。そして地方交付税は合併を支援するための制度ではないので、この点が根本的に誤り。地方交付税は地方自治体間の格差を是正することなどを目的とした制度である。

(23) 地方自治体が課すべき税金は国が地方税法によって定めているが、このほか自治体が徴収できる法定外税もある。かつては法定外の目的税は存在せず、また、法定外の普通税を設けるには、国の許可が必要であったが、平成12年の分権改革を通じて、地方自治体が法定外目的税を設けることが可能になり、また、法定外普通税は国の許可制から同意制へと改められた。現在、法定外目的税には、産業廃棄物にかかる税をはじめ、複数の導入事例がある。国家一般職2021 3.5

○ 法定外税に関する説明として妥当である。

第6章
地方自治

過去問 Exercise

問題1　次のA～Dのうち、中央地方関係をアングロ・サクソン系とヨーロッパ大陸系とに分類した場合のアングロ・サクソン系に関する記述として、妥当なものを選んだ組合せはどれか。

特別区Ⅰ類2013

A　地方政府の事務権限を定めるに際して、制限列挙方式が採られ、その範囲を逸脱した行為は越権行為となる。

B　中央省庁の事務権限の執行を、地方政府又はその長に委任して執行させる方式が多用され、地方政府は、自治事務を執行すると同時に、中央政府の地方行政機関として委任事務も執行するという二重の役割を担わされる。

C　中央政府には、内政の総括官庁としての内務省が設置され、そこから官吏として派遣された地方総合出先機関の地方長官が、各省庁の事務を一元的に調整して執行する。

D　中央政府の地方行政機構が簡素で、早くから広域的な地方政府に転化したことや、警察が基礎的な地方政府の所管とされたことなどから、分権型とされる。

1　A　B
2　A　C
3　A　D
4　B　C
5　B　D

解説

正解 3

A ◯ アングロ・サクソン系は制限列挙方式であり、授権された事務以外のものは越権行為として訴訟の対象になる。ヨーロッパ大陸系は概括例示(包括授権)方式であり、授権された事務の範囲が曖昧である。

B ✕ 委任の多用、国の機関かつ地方自治体という二重の役割を担うのはヨーロッパ大陸系の特徴である。アングロ・サクソン系は国と地方の事務がそれぞれ独立している。

C ✕ 内政総括官庁による一元的な管理が行われるのはヨーロッパ大陸系の特徴である。アングロ・サクソン系の場合、中央省庁がそれぞれ個別に分立して行政サービスを提供する。

D ◯ 広域的な地方政府が早くから成立し、警察が地方政府の所管となるのはアングロ・サクソン系の特徴である。ヨーロッパ大陸系は国家警察制度である。

問題2　地方自治に関する次の記述のうち、妥当なのはどれか。

国家一般職2019

1　平成の大合併では、「民主化」政策において、地方分権を進めるためには、おおむね中学校一つの運営規模に当たる8,000人を人口の基準として、市町村を構成する必要があるとされ、その結果として、市町村の数は約3,200から約1,800に減少した。

2　道州制とは、北海道に現在と同じ「道」、日本国内の一定規模以上の地域に「州」を設置し、都道府県よりも広域的な行政を行おうとする仕組みであり、第三次安倍晋三内閣の重要政策として、平成29(2017)年に一億総活躍国民会議が、現在の都道府県を統廃合した道州制案を提案した。

3　大阪市は東京市、京都市、千葉市とともに府県からの独立を求めて、特別市制運動を展開していた。しかし、第二次世界大戦中に都市の防衛が課題になるにつれ、大阪府と大阪市の二重行政の解消が課題となったことから、大阪市を廃止し、これを大阪府に吸収合併して、新たな大阪府を創設した。

4　日本国憲法に定められた地方自治の本旨とは、住民自治と団体自治の原理であり、前者は地域住民の自律的な意思に基づいて地域の統治が行われること、後者は国内の一定地域の公共団体が中央政府から組織的に独立し、その地域を自主的に運営することと一般的に理解されている。

5　米国の地方自治における市会・市支配人制は、議会の議員と市支配人(シティーマネージャー)がそれぞれ住民の選挙で選出され、議会が政策の立案、市支配人が政策の執行に当たる仕組みであり、市支配人は、議会ではなく住民に対して行政の運営の責任を負っている。

解説

正解 4

---

❶ ✕　「民主化」、「8,000人を人口の基準」というのは昭和の大合併であるから誤り。昭和の大合併とは戦後GHQの民主化政策の下で地方自治が強化されたために行われた市町村合併であり、新制中学校を一つ運営できるだけの人口規模である8,000人を基準として行われた。

❷ ✕　「第三次安倍晋三内閣の重要政策…」という点が誤り。道州制は安倍内閣の重要政策としては掲げられていない。もともと道州制は小泉純一郎内閣で選挙公約としても掲げられ、推進されてきた。その後の第一次安倍内閣も導入に意欲的に取り組むとしてきたが、その後は道州制の議論は停滞している。

❸ ✕　本肢は大阪府ではなく、東京都の成立の経緯についての説明であれば妥当である。戦前は東京市や大阪市などが特別市運動を展開してきたが実現せず、東京だけが東京市と東京府を統合した東京都となった。大阪府と大阪市の統合については、大阪府や大阪市の与党「大阪維新の会」が取り組んでいるが、2022年現在実現はしていない。

❹ ◯　地方自治の本旨に関する説明として妥当である。日本国憲法92条で地方自治の本旨が規定されている。

❺ ✕　「市支配人…選挙で選出され」という点が誤り。市支配人は公選ではなく議会によって選任される。したがって「住民に対して…責任」という点も誤りである。議会の支持を失えば解任される地位である。

索　引

出典一覧

p.4　フリードリッヒ２世　Antoine Pesne
https://commons.wikimedia.org/wiki/File:Friedrich2_jung.jpg

p.6　L.v. シュタイン
https://commons.wikimedia.org/wiki/File:Lorenz_von_Stein.jpg

p.13　R. ミヘルス　Ssociólogos
https://commons.wikimedia.org/wiki/File:Robert-michels.jpg

p.14　M. ウェーバー
https://commons.wikimedia.org/wiki/File:Max_Weber_1894.jpg

p.41　A. ジャクソン　Thomas Sully
https://commons.wikimedia.org/wiki/File:Andrew_Jackson.jpg

p.42　G. ペンドルトン　Mathew Brady
https://commons.wikimedia.org/wiki/File:GeorgeHPendleton.png

p.43　W. ウィルソン　Harris & Ewing
https://commons.wikimedia.org/wiki/File:Thomas_Woodrow_Wilson,_Harris_%26_Ewing_bw_photo_portrait,_1919.jpg

p.45　F. グッドナウ　Doris Ulmann
https://commons.wikimedia.org/wiki/File:Frank_Johnson_Goodnow2.jpg

p.56　F.W. テイラー
https://commons.wikimedia.org/wiki/File:Frederick_Winslow_Taylor.JPG

p.58　L.H. ギューリック　Harris & Ewing
https://commons.wikimedia.org/wiki/File:Luther_Gulick_(social_scientist).jpg

p.62　G.E. メイヨー
https://commons.wikimedia.org/wiki/File:Elton_Mayo.jpeg

p.112　大隈重信
https://commons.wikimedia.org/wiki/File:Shigenobu_Okuma_5.jpg

p.112　板垣退助
https://commons.wikimedia.org/wiki/File:Itagaki_Taisuke.jpg

p.113　山県有朋
https://commons.wikimedia.org/wiki/File:Yamagata_Aritomo.jpg

p.117　国の行政機関の定員の推移　内閣官房 HP
http://www.cas.go.jp/jp/gaiyou/jimu/jinjikyoku/files/h290401teiin_suii.pdf

p.136　M. サッチャー
https://commons.wikimedia.org/wiki/File:Margaret_Thatcher.png

p.148　中曽根康弘　内閣官房内閣広報室
https://commons.wikimedia.org/wiki/File:Yasuhiro_Nakasone_19821127.jpg

p.149　竹下登　内閣官房内閣広報室
https://commons.wikimedia.org/wiki/File:Noboru_Takeshita_19871106.jpg

p.150　橋本龍太郎　内閣官房内閣広報室
https://commons.wikimedia.org/wiki/File:Ryutaro_Hashimoto_19960111.jpg?uselang=ja

p.152　小泉純一郎　内閣官房内閣広報室
https://commons.wikimedia.org/wiki/File:Koizumi_Zunichiro.jpg?uselang=ja

p.164　G. アリソン　Mass Communication Specialist 2nd Class Zach Allan, U.S. Navy
https://commons.wikimedia.org/wiki/File:Graham_T._Allison,_Jr.jpg

p.205　アイスクリーム類の日本農林規格の制定について　国立公文書館
https://www.digital.archives.go.jp/img/3599122

p.280　都道府県・市町村の役割分担　総務省
https://www.soumu.go.jp/main_content/000451013.pdf

MEMO

【執　筆】
山本 武秀（TAC公務員講座）

【校　閲】
TAC公務員講座講師室

◎本文デザイン／黒瀬 章夫（ナカグログラフ）
◎カバーデザイン／河野 清（有限会社ハードエッジ）

本書の内容は、小社より2022年7月に刊行された「公務員試験 過去問攻略V テキスト 11 行政学 第2版（ISBN：978-4-300-10094-3）」と同一です。

公務員試験　過去問攻略Vテキスト 11　行政学　新装版

2019年6月15日　初　版　第1刷発行
2024年4月1日　新装版　第1刷発行

編著者　TAC株式会社（公務員講座）
発行者　多田敏男
発行所　TAC株式会社　出版事業部（TAC出版）

〒101-8383
東京都千代田区神田三崎町3-2-18
電話　03(5276)9492(営業)
FAX　03(5276)9674
https://shuppan.tac-school.co.jp

組　版　朝日メディアインターナショナル株式会社
印　刷　日新印刷株式会社
製　本　東京美術紙工協業組合

© TAC 2024　Printed in Japan
ISBN 978-4-300-11151-2
N.D.C. 317

本書は，「著作権法」によって，著作権等の権利が保護されている著作物です。本書の全部または一部につき，無断で転載，複写されると，著作権等の権利侵害となります。上記のような使い方をされる場合，および本書を使用して講義・セミナー等を実施する場合には，あらかじめ小社宛許諾を求めてください。

乱丁・落丁による交換，および正誤のお問合せ対応は，該当書籍の改訂版刊行月末日までといたします。なお，交換につきましては，書籍の在庫状況等により，お受けできない場合もございます。
また，各種本試験の実施の延期，中止を理由とした本書の返品はお受けいたしません。返金もいたしかねますので，あらかじめご了承くださいますようお願い申し上げます。

公務員講座のご案内

大卒レベルの公務員試験に強い！

2022年度 公務員試験

公務員講座生※1
最終合格者延べ人数※2

5,314名

国家公務員（大卒程度）	計2,797名
地方公務員（大卒程度）	計2,414名
国立大学法人等 大卒レベル試験	61名
独立行政法人 大卒レベル試験	10名
その他公務員	32名

※1 公務員講座生とは公務員試験対策講座において、目標年度に合格するために必要と考えられる、講義、演習、論文対策、面接対策等をパッケージ化したカリキュラムの受講生です。単科講座や公開模試のみの受講生は含まれておりません。
※2 同一の方が複数の試験種に合格している場合は、それぞれの試験種に最終合格者としてカウントしています。（実合格者数は2,843名です。）
＊2023年1月31日時点で、調査にご協力いただいた方の人数です。

全国の公務員試験で1位合格者を輩出！

詳細は公務員講座（地方上級・国家一般職）パンフレットをご覧ください。

2022年度 国家総合職試験

公務員講座生※1

最終合格者数 **217名**

法律区分	41名	経済区分	19名
政治・国際区分	76名	教養区分※2	49名
院卒／行政区分	24名	その他区分	8名

※1 公務員講座生とは公務員試験対策講座において、目標年度に合格するために必要と考えられる、講義、演習、論文対策、面接対策等をパッケージ化したカリキュラムの受講生です。単科講座や公開模試のみの受講生は含まれておりません。
※2 上記は2022年度目標の公務員講座最終合格者のほか、2023年度目標公務員講座生の最終合格者40名が含まれています。
＊ 上記は2023年1月31日時点で調査にご協力いただいた方の人数です。

2022年度 外務省専門職試験

最終合格者総数55名のうち
54名がWセミナー講座生※1です。

合格者占有率※2 **98.2%**

外交官を目指すなら、実績のWセミナー

※1 Wセミナー講座生とは、公務員試験対策講座において、目標年度に合格するために必要と考えられる、講義、演習、論文対策、面接対策等をパッケージ化したカリキュラムの受講生です。各種オプション講座や公開模試など、単科講座のみの受講生は含まれておりません。また、Wセミナー講座生はそのボリュームから他校の講座生と掛け持ちすることは困難です。
※2 合格者占有率は「Wセミナー講座生（※1）最終合格者数」を、「外務省専門職採用試験の最終合格者総数」で除して算出しています。また、算出した数字の小数点第二位以下を四捨五入して表記しています。
＊ 上記は2022年10月10日時点で調査にご協力いただいた方の人数です。

Wセミナーは TACのブランドです

資格の学校 TAC

合格できる3つの理由

1 必要な対策が全てそろう! ALL IN ONEコース

TACでは、択一対策・論文対策・面接対策など、公務員試験に必要な対策が全て含まれているオールインワンコース(=本科生)を提供しています。地方上級・国家一般職/国家総合職/外務専門職/警察官・消防官/技術職/心理職・福祉職など、試験別に専用コースを設けていますので、受験先に合わせた最適な学習が可能です。

カリキュラム例:地方上級・国家一般職 総合本科生

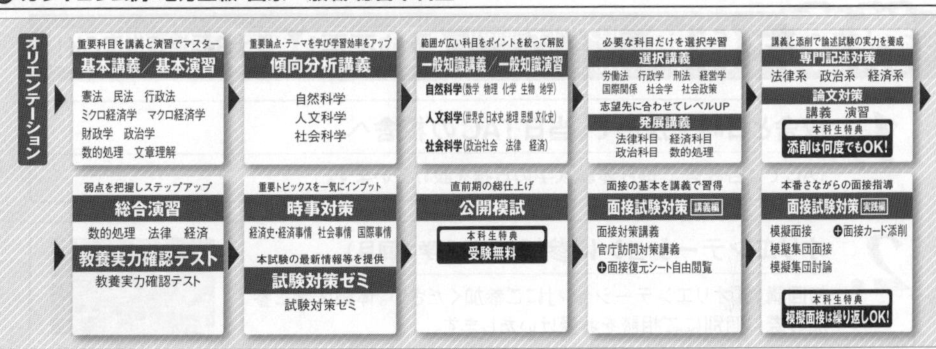

※上記は2024年合格目標コースの内容です。カリキュラム内容は変更となる場合がございます。

2 環境に合わせて選べる! 多彩な学習メディア

フォロー制度も充実!
受験生の毎日の学習をしっかりサポートします。

欠席・復習用フォロー
クラス振替出席フォロー
クラス重複出席フォロー

質問・相談フォロー
担任講師制度・質問コーナー
添削指導・合格者座談会

最新の情報提供
面接復元シート自由閲覧
官公庁・自治体業務説明会 など

※上記は2024年合格目標コースの一例です。年度やコースにより変更となる場合がございます。

3 頼れる人がそばにいる! 担任講師制度

TACでは教室講座開講校舎と通信生専任の「担任講師制度」を設けています。最新情報の提供や学習に関する的確なアドバイスを通じて、受験生一人ひとりを合格までアシストします。

担任カウンセリング

学習スケジュールのチェックや苦手科目の克服方法、進路相談、併願先など、何でもご相談ください。担任講師が親身になってお答えします。

ホームルーム(HR)

時期に応じた学習の進め方などについての「無料講義」を定期的に実施します。

パンフレットのご請求は

TAC カスタマーセンター 0120-509-117(コウカク イイナ)

受付時間
平 日 9:30~19:00
土曜・日曜・祝日 9:30~18:00

※受付時間は、変更させていただく場合がございます。詳細は、TACホームページにてご確認いただきますようお願い申し上げます。

TACホームページ https://www.tac-school.co.jp/

公務員講座のご案内

無料体験入学のご案内

3つの方法でTACの講義が体験できる!

教室で体験　迫力の生講義に出席

予約不要!　最大3回連続出席OK!

1. **校舎と日時を決めて、当日TACの校舎へ**

TACでは各校舎で毎月体験入学の日程を設けています。

2. **オリエンテーションに参加(体験入学1回目)**

初回講義「オリエンテーション」にご参加ください。体験入学ご参加の際に個別にご相談をお受けいたします。

3. **講義に出席(体験入学2・3回目)**

引き続き、各科目の講義をご受講いただけます。参加者には体験用テキストをプレゼントいたします。

- 最大3回連続無料体験講義の日程はTACホームページと公務員講座パンフレットでご覧いただけます。
- 体験入学はお申込み予定の校舎に限らず、お好きな校舎でご利用いただけます。
- 4回目の講義前までにご入会手続きをしていただければ、カリキュラム通りに受講することができます。

※地方上級・国家一般職、理系(技術職)、警察・消防以外の講座では、最大2回連続体験入学を実施しています。また、心理職・福祉職はTAC動画チャンネルで体験講義を配信しています。
※体験入学1回目や2回目の後でもご入会手続きは可能です。「TACで受講しよう!」と思われたお好きなタイミングで、ご入会いただけます。

ビデオで体験　校舎のビデオブースで体験視聴

TAC各校のビデオブースで、講義を無料でご視聴いただけます。(要予約)

各校のビデオブースでお好きな講義を視聴できます。視聴前日までに視聴する校舎受付までお電話にてご予約をお願い致します。

ビデオブース利用時間 ※日曜日は④の時間帯はありません。

① 9:30～12:30　② 12:30～15:30
③ 15:30～18:30　④ 18:30～21:30

※受講可能な曜日・時間帯は一部校舎により異なります。
※年末年始・夏期休業・その他特別な休業以外は、通常平日・土日祝祭日にご覧いただけます。
※予約時にご希望日とご希望時間帯を合わせてお申込みください。
※基本講義の中からお好きな科目をご視聴いただけます。(視聴できる科目は時期により異なります)
※TAC提携校での体験視聴につきましては、提携校各校へお問合せください。

Webで体験　スマートフォン・パソコンで講義を体験視聴

TACホームページの「TAC動画チャンネル」で無料体験講義を配信しています。時期に応じて多彩な講義がご覧いただけます。

TAC ホームページ　https://www.tac-school.co.jp/

※体験講義は教室講義の一部を抜粋したものになります。

資格の学校 TAC

2023年度 本試験データリサーチ

参加無料!

10試験種以上実施予定!

スマホ P.C. 対応!

本試験結果がわかります!

本試験データリサーチとは?

Web上でご自身の解答を入力(選択)いただくと、全国の受験者からのデータを集計・分析した試験別の平均点、順位、問題別の正解率が確認できるTAC独自のシステムです。多くの受験生が参加するTACのデータリサーチによる詳細なデータ分析で、公務員試験合格へ近づきましょう。

※データリサーチは択一試験のみ対応しております。論文・専門記述・面接試験等の結果は反映されません。予めご了承ください。
※順位判定・正解率等の結果データは、各本試験の正答公表日の翌日以降に閲覧可能の予定です。 ※上記画面はイメージです。

2022年度
データリサーチ参加者
国家一般職(行政)
2,003名

多彩な試験種で実施予定!

**国家総合職/東京都Ⅰ類B(行政[一般方式・新方式])/特別区Ⅰ類/裁判所一般職(大卒)
国税専門官/財務専門官/労働基準監督官A/国家一般職(行政・技術職)/外務省専門職
警視庁警察官Ⅰ類/東京消防庁消防官Ⅰ類**

※実施試験種は諸般の事情により変更となる場合がございます。
※上記の試験種内でもデータリサーチが実施されない区分もございます。

本試験データリサーチの活用法

■ 相対的な結果を知る!

「手応えは悪くないけれど、周りの受験生はどうだったんだろう?」 そんなときに本試験データリサーチを活用すれば、自分と他の受験生の結果を一目瞭然で比べることができます。

■ 併願対策に!

問題ごとの正解率が出るため、併願をしている受験生にとっては、本試験結果を模試のように参考にすることができます。 自分の弱点を知って、その後の公務員試験対策に活用しましょう。

データリサーチの詳細は、

➡TACホームページ https://www.tac-school.co.jp/
➡TAC WEB SCHOOL https://portal.tac-school.co.jp/

等で各種本試験の1週間前から告知予定です。

クリック

TAC出版 書籍のご案内

TAC出版では、資格の学校TAC各講座の定評ある執筆陣による資格試験の参考書をはじめ、資格取得者の開業法や仕事術、実務書、ビジネス書、一般書などを発行しています！

TAC出版の書籍

＊一部書籍は、早稲田経営出版のブランドにて刊行しております。

資格・検定試験の受験対策書籍

- 日商簿記検定
- 建設業経理士
- 全経簿記上級
- 税　理　士
- 公認会計士
- 社会保険労務士
- 中小企業診断士
- 証券アナリスト
- ファイナンシャルプランナー(FP)
- 証券外務員
- 貸金業務取扱主任者
- 不動産鑑定士
- 宅地建物取引士
- 賃貸不動産経営管理士
- マンション管理士
- 管理業務主任者
- 司法書士
- 行政書士
- 司法試験
- 弁理士
- 公務員試験(大卒程度・高卒者)
- 情報処理試験
- 介護福祉士
- ケアマネジャー
- 社会福祉士　ほか

実務書・ビジネス書

- 会計実務、税法、税務、経理
- 総務、労務、人事
- ビジネススキル、マナー、就職、自己啓発
- 資格取得者の開業法、仕事術、営業術
- 翻訳ビジネス書

一般書・エンタメ書

- ファッション
- エッセイ、レシピ
- スポーツ
- 旅行ガイド（おとな旅プレミアム/ハルカナ）
- 翻訳小説

(2021年7月現在)

書籍のご購入は

1 全国の書店、大学生協、ネット書店で

2 TAC各校の書籍コーナーで

資格の学校TACの校舎は全国に展開!
校舎のご確認はホームページにて

資格の学校TAC ホームページ
https://www.tac-school.co.jp

3 TAC出版書籍販売サイトで

CYBER BOOK STORE TAC出版書籍販売サイト

24時間 ご注文 受付中

TAC 出版 で 検索

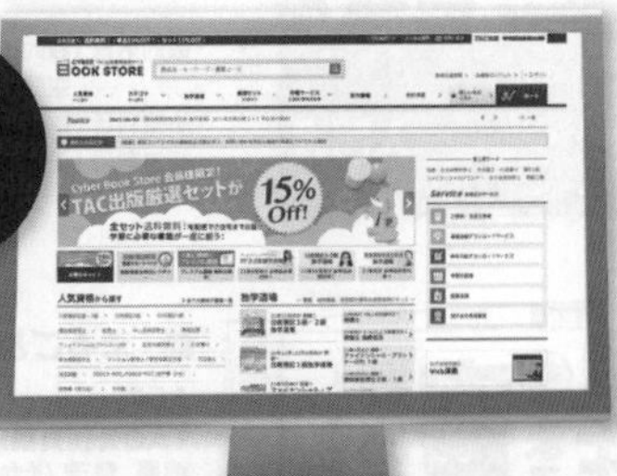

https://bookstore.tac-school.co.jp/

新刊情報をいち早くチェック!

たっぷり読める立ち読み機能

学習お役立ちの特設ページも充実!

TAC出版書籍販売サイト「サイバーブックストア」では、TAC出版および早稲田経営出版から刊行されている、すべての最新書籍をお取り扱いしています。
また、無料の会員登録をしていただくことで、会員様限定キャンペーンのほか、送料無料サービス、メールマガジン配信サービス、マイページのご利用など、うれしい特典がたくさん受けられます。

サイバーブックストア会員は、特典がいっぱい! (一部抜粋)

通常、1万円(税込)未満のご注文につきましては、送料・手数料として500円(全国一律・税込)頂戴しておりますが、1冊から無料となります。

専用の「マイページ」は、「購入履歴・配送状況の確認」のほか、「ほしいものリスト」や「マイフォルダ」など、便利な機能が満載です。

メールマガジンでは、キャンペーンやおすすめ書籍、新刊情報のほか、「電子ブック版TACNEWS(ダイジェスト版)」をお届けします。

書籍の発売を、販売開始当日にメールにてお知らせします。これなら買い忘れの心配もありません。

公務員試験対策書籍のご案内

TAC出版の公務員試験対策書籍は、独学用、およびスクール学習の副教材として、各商品を取り揃えています。学習の各段階に対応していますので、あなたのステップに応じて、合格に向けてご活用ください!

INPUT

『みんなが欲しかった!
公務員
合格へのはじめの一歩』

A5判フルカラー

●本気でやさしい入門書
●公務員の"実際"をわかりやすく紹介したオリエンテーション
●学習内容がざっくりわかる入門講義

・数的処理(数的推理・判断推理・空間把握・資料解釈)
・法律科目(憲法・民法・行政法)
・経済科目(ミクロ経済学・マクロ経済学)

『みんなが欲しかった!
公務員 教科書&問題集』

A5判

●教科書と問題集が合体!
でもセパレートできて学習に便利!
●「教科書」部分はフルカラー!
見やすく、わかりやすく、楽しく学習!

・憲法
・【刊行予定】民法、行政法

『新・まるごと講義生中継』

A5判

TAC公務員講座講師
郷原 豊茂 ほか

●TACのわかりやすい生講義を誌上で!
●初学者の科目導入に最適!
●豊富な図表で、理解度アップ!

・郷原豊茂の憲法
・郷原豊茂の民法Ⅰ
・郷原豊茂の民法Ⅱ
・新谷一郎の行政法

『まるごと講義生中継』

A5判

TAC公務員講座講師
渕元 哲 ほか

●TACのわかりやすい生講義を誌上で!
●初学者の科目導入に最適!

・郷原豊茂の刑法
・渕元哲の政治学
・渕元哲の行政学
・ミクロ経済学
・マクロ経済学
・関野喬のパターンでわかる数的推理
・関野喬のパターンでわかる判断整理
・関野喬のパターンでわかる空間把握・資料解釈

要点まとめ

『一般知識
出るとこチェック』

四六判

●知識のチェックや直前期の暗記に最適!
●豊富な図表とチェックテストでスピード学習!

・政治・経済
・思想・文学・芸術
・日本史・世界史
・地理
・数学・物理・化学
・生物・地学

記述式対策

『公務員試験論文答案集
専門記述』

A5判

公務員試験研究会

●公務員試験(地方上級ほか)の専門記述を攻略するための問題集
●過去問と新作問題で出題が予想されるテーマを完全網羅!

・憲法〈第2版〉
・行政法

地方上級・国家一般職（大卒程度）・国税専門官 等 対応　TAC出版

過去問学習

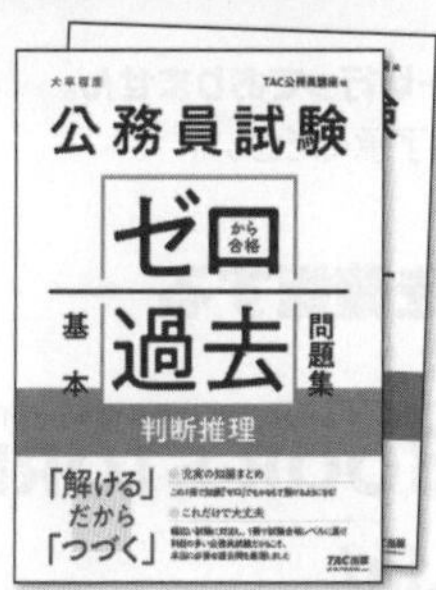

『ゼロから合格 基本過去問題集』
A5判
TAC公務員講座
●「解ける」だから「つづく」／充実の知識まとめでこの1冊で知識「ゼロ」から過去問が解けるようになる、独学で学習を始めて完成させたい人のための問題集です。

全12点
・判断推理　・数的推理　・空間把握・資料解釈
・憲法　・民法Ⅰ　・民法Ⅱ
・行政法　・ミクロ経済学　・マクロ経済学
・政治学　・行政学　・社会学

『一問一答で論点総チェック』
B6判
TAC公務員講座講師 山本 誠
●過去 20 年の出題論点の 95%以上を網羅
●学習初期の確認用にも直前期のスピードチェックにも

全4点
・憲法　・民法Ⅰ
・民法Ⅱ　・行政法

『出るとこ過去問』 A5判
TAC出版編集部
●本試験の難問、奇問、レア問を省いた効率的なこの1冊で、合格ラインをゲット！速習に最適

全16点
・憲法　・民法Ⅰ　・民法Ⅱ
・行政法　・ミクロ経済学　・マクロ経済学
・政治学　・行政学　・社会学
・国際関係　・経営学　・数的処理（上・下）
・自然科学　・社会科学　・人文科学

直前対策

『小論文の秘伝』
A5判
年度版
TAC公務員講座講師 山下 純一
●頻出 25 テーマを先生と生徒のブレストで噛み砕くから、解答のツボがバッチリ！
●誌上「小論文道場」で答案改善のコツがわかる！
●合格者のアドバイスも掲載！

『面接の秘伝』
A5判
年度版
TAC公務員講座講師 山下 純一
●面接で使えるコア（自分の強み）を見つけられる「面接相談室」で自己分析が進む！
●集団討論のシミュレーション、官庁訪問のレポートも掲載！

『時事問題総まとめ＆総チェック』
A5判
年度版
TAC公務員講座
●知識整理と問題チェックが両方できる！
●試験種別の頻出テーマが一発でわかる！

『科目別・テーマ別過去問題集』
B5判 年度版
TAC出版編集部
●試験ごとの出題傾向の把握と対策に最適
●科目別、学習テーマ別の問題掲載なので、学習のどの段階からも使えます

・東京都Ⅰ類B（行政／一般方式）
・特別区Ⅰ類（事務）
・裁判所（大卒程度／一般職）
・国税専門官（国税専門A）
・国家一般職（大卒程度／行政）

TAC出版の書籍はこちらの方法でご購入いただけます
1 全国の書店・大学生協
2 TAC各校 書籍コーナー
3 インターネット　CYBER BOOK STORE TAC出版書籍販売サイト　アドレス https://bookstore.tac-school.co.jp/

（2023年3月現在・刊行内容、刊行月、表紙等は変更になることがあります／年度版 マークのある書籍は、毎年、新年度版が発行される予定です）

書籍の正誤に関するご確認とお問合せについて

書籍の記載内容に誤りではないかと思われる箇所がございましたら、以下の手順にてご確認とお問合せをしてくださいますよう、お願い申し上げます。
なお、正誤のお問合せ以外の**書籍内容に関する解説および受験指導などは、一切行っておりません。**
そのようなお問合せにつきましては、お答えいたしかねますので、あらかじめご了承ください。

1 「Cyber Book Store」にて正誤表を確認する

TAC出版書籍販売サイト「Cyber Book Store」のトップページ内「正誤表」コーナーにて、正誤表をご確認ください。

CYBER BOOK STORE TAC出版書籍販売サイト

URL:https://bookstore.tac-school.co.jp/

2 1の正誤表がない、あるいは正誤表に該当箇所の記載がない ⇒ 下記①、②のどちらかの方法で文書にて問合せをする

★ご注意ください★

お電話でのお問合せは、お受けいたしません。
①、②のどちらの方法でも、お問合せの際には、「お名前」とともに、
「対象の書籍名(○級・第○回対策も含む)およびその版数(第○版・○○年度版など)」
「お問合せ該当箇所の頁数と行数」
「誤りと思われる記載」
「正しいとお考えになる記載とその根拠」
を明記してください。
なお、回答までに1週間前後を要する場合もございます。あらかじめご了承ください。

① ウェブページ「Cyber Book Store」内の「お問合せフォーム」より問合せをする

【お問合せフォームアドレス】

https://bookstore.tac-school.co.jp/inquiry/

② メールにより問合せをする

【メール宛先 TAC出版】

syuppan-h@tac-school.co.jp

※土日祝日はお問合せ対応をおこなっておりません。
※正誤のお問合せ対応は、該当書籍の改訂版刊行月末日までといたします。

乱丁・落丁による交換は、該当書籍の改訂版刊行月末日までといたします。なお、書籍の在庫状況等により、お受けできない場合もございます。
また、各種本試験の実施の延期、中止を理由とした本書の返品はお受けいたしません。返金もいたしかねますので、あらかじめご了承くださいますようお願い申し上げます。

TACにおける個人情報の取り扱いについて
■お預かりした個人情報は、TAC(株)で管理させていただき、お問合せへの対応、当社の記録保管にのみ利用いたします。お客様の同意なしに業務委託先以外の第三者に開示、提供することはございません(法令等により開示を求められた場合を除く)。その他、個人情報保護管理者、お預かりした個人情報の開示等及びTAC(株)への個人情報の提供の任意性については、当社ホームページ(https://www.tac-school.co.jp)をご覧いただくか、個人情報に関するお問い合わせ窓口(E-mail:privacy@tac-school.co.jp)までお問合せください。

(2022年7月現在)